凝聚隧道及地下工程领域的
先进理论方法、突破性科研成果、前沿关键技术，
记录中国隧道及地下工程修建技术的创新、进步和发展。

"十四五"时期国家重点出版物出版专项规划项目

中国隧道及地下工程修建关键技术研究书系

大直径盾构隧道下穿
运营高铁桥梁
关键技术与风险控制

罗章波 谌启发 王晓琼 周建光 陈利民 著

KEY TECHNOLOGIES AND RISK CONTROL FOR
LARGE-DIAMETER
SHIELD TUNNEL
UNDERCROSSING OPERATING HIGH-SPEED RAILWAY BRIDGES

人民交通出版社
北京

内 容 提 要

本书以世界首例低净空下穿运营高铁桥梁的浅埋大直径盾构隧道工程——苏州桐泾北路隧道工程盾构段为背景，系统介绍了大直径盾构下穿高铁桥梁安全控制关键技术。全书共分10章，包括绪论、大直径盾构隧道下穿施工对运营高铁桥梁的影响预测与风险分析、大直径盾构隧道下穿运营高铁桥梁加固方案设计与优化、基于耦合动力分析理论的高铁行车安全与加固方案的有效性分析、低净空条件下全套管灌注桩微扰动施工装备研发与试桩试验、下穿运营高铁桥梁大直径盾构掘进施工变形精准控制技术、大直径盾构隧道下穿高铁桥梁智能监测与预警系统、大直径盾构隧道下穿施工其他风险控制技术、大直径盾构隧道下穿高铁桥梁工程全过程风险管理机制，以及总结与展望等内容。

本书可供隧道及地下工程领域的技术人员、科研工作者阅读借鉴，也可作为高等院校相关专业教师和学生的参考用书。

图书在版编目(CIP)数据

大直径盾构隧道下穿运营高铁桥梁关键技术与风险控制 / 罗章波等著. — 北京：人民交通出版社股份有限公司, 2024. 9. — ISBN 978-7-114-19677-5

Ⅰ. U448.13；U459.1

中国国家版本馆 CIP 数据核字第 2024A3M908 号

Dazhijing Dungou Suidao Xiachuan Yunying Gaotie Qiaoliang Guanjian Jishu yu Fengxian Kongzhi

书　　名：	大直径盾构隧道下穿运营高铁桥梁关键技术与风险控制
著 作 者：	罗章波　谌启发　王晓琼　周建光　陈利民
责任编辑：	张　晓　李学会
责任校对：	赵媛媛　龙　雪
责任印制：	刘高彤
出版发行：	人民交通出版社
地　　址：	(100011)北京市朝阳区安定门外外馆斜街3号
网　　址：	http://www.ccpcl.com.cn
销售电话：	(010)59757973
总 经 销：	人民交通出版社发行部
经　　销：	各地新华书店
印　　刷：	北京印匠彩色印刷有限公司
开　　本：	787×1092　1/16
印　　张：	18
字　　数：	418千
版　　次：	2024年9月　第1版
印　　次：	2024年9月　第1次印刷
书　　号：	ISBN 978-7-114-19677-5
定　　价：	135.00元

(有印刷、装订质量问题的图书，由本社负责调换)

序

我们生活在一个日新月异、快速发展的时代,交通基础设施的建设对于国家经济增长和社会进步至关重要。我国正在加快建设交通强国,而高铁作为交通系统的核心,在这一愿景的实现中扮演着不可或缺的角色。然而,随着高速铁路网的不断扩展和优化,工程领域也面临着前所未有的挑战。

大直径盾构隧道下穿运营高铁工程建设便是挑战之一,其难点在于工程建设的复杂性和高风险性。随着隧道开挖面尺寸的增加,工作面的稳定性逐渐降低。在地层不均匀、浅埋覆土、强富水等复杂地质条件下,这一问题变得尤为突出,工程难度和风险显著增加。当大直径盾构隧道下穿运营高铁桥梁时,多种风险因素的叠加效应更是给设计、施工和运营带来了成倍增长的挑战和工程风险。

沪宁高铁连接上海市与南京市,不仅是中国第二条城际铁路,还是中国最繁忙的高铁线路之一,它在整个铁路网中扮演着重要的交通枢纽角色。而苏州市桐泾北路隧道工程下穿沪宁高铁苏州西特大桥给工程建设出了一道难题。该工程施工面临着无砟轨道桥墩变形控制要求(2mm以内)严格、地质条件复杂以及桥下施工净空(仅3.6m)有限等多重限制。在此之前,大直径盾构穿越高铁桥梁安全控制技术和低净空环境下钻孔桩施工技术等问题始终未能找到有效的解决方式,导致桐泾北路盾构隧道工程建设进展严重受阻。

国内外关于盾构隧道穿越高铁的成功案例以小直径盾构为主,而大直径盾构隧道下穿高铁桥梁的变形控制又该如何解决?工程风险又该如何管理?本书依托桐泾北路盾构隧道下穿运营高铁桥梁工程实例,开展理论分析、设备研发、精细化施工工艺研究、变形监控及预警等多方面的科研攻关。通过构建高速列车-轨道-桥梁-土层-盾构隧道一体化的空间耦合动力分析模型,深入剖析关键因素对高铁桥墩变形的影响,揭示大直径盾构隧道下穿运营高铁桥墩的土体变形规律,制定了科学可靠的整体加固方案。同时,研发了具有自主知识产权的低净空全套管灌注桩机设备及成套技术,成功实现了净空受限条件下套管隔离桩的安全施工。此外,还建立了一套大直径盾构隧道下穿高铁变形智能监测系统和全过程风险管控体系,及时、准确地识别和预判工程风险,确保了施工安全。

这些研究成果和技术创新为解决大直径盾构隧道下穿高铁桥梁所带来的一系列设计、施工和运营难题提供了新思路和新方法。本书填补了低净空全套管灌注桩机设备以及高速列车-轨道-桥梁-土层-盾构隧道系统空间耦合振动影响分析方面的研究空白,首次提出了直径超过10m的大直径盾构隧道穿越运营高铁桥梁的沉降变形控制、施工安全控制以及风险防控等一系列成套技术,对类似工程建设具有重要的借鉴和指导意义。

最后,我对所有为这本专著作出贡献的作者和研究人员表示感谢,正是他们的专业、创新、勤勉、努力、严谨、坚持才使得本书得以呈现。当然,也要感谢各位读者,因为您的关注和支持将推动这部专著的影响力不断扩大。让我们共同努力,为建设更加安全、高效的交通基础设施而贡献自己的力量,共同迎接未来的挑战。

中国工程院院士
深圳大学土木与交通工程学院院长
2024 年 5 月 16 日

前言

当前,我国正经历着前所未有的城市化进程,城市规模的扩大和人口的增长对交通基础设施提出了更高的要求。随着经济的蓬勃发展,我国的交通基础设施建设迎来了历史性的机遇,城市地下空间的开发利用已成为缓解城市交通压力、提升城市综合承载力的重要手段。在这一背景下,大直径盾构隧道作为城市地铁、越江(河)公路隧道、水利水电隧道等工程建设的主要选择,其施工技术的发展和创新成为工程界关注的焦点。

我国《新时代交通强国铁路先行规划纲要》提出了构建现代高效的高速铁路网之宏伟蓝图,预计到2035年,将建成以高铁主通道为骨架、区域性高铁衔接延伸的发达高速铁路网,高铁里程达7万km,实现铁路网内外互联互通、区际多路畅通、省会高效连通、地市快速通达。这一宏伟规划的实施,不仅极大地促进了区域经济的一体化,也为城市地下交通工程的发展带来了新的挑战和机遇。随着城市地下交通工程与既有高铁的交叉问题日益凸显,盾构隧道下穿高铁桥梁的需求在大中城市将更加普遍,技术难题亟待攻克。

苏州桐泾北路隧道工程是苏州市城市路网的主骨架,也是"十三五"期间重点打通的中心城区南北向断头路。桐泾北路隧道工程盾构段连续穿越北环快速路、京沪铁路、沪宁高铁、山塘街(河)等重要建(构)筑物,实施难度大、技术要求高,尤其是穿越运营中的沪宁高铁,对沉降控制要求严苛。大直径盾构隧道下穿高铁桥梁变形控制是在交通强国建设背景下迫切需要研究解决的重大课题。

针对大直径盾构隧道下穿运营高铁桥梁存在的工程风险高、施工设备受限、施工附加应力对既有线结构变形影响大以及施工精准化控制要求高等一系列技术难题，本书从理论分析着手，以设备研发为突破，以工程风险控制和质量管理为目标，以智能预警监测为手段，全面探讨了大直径盾构隧道下穿运营高铁桥梁的关键技术与风险控制技术，涵盖工程风险预测与评价、加固方案设计、设备研发、施工变形控制和智能监测技术等。

本书由罗章波、谌启发、王晓琼、周建光、陈利民、黄娟、贾朝军组织策划并统稿。全书共分为10章：第1章为绪论，主要介绍工程研究的背景与意义，梳理盾构隧道下穿运营高铁桥梁的典型案例，总结此类工程面临的关键问题和工程特点，并对国内外研究现状进行了介绍，主要由刘彦文、何明华、贾朝军等撰写；第2章为大直径盾构隧道下穿施工对运营高铁桥梁的影响预测与风险分析，主要介绍依托工程概况、施工影响预测分析模型以及工程风险识别与评估，主要由黄娟、卢裕杰、陈德健等撰写；第3章为大直径盾构隧道下穿运营高铁桥梁加固方案设计与优化，主要基于不同加固方案的变形控制效果分析，针对依托工程提出了隔离桩＋地表纵横梁＋MJS工法桩的整体加固体系，并优化相应的设计参数，主要由卢裕杰、陈卓、赵法亮等撰写；第4章为基于耦合动力分析理论的高铁行车安全与加固方案的有效性分析，主要建立了列车-轨道-桥梁-土层-盾构隧道一体化的空间耦合动力分析模型，分析评估在采取整体加固体系处置之后，盾构隧道下穿运营高铁桥梁时的列车运行安全性，进一步论证整体加固体系处置措施的可靠性和有效性，主要由赵大亮、王冰、刘彦文等撰写；第5章为低净空条件下全套管灌注桩微扰动施工装备研发与试桩试验，详细介绍了低净空全套管灌注桩微扰动施工装备研发过程和配套施工技术，以及现场试桩试验和实际应用效果,主要由毛忠良、陈晓莉、时洪斌等撰写;第6章为下穿运营高铁桥梁大直径盾构掘进施工变形精准控制技术,主要介绍盾构选型设计,盾构开挖面稳定性的影响因素及关键控制参数,形成了一套针对大直径盾构下穿运营高铁桥梁的施工变形精准控制技术体系,主要由王晓琼、吴奎、孙丰彪等撰写;第7章为大直径盾构隧道下穿高铁桥梁智能监测与预警系统,主要针对运营高铁行车密度大、速度高等特点,构建了一套高精度、全自动、智能化监测系统和预警信息化系统,详细介绍了智能监测系统的组成、监测方案和监测成果,主要由陈利民、徐雄、李春平等撰写;第8章为大直径盾构隧道下穿施工其他风险控制技术,系统阐述了依托工程大直径盾构在浅覆土、强富水、软弱地层中长距离掘进、下穿文物保护建筑、快速公路桥桩等其他风险源点的控制技术,主要由王伟、贾朝军、熊健等撰写;第9章为大直径盾构隧道下穿高铁桥梁工程全过程风险管理机制,主要介绍了全过程风险管理的核心理念以及建设、运营等各阶段的管理方法,主要由顾永明、周建光、姚建明等撰写;第10章为总结与展望,主要从技术、经济社会效益层面,针对依托工程面临的挑战,总结相关研究成果,并展望类似工程发展趋势、未来应用前景,主要由谌启发、罗章波、吴小波等撰写。

参与本书相关内容研究、撰写工作的还有中铁第五勘察设计院集团有限公司刘春晓、张照亮、李彬、王忆飞,苏州交投建设管理有限公司王长松、魏荣亮、朱宇、朱晓勇,中铁十四局集团有限公司于朋臣,上海东华地方铁路开发有限公司王纲、张勋。

此外,在本书的撰写、修改和完善过程中,中国国家铁路集团有限公司鉴定中心唐国荣正高级工程师、同济大学王炳龙教授、中国铁建重工集团股份有限公司张帅坤副院长、中南大学郭文华教授、中南大学施成华教授、中南大学雷明锋教授、河海大学孟庆祥副教授、江南大学杨兰兰老师等专家、学者给予了大力支持和帮助,提出了宝贵的意见和建议。中南大学研究生郑艳林和应允辉等完成了部分计算和图片编辑等工作。同时,本书引用了国内外许多学者的研究成果和资料,在此一并表示诚挚的谢意。

我们期待本书能够为隧道及地下工程、轨道交通工程等领域的工程技术人员、科研工作者、高校师生以及对隧道及地下工程感兴趣的专业人士带来有价值的参考和启发。由于编者水平有限,书中难免存在不足之处,敬请广大读者批评指正。

作　者
2024 年 6 月

目录

第 1 章　绪论 ··· 1

　　1.1　研究背景与意义 ··· 3

　　1.2　盾构下穿运营高铁桥梁面临的挑战 ···························· 7

　　1.3　国内外研究现状 ··· 15

　　1.4　本书主要内容 ·· 22

第 2 章　大直径盾构隧道下穿施工对运营高铁桥梁的影响预测与风险分析 ··· 25

　　2.1　引言 ·· 27

　　2.2　工程概况 ·· 27

　　2.3　工程重难点分析 ··· 44

　　2.4　大直径盾构下穿施工对高铁桥梁的影响预测分析 ·········· 46

　　2.5　大直径盾构下穿运营高铁桥梁风险识别与评估 ············ 59

第 3 章　大直径盾构隧道下穿运营高铁桥梁加固方案设计与优化 ··· 63

　　3.1　引言 ·· 65

　　3.2　盾构下穿施工对桩基的影响机理 ······························ 65

　　3.3　盾构下穿施工常用加固保护技术 ······························ 66

　　3.4　下穿运营高铁桥梁的地层加固可行性方案 ·················· 69

· 1

3.5　不同加固方案对高铁桥梁变形的控制效果分析 ……… 71
　　3.6　整体加固措施的设计参数优化 ………………………… 74
　　3.7　隔离桩施工影响分析 …………………………………… 79
　　3.8　整体加固体系布置设计 ………………………………… 87

第4章　基于耦合动力分析理论的高铁行车安全与加固方案的
　　　　有效性分析 …………………………………………………… 91
　　4.1　引言 ……………………………………………………… 93
　　4.2　高速列车-轨道-桥梁-土层-盾构隧道耦合动力
　　　　分析理论 ………………………………………………… 93
　　4.3　盾构下穿施工对高速列车运行安全的影响分析……… 110
　　4.4　基于高速列车运行安全的桥墩变形阈值研究 ……… 115

第5章　低净空条件下全套管灌注桩微扰动施工装备研发
　　　　与试桩试验 ………………………………………………… 121
　　5.1　引言 …………………………………………………… 123
　　5.2　低净空全套管灌注桩装备研发 ……………………… 123
　　5.3　低净空全套管灌注桩装备配套施工关键技术 ……… 126
　　5.4　现场试桩试验 ………………………………………… 131
　　5.5　试桩施工扰动的影响评价 …………………………… 134
　　5.6　试桩施工振动的影响评价 …………………………… 136
　　5.7　低净空全套管灌注隔离桩实施效果 ………………… 138

第6章　下穿运营高铁桥梁大直径盾构掘进施工变形
　　　　精准控制技术 ……………………………………………… 149
　　6.1　引言 …………………………………………………… 151
　　6.2　盾构机选型与设计 …………………………………… 151
　　6.3　大直径盾构开挖面稳定机理 ………………………… 157
　　6.4　大直径泥水盾构掘进精准控制技术 ………………… 167

第7章 大直径盾构隧道下穿高铁桥梁智能监测与预警系统 175

- 7.1 引言 177
- 7.2 高精度智能监测系统 177
- 7.3 监测内容 181
- 7.4 监测点布置 181
- 7.5 监测频率 183
- 7.6 预警机制 184
- 7.7 监测实施管理 185
- 7.8 高精度智能化监测成果及分析 187

第8章 大直径盾构隧道下穿施工其他风险控制技术 209

- 8.1 引言 211
- 8.2 强富水地层超浅覆土大直径盾构掘进安全控制技术 211
- 8.3 大直径盾构穿越山塘河控制技术 213
- 8.4 盾构下穿报恩禅寺和陶贞孝祠文物建筑保护技术 218

第9章 大直径盾构隧道下穿高铁桥梁工程全过程风险管理机制 221

- 9.1 引言 223
- 9.2 全过程风险管理体系 223
- 9.3 建设单位管理 227
- 9.4 勘察设计单位管理 232
- 9.5 施工单位管理 235
- 9.6 监理单位管理 240
- 9.7 监控量测管理 240
- 9.8 应急管理 241

9.9 运营管理 ··· 249

第 10 章　总结与展望 ··· 259
10.1　总结 ··· 261
10.2　经济社会效益 ·· 263
10.3　展望 ··· 264

参考文献 ··· 266

KEY TECHNOLOGIES AND RISK CONTROL FOR
LARGE-DIAMETER SHIELD TUNNEL UNDERCROSSING
OPERATING HIGH-SPEED RAILWAY BRIDGES
大 直 径 盾 构 隧 道 下 穿 运 营 高 铁 桥 梁 关 键 技 术 与 风 险 控 制

第 1 章

绪　　论

1.1 研究背景与意义

1.1.1 研究背景

自 1806 年法国工程师马克·布鲁诺尔(M. I. Brunel)发明了世界上第一台盾构机,并将其应用于伦敦泰晤士河隧道施工以来,盾构技术经过 200 多年的持续发展,取得了显著进步,装备质量和施工技术日新月异。盾构法作为一种机械化程度高、施工安全可靠、速度快、质量优良、对周围环境影响小的隧道施工方法,已成为我国城市地铁隧道、越江(河)公路隧道、水利水电隧道、地下综合管廊隧道等工程建设的主要选择。由于城市建筑密集,部分城市河道纵横,加之城市地下空间不断扩容,隧道工程与既有建筑物的空间关系日趋复杂,盾构隧道下穿既有建筑、道路、铁路、管线等情况不断涌现。如杭州地铁 1 号线盾构区间隧道从南至北先后下穿了沪昆高铁、钱塘江、老城区建筑群、多股道站房和沪杭高铁(图 1-1)。

图 1-1　杭州地铁 1 号线下穿既有建(构)筑物示意图

近年来,我国高铁快速建设,极大地促进了国民经济的发展,缩短了区域间的运输时间,给人们的生产生活带来便利。同时,高铁的快速发展也带来了新的问题,其中一些高铁线路穿城而过,使得后续建设的城市道路、地铁、管网等市政工程不得不面临下穿运营高铁的风险。国内外市政盾构隧道下穿高铁的典型工程统计情况见表 1-1。

市政盾构隧道下穿高铁典型工程统计　　表 1-1

序号	工程名称	下穿情况	下穿地层	盾构形式/直径	隧道埋深（m）	主要风险控制措施
1	广州地铁9号线	武广高铁无砟轨道路基	砂、粉质黏土、灰岩	泥水平衡盾构/6.0m	9~10	全方位高压喷射（Metro Jet System，MJS）桩加固，施工时铁路限速120km/h
2	济南轨道交通1号线	京沪高铁桥桩	黏土、粉质黏土、卵石	土压平衡盾构/6.4m	28.35	MJS旋喷桩，加强现场监测
3	广州地铁18号线	广深港高铁沙湾特大桥	淤泥质土、淤泥质粉细砂、粉质黏土	土压平衡盾构/8.5m	35	隔离桩+冠梁
4	西安地铁10号线	郑西客运专线高架桥	细砂、中砂、粗砂	土压平衡盾构/6.2m	10~16	设置隔离桩，高铁桥桩两侧增设注浆孔
5	北京地铁13号线B线	京张高铁西二旗特大桥	细砂、粉质黏土、粉土	土压平衡盾构/6.0m	15.7~16.1	设置隔离桩，冠梁以及横撑
6	广州地铁13号线	京广高铁流溪河特大桥	粉细砂、粉质黏土、微风化石灰岩	泥水平衡盾构/6.4m	5.6~8.0	设置隔离桩，进行试验掘进
7	西安地铁1号线	徐兰高铁无砟轨道路基	新黄土、古黄土、细砂	加泥式土压平衡盾构/6.0m	—	地面袖阀管注浆
8	沈阳地铁4号线	哈大高铁高架桥	圆砾	土压平衡盾构/6.0m	16.2~16.6	隔离桩+冠梁
9	郑州地铁1号线	郑西高铁绕城特大桥	粉质黏土、黏质粉土	土压平衡盾构/6.0m	14.4	无
10	西安地铁14号线	西成高铁桥	粉砂、中砂、粉质黏土	土压平衡盾构/6.0m	11	隔离桩+冠梁及横撑
11	武汉地铁7号线	沪蓉汉高铁桥	黏土、淤泥质粉质黏土、细砂、粉细砂	土压平衡盾构/6.2m	14.5	设置隔离桩
12	淮安地铁1号线	连镇高铁路基及站台	富水粉砂	土压平衡盾构/6.2m	14.3	水泥粉煤灰碎石（Cement Fly-ash Gravel，CFG）桩加固
13	天津轨道交通7号线	京沪高铁南仓特大桥	粉质黏土、粉细砂	土压平衡盾构/6.6m	10	旋喷桩+隔离桩
14	西安地铁4号线	西宝、西成高铁桥涵	黄状土、粉质黏土、粉土	土压平衡盾构/6.0m	6~8	冲击碾压+CFG桩
15	成都地铁6号线	成灌高铁特大高架桥	卵石地层	土压平衡盾构/6.0m	—	隔离桩+袖阀管注浆

续上表

序号	工程名称	下穿情况	下穿地层	盾构形式/直径	隧道埋深(m)	主要风险控制措施
16	武汉地铁11号线	武广高铁高架桥	粉质黏土、强风化泥岩	土压平衡盾构/6.2m	15.06	注浆加固
17	广州地铁9号线	武广高铁无砟轨道路基	灰岩	泥水平衡盾构/6.0m	10.8	MJS水平旋喷桩
18	南京—高淳城际轨道交通	京沪高铁、宁安城际铁路	粉质黏土、强~中风化粉砂岩	土压平衡盾构/6.0m	21	隔离桩+冠梁
19	杭州地铁1号线	沪杭高铁桥	粉土、粉砂	土压平衡盾构/6.2m	8.72	隔离桩+注浆加固
20	南京地铁6号线	京沪高铁高架桥	粉质黏土、少量砾石	土压平衡盾构/6.2m	27	注浆加固
21	常州地铁1号线	京沪高铁桥	细砂	土压平衡盾构/6.2m	18.5	注浆加固
22	西安地铁1号线	徐兰高铁无砟轨道路基	粉质黏土、砂土	土压平衡盾构/6.0m	—	CFG桩加固、地面袖阀管注浆
23	武汉地铁3号线	合武高铁桥涵	黏土、粉质黏土、粉砂、粗砂、细砂	泥水平衡盾构/6.5m	12	无
24	博洛尼亚地铁1号线	博洛尼亚新高铁路基及车站	淤泥质黏土、砂石	土压平衡盾构/9.8m	—	补偿注浆加固
25	博洛尼亚—佛罗伦萨新高铁隧道盾构区间	米兰—那不勒斯旧高铁轨道路基	黏性砂土、黏土	土压平衡盾构/9.4m	15~25	补偿注浆加固
26	深圳地铁14号线	厦深高铁横岗特大桥	粉砂、粉质黏土	土压平衡盾构	15.9~17.1	隔离桩+岩溶注浆
27	杭州环北地下快速路隧道	沪杭高铁桥	砂质粉土、粉砂、淤泥质粉土、淤泥质黏土、粉质黏土	泥水平衡盾构/11.16m	15.03	高压旋喷桩加固

可见,国内外市政盾构隧道穿越的高铁工程涵盖了高铁路基、高铁高架桥、高铁桥涵等不同工程类型,穿越运营高铁的应用案例主要集中在6m量级的地铁盾构隧道。然而,随着城市建设进程加快、交通需求不断增加以及国家大通道建设计划的实施,小直径盾构已无法满足大型地下基础设施的建设需求。因此,盾构直径不断增大,盾构施工技术逐步迈向大直径盾构发展阶段。

2019年9月,中共中央、国务院印发了《交通强国建设纲要》,提出一系列加强交通基础设施建设和推动城市群一体化交通网发展的重要举措,包括加快干线铁路、城际铁路、市域(郊)铁路和城市轨道交通的融合发展,完善城市群快速公路网络,强化公路与城市道路的衔接。可以预见,随着《交通强国建设纲要》的实施,大直径盾构隧道下穿运营高铁的情况将会越来越多。若不加快解决大直径盾构隧道下穿高铁的技术难题,一些公路和市政道路可能会成为"断头路",严重阻碍交通融合发展目标的实现。

苏州桐泾北路隧道工程正是苏州市为改善路网结构亟须重点打通的市政工程,也是苏州市"七纵"主干路之一,串联相城区、姑苏区,是连接苏州南北片区的重要通道。该工程关键控制性节点为盾构隧道下穿沪宁高铁苏州西特大桥,盾构外径达13.25m,是目前国内外下穿运营高铁桥梁的最大直径盾构隧道。大直径盾构不仅仅意味着盾构尺寸的增加,还意味着开挖扰动范围和程度增大,穿越地质和环境条件更加复杂,施工难度和风险也随之增加,将引发一系列不利的尺寸效应问题。尤其是当盾构直径超过10m时,盾构施工技术面临的挑战与10m级别内的盾构有着本质的区别,普遍认为盾构直径大于10m的隧道属于大直径盾构隧道范畴。大直径盾构隧道开挖的不利尺寸效应叠加高铁桥梁毫米级的严苛变形控制要求,这无疑对大直径盾构隧道下穿高铁桥梁工程的设计、施工、风险控制与管理等提出了更高要求。

1.1.2　研究意义

大直径盾构隧道下穿运营高铁桥梁工程不仅涉及新建隧道的施工安全,而且紧关既有高铁桥梁的正常运营。由于存在双重安全风险,此类工程的安全控制等级极高。一旦发生安全事故,可能会造成巨大的经济损失,引发广泛的社会影响。与其他下穿建(构)筑物工程相比,大直径盾构隧道下穿运营高铁桥梁的建设难度和风险更大。大直径盾构隧道掘进过程中,开挖面大,对地层扰动显著,容易引起被穿越高铁桥梁桩基产生差异沉降,降低桩基承载力,加剧轨道不平顺,轻则影响高铁运行舒适度,重则可能危及高速列车行车安全。而且城区高铁桥下作业空间往往受限,难以满足现有加固施工机具的操作要求,这给下穿工程建设增加了额外的难度。华东沿海地区,高铁线网密布,行车密度大,无施工天窗时间,地下水位高,地层承载力低等众多不利因素使得工程建设更是难上加难。

虽然关于盾构隧道下穿既有建(构)筑物的研究已取得很多进展,但盾构隧道下穿施工引起被穿建(构)筑物开裂或变形超限等事故仍有发生,如佛山地铁2号线因盾构掘进施工过程控制不当造成上方路面严重塌陷破坏(图1-2)。此外,目前相关研究成果主要集中于6m量级小直径盾构隧道的下穿工程,且被穿对象以高层建筑、公路、铁路路基为主。不同类型的下穿工程面临的技术难题各不相同。大直径盾构下穿运营高铁桥梁涉及隧道、桥梁、轨道、车辆等一系列复杂的联动效应。一方面,这类工程需求日益增多;另一方面,相关的建设经验少,缺乏系统成熟的理论和研究成果,现有的技术体系尚不足以支撑此类工程的安全实施。在超低净空条件下该如何对运营高铁桥梁进行安全可靠的加固设计与施工?如何确定大直径盾构合理的施工参数,在大开挖扰动下既保证盾构高效掘进,又确保上部高铁桥梁的安全运营?这些都是亟待解决的关键问题。因此,有必要对大直径盾构下穿运营高铁桥梁的变形精准控制技术、安全监测预警技术、全过程风险防控技术以及运营高铁桥梁低净空条件下的加固技术等展开深入研究。

图 1-2　佛山地铁 2 号线盾构施工引起路面破坏

本书依托于苏州桐泾北路隧道工程,对大直径盾构隧道下穿运营高铁桥梁的关键技术与风险进行研究分析、归纳总结,旨在构建一整套完善的、具有可推广性的综合技术体系和风险管控流程。研究成果有望为大直径盾构隧道穿越高敏感建筑物工程的发展提供新的视角,完善大直径盾构隧道穿越高铁桥梁时的动力耦合精细化分析理论,扩展复杂环境下盾构施工力学行为及其对运营线路的影响评价方法。针对低净空特殊工况,将研发专用的桩机设备及其成套技术,不仅能突破常规设备和传统技术在此类工程中的局限性,有效解决现场技术难题,而且可填补国内外同类设备的空白。此外,依托工程在实现大直径盾构下穿运营高速铁路毫米级变形控制方面,可提供一个创新示范案例,对我国交通行业和产业升级具有重要的示范和推动作用。

1.2　盾构下穿运营高铁桥梁面临的挑战

1.2.1　典型工程案例

(1) 北京地铁 13 号线 B 线下穿京张高铁桥梁

北京地铁 13 号线 B 线为 13 号线扩能提升工程的一部分,区间隧道采用盾构法施工,左右线间距为 25.6m,埋深 15.7～16.1m,盾构管片内径 5.4m、外径 6.0m、厚度 30cm,采用 C50 钢筋混凝土预制。京张高铁西二旗特大桥全长 2429.7m,西邻北京地铁昌平线和京新高速公路。该桥由 31.1m 简支现浇箱梁和(40+64+40)m 连续梁边跨组成,桥上线路为无缝有砟轨道。京张高铁西二旗特大桥现状如图 1-3 所示。

图 1-3　京张高铁西二旗特大桥现状照片

北京地铁13号线B线盾构区间隧道左右线以52°夹角从西二旗特大桥28~30号墩间穿越,盾构隧道外缘距离桥梁29号墩桩基距离最近,为4.5m。下穿段地层由上至下分别为素填土、粉土、粉质黏土、细砂、粉质黏土。盾构区间隧道与西二旗特大桥位置关系如图1-4和图1-5所示。

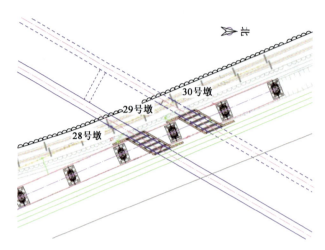

图1-4 盾构区间隧道与西二旗特大桥平面位置关系

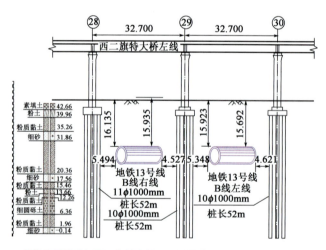

图1-5 盾构区间隧道与西二旗特大桥立面位置关系(尺寸单位:m;高程单位:m)

盾构下穿范围的上方大桥为31.1m长的简支现浇箱梁。大桥28号墩台高17m,采用11根φ1000mm钻孔灌注桩,桩长53.5m;29号、30号墩台高17m,采用10根φ1000mm的钻孔灌注桩,桩长53.5m。

加固措施:京张高铁通车前在盾构区间隧道下穿位置两侧采用隔离桩进行防护,控制大桥桩基周边土体的变形。隔离桩采用φ800mm@1200mm钻孔灌注桩,隔离桩距离盾构外径1m,桩底深入盾构隧道底部2m,桩顶设置了冠梁及横撑以控制桩体变形。

高铁桥梁变形控制标准:桥梁墩台水平位移不大于2mm。

实际监测结果:盾构下穿过程中地表和管线的总体沉降整体在3mm内,部分测点由于邻近开挖线,超过3mm。但通过及时采取控制措施补救后,施工桥梁的总体沉降控制在0.5mm内,墩台水平位移监测值最大为1.3mm。

(2)合肥地铁5号线下穿合福高铁桥梁

合肥地铁5号线凌大塘站—丽水路站区间隧道采用盾构法施工,区间隧道为两条单洞单线圆形隧道,上行线区间隧道长度为1391.692m(含短链1.406m),下行线区间隧道长度为1390.929m(含短链1.844m),线路间距为11.50~34.80m,最小平面曲线半径为450m。本区间线路最大纵坡坡度为25‰。盾构直径6m,区间隧道覆土厚度为9.60~24.99m,地下水主要为上层滞水和基岩空隙水、裂隙水。

该盾构区间隧道在里程SK35+800范围内从合福高铁桥梁90~92号墩斜穿,隧道外轮廓距高铁桥梁桩基础净距最小为6.6m。合福高铁桩基础为钻孔灌注桩,其中90号和91号桩径1000mm,桩长34.5m,承台高2.5m(桩底高程-9.21m,承台底高程25.29m);92号桩径1500mm,桩长43.5m,承台高2.5m(桩底高程-17.07m,承台底高程26.43m)。盾构下穿段高铁桥梁为预应力混凝土简支箱梁,跨度为32m,盾构埋覆土约为25m,线间距27.60m。盾构区间隧道与合福高铁桥梁平面、立面关系如图1-6和图1-7所示。

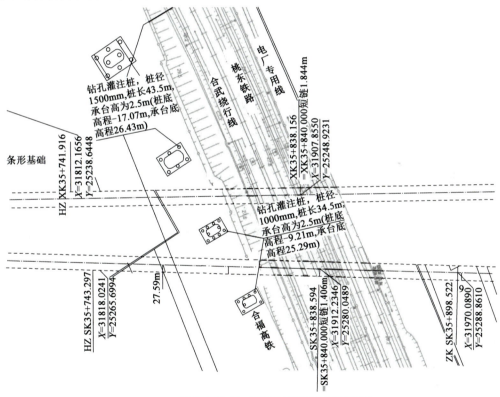

图1-6 盾构区间隧道与合福高铁桥梁平面位置关系

加固措施:优先通过隧道洞内二次注浆加固地层。

高铁桥梁变形控制标准:盾构下穿过程中,高铁桥梁墩台的竖向位移要求不超过1mm。

实际监测结果:高铁桥梁墩柱90号墩沉降为0.54mm,91号墩沉降为0.65mm,92号墩沉降为0.77mm。

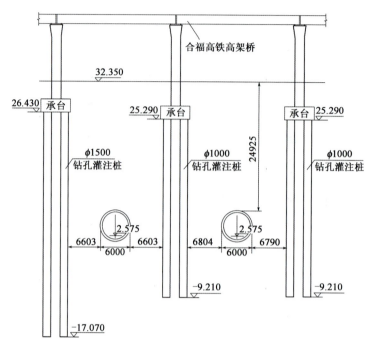

图1-7 盾构区间隧道与合福高铁高架桥梁立面位置关系(尺寸单位:mm;高程单位:m)

(3) 济南轨道交通1号线、2号线盾构区间隧道下穿京沪高铁桥梁

济南轨道交通1号线、2号线区间隧道以小净距交叠下穿京沪高铁桥。1号线左、右线上下交叠以66.5°从高铁桥梁104号与105号桥墩间斜穿京沪高铁桥桩,下穿高铁位置左线覆土厚度28.35m、曲线半径300m,右线覆土厚度19.22m、曲线半径310m,与左侧104号桥墩桩基和右侧105号桥墩桩基最小净距分别为10.45m和10.84m,交叠段左、右两线最小净距约4.3m。2号线左、右两线等埋深并行,从高铁桥梁104号与105号桥墩间以90°正穿京沪高铁桥桩,下穿高铁位置隧道覆土厚度约7.6m,左线距104号桥墩桩基最小净距为15.81m,右线距105号桥墩桩基最小净距为18.79m,距离1号线右线最小净距约5.2m。盾构区间隧道与京沪高铁桥梁的平面、立面关系见图1-8和图1-9。

1号线盾构下穿段地层从上至下主要为杂填土、黄土、粉质黏土、黏土、细砂和卵石。2号线盾构下穿段地层从上至下主要为杂填土、黄土、粉质黏土、细砂。地下水埋藏形式为潜水,水位埋深11.20~17.80m,主要接受大气降水补给和山区地下水径流补给。

下穿高铁处1号线和2号线区间隧道均采用土压平衡盾构机施工,衬砌结构为平板型单层钢筋混凝土装配式管片,管片外径6.4m、内径5.8m、厚30cm、宽1.2m。管片环分为6块,其中1块封顶块,2块邻接块,3块标准块。

下穿段京沪高铁桥为(40+64+40)m预应力连续梁结构,最高设计速度为380km/h,当前运营速度为300km/h,桥面铺设无砟轨道及无缝钢轨,桥下为低承台群桩基础,圆形桩基直径为1.5m,104号桥墩桩长45m,105号桥墩桩长42m。

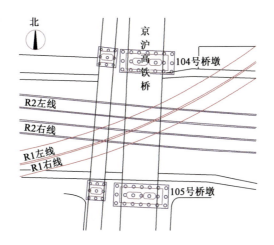

图 1-8　盾构区间隧道与京沪高铁桥梁平面位置关系
R1-济南轨道交通 1 号线；R2-济南轨道交通 2 号线

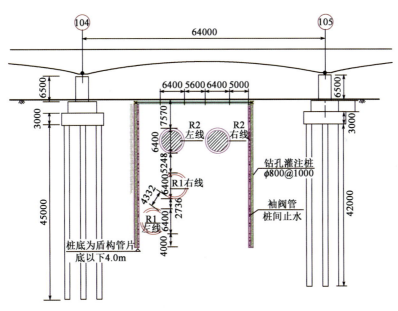

图 1-9　盾构区间隧道与京沪高铁桥梁立面位置关系(尺寸单位：mm)

加固措施：为降低盾构掘进施工对高铁桥墩的影响，在盾构下穿前 1 个月预先在穿越段区间隧道两侧各打设 1 排 $\phi800\text{mm}@1000\text{mm}$ 钻孔灌注桩和 1 排 $\phi600\text{mm}@450\text{mm}$ 旋喷桩加固，深度均为 38m，纵向长度超过桥墩外 15m。为适应 4 条区间隧道与桥墩的相对位置关系，隔离桩采用折线形布置，以取得最佳加固效果和经济性。在盾构隧道左、右线施工时，采取同步注浆、二次补强注浆等措施加固邻近桥桩周围地层。

高铁桥梁变形控制标准：高铁桥桩基的变形控制标准为 1.0mm，相邻墩台差异沉降控制为 1.0mm。

实际监测结果：盾构穿越施工阶段，103 号、106 号桥墩离施工区域较远，累计沉降基本未超过 0.1mm，横桥向和顺桥向的最大水平位移均未超过 0.1mm；104 号、105 号桥墩沉降波动相对较大，最大沉降量和水平位移均发生在 105 号桥墩处，其最大沉降量为 0.3mm，横桥向的最大水平位移量未超过 0.3mm，顺桥向的水平位移量为 0.4mm。

(4) 广州地铁 18 号线下穿广深港高铁桥梁

广州地铁 18 号线始于万顷沙站，止于广州东站，线路全长 61.3km。广深港高铁处于其某区间隧道范围。地铁区间隧道以 30°角从广深港高铁沙湾特大桥 360 号及 361 号桥墩之间斜交下穿。地铁左线隧道与 360 号桥墩桩基的最小净距约为 11.2m，覆土厚度为 35.6m；右线隧道与 361 号桥墩桩基的最小净距约为 5.5m，覆土厚度为 35.0m。

下穿段区间隧道采用土压平衡盾构机施工，衬砌结构采用 C50 钢筋混凝土装配式管片，管片内径为 7.7m，外径为 8.5m，厚度为 40cm。隧道穿越地层主要为强~中风化粉砂质泥岩，隧道顶部局部穿越淤泥及中粗砂层。

广深港高铁桥梁为设计速度 350km/h 的双线无砟轨道连续梁桥，桥桩为单墩 11 根端承桩结构。下穿处连续梁主跨为 110m，360 号桥墩桩径为 2.2m，桩长为 64m；361 号桥墩桩径为 2.2m，桩长为 67m。

加固措施：左、右线隧道外侧与高铁桥梁桩基之间设置一排 φ1000mm@1200mm 钻孔灌注桩隔离，桩顶设置 1000mm×1000mm 冠梁连接形成整体。左线隧道外侧隔离桩设置于相邻承台前后 15 倍隧道宽度共计 49.2m 范围内，隔离桩共计 42 根，桩基进入隧道底以下 3.0m，距地铁隧道净距为 0.8m，隔离桩与桥桩的最小中心距约为 5.3m。右线隧道外侧隔离桩设置于相邻承台前后 15 倍隧道宽度共计 48.0m 范围内，隔离桩共计 41 根，桩基进入隧道底以下 3.0m，距地铁隧道净距为 0.8m，隔离桩与桥桩的最小中心距约为 11.0m。

高铁桥梁变形控制标准：桥梁墩台水平、横向、竖向位移不超过 2mm。

实际监测结果：桥墩墩顶的最大沉降为 1.2mm，最大水平位移为 1.7mm；桥面最大沉降为 0.84mm，最大水平位移为 1.2mm；相邻墩台沉降差为 1.8mm。

(5) 广佛环线区间长距离穿越武广高铁桥桩基

广佛环线佛山西站至广州南站段是珠三角城际网中东西向交通干线，也是连接珠三角城际轨道交通网东西部线网间的关键线路。其中，陈村 2 号隧道全长 3969m，在里程 DK34+672.6~DK35+005.5 下穿广州南站进出站地面道路及运营武广高铁 14 个股道桥桩基。下穿段地层从上至下依次为杂填土、粉砂、细砂、淤泥质土、粉质黏土，隧道埋深为 13.3~15.7m，隧道洞身穿越地层主要为全风化、强风化和弱风化砂质泥岩、砂岩，拱顶局部存在粉质黏土层、砂层，采用复合式土压平衡盾构施工。衬砌管片采用 C50 钢筋混凝土，内径 7.7m、外径 8.5m。管片宽度 1.6m，采用 7 块模式，全环由 1 块封顶块和 2 块邻接块和 4 块标准块组成。

下穿段桥梁结构形式为连续梁，墩身承台埋深 6.2m，设 9~12 根桩基，桩基直径 1.6m，桩基为端承桩，桩基嵌岩深度 13.7~14.4m。区间盾构与桥梁的位置关系如图 1-10 所示。

加固措施：采用袖阀管对下穿段地层进行无收缩双液注浆（WSS）预加固。加固范围的横向宽度为隧道结构边缘外扩 3m，竖向深度为隧道结构顶面以上 3m、全风化地层以下不小于 1m。注浆材料主要采用水玻璃、水泥、磷酸配制。注浆时，根据现场实际地质情况选择不同类型的浆液，并根据不同注浆部位的强度要求，调整注浆配合比，以满足盾构施工的技术要求。

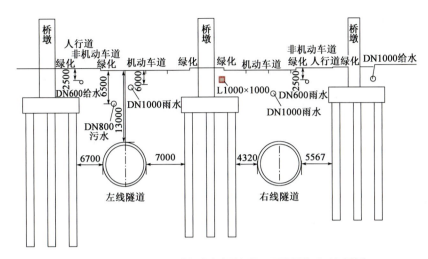

图 1-10　广佛环线盾构区间隧道与武广高铁桥梁立面位置关系(尺寸单位:mm)

高铁桥梁变形控制标准:盾构下穿过程中,高铁桥梁墩台的均匀沉降允许范围为 -5~0mm,相邻墩台沉降差极限控制值为 5mm。

实际监测结果:盾构下穿过程中高铁桥桩最大累计沉降 1.25mm,地面最大沉降 25.4mm,桥上轨枕道床最大累计拉伸变形 0.139mm,地下管线正常使用,周边环境未受影响。

(6)南京—高淳城际快速轨道盾构区间隧道下穿高铁桥群桩

南京—高淳城际快速轨道南京南站—胜太路站区间,采用复合式土压平衡盾构机施工。该区间左线长 1506.794m,1255 环;右线长 1493.808m,1245 环。盾构从 5 号工作井出发,依次穿越京沪高铁(无砟道床)、南京南站 D3 线(有砟道床)、沪宁高铁(有砟道床)、南京南站 D5 线(有砟道床)、宁安城际铁路(有砟道床)、南京南站 D6 线(有砟道床),最后到达 4 号盾构接收工作井。

该盾构区间隧道与沪宁高铁桥梁的位置关系如图 1-11 所示,区间隧道左、右线分别从沪宁高铁桥梁 1 号和 2 号桥墩间、2 号和 3 号桥墩间斜交下穿。左线与 1 号和 2 号桥墩的最小净距分别为 13.80m 和 6.55m,右线与 2 号和 3 号桥墩的最小净距分别为 11.28m 和 8.59m。地铁隧道左线与邻近桩基底高程差为 2.3m,右线隧道与邻近桩基底高程差为 6.3m。

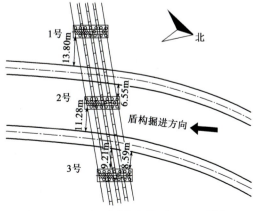

图 1-11　盾构区间隧道与高铁桥梁平面位置关系

盾构穿越高铁桥群桩段地层从上至下依次为素填土、粉质黏土、含砾粉质黏土、强风化泥质粉砂岩和中风化泥质粉砂。穿越段隧道覆土厚度为18~24m,处于中风化泥质粉砂岩层中。场地地下水主要为孔隙潜水,主要赋存于填土中,富水性一般,底部基岩含水微弱。

盾构区间隧道衬砌结构采用单层C50钢筋混凝土装配式管片,抗渗等级为P10。管片外径为6.2m,内径为5.5m,厚度为35cm,环宽1.2m。每环管片由6块管片构成,其中封顶块1块、邻接块2块、标准块3块。

下穿段高铁桥梁均为预应力钢筋混凝土连续梁桥,高铁桥群采用嵌岩桩基础加固措施:在盾构左右线与桥墩桩基之间共设置4排隔离桩。每排由28根桩径1m、间距1.5m的钻孔灌注桩组成,两侧桩长28.5m,中间桩长20m,上部用冠梁连接,冠梁宽度1.1m,厚度0.8m。左、右线两侧2排桩之间设置横撑,控制排桩水平变形,横撑截面尺寸为0.76m×0.4m。

高铁桥梁变形控制标准:墩身沉降、墩顶顺桥横桥向位移的日变化量不超过1.0mm,累计变化量不超过3mm。

实际监测结果:加固阶段,桥墩的最大沉降为0.28mm,最大水平位移为0.35mm,最大倾斜为9.9″。穿越阶段,桥墩的最大沉降为0.18mm,最大横桥向水平位移为0.34mm,最大顺桥向水平位移为0.24mm,最大倾斜为8.1″。

1.2.2　盾构下穿运营高铁桥梁工程的关键问题

盾构下穿工程根据下穿对象的不同,可分为下穿房屋建筑物、下穿管线、下穿道路、下穿高架桥、下穿隧道等类型;根据盾构隧道与下穿体之间的几何位置关系,又可分为正交下穿、斜交下穿、部分下穿、侧下穿等;根据埋深关系,可分为浅埋下穿和深埋下穿等。盾构下穿工程的难易程度与诸多因素密切相关,如下穿工程的空间位置关系、工程地质与水文地质条件、盾构开挖面大小、盾构埋深、下穿体结构类型与特征等。无论对于哪种类型的下穿工程,变形控制是其面临的一个根本问题。根据被穿结构的抗变形能力制定合理的变形控制标准,并在施工过程中采取可靠的工程措施,确保结构变形始终处于预定的限值范围内,这是下穿工程得以顺利完成的关键。

变形控制标准因下穿对象的结构类型、重要性以及对变形的敏感程度不同而不同。而且下穿结构在下穿施工之前可能已发生了变形,而这种已有变形量往往是未知的,需要对结构物的状态进行综合判断。因此,变形控制标准的制定是一项复杂且困难的工作。

对于盾构下穿工程而言,影响变形控制效果的主要因素除了工程地质性质、结构与土层相互作用特性之外,盾构设备的适应性和施工参数也是重要的影响因素。合理确定刀盘形式、刀具配置、同步注浆系统、掘进参数等是盾构下穿施工中至关重要的环节。

此外,为提高下穿工程施工的安全性和效率,还需要加强信息化施工数据分析与工程管理决策的联动。信息化施工是现代隧道施工的一个显著特征,通过集成先进的监测技术,能够实现对施工过程中关键数据的实时收集与评估。这不仅为施工提供了全面的状态信息,而且为工程管理决策提供了科学依据。面对下穿高铁这类敏感结构的施工挑战,精细化的工程管理显得尤为重要。工程管理不仅要有明确的组织构架和规章制度,还应融入先进的技术理念和灵活的应变处置方案,建立一套基于信息化施工实时监测数据的风险评估和应急响应机制,以实现对施工过程的透明化监控,确保各项管理措施得到有效执行。

1.2.3 盾构下穿运营高铁桥梁的工程技术要求

下穿工程必须保证被穿体的安全和功能。被穿体的结构特征与功能直接决定了下穿施工的控制要求,而不同控制要求决定了下穿设计方案和技术措施的不同。运营高铁具有独特的结构特征和极为严格的安全标准,此类工程下穿施工采用的工程技术须满足以下要求:

(1)需要更高精度的变形计算理论或计算方法。

由于高铁运营的严格安全标准,下穿工程需要更为精确的变形计算和分析方法,以精确预测桥梁结构在施工过程中可能产生的变形,为工程措施的合理制定提供科学依据。

(2)需要更加安全可靠的加固方案和配套装备。

针对高铁桥梁的结构特点和桥下净空高度的限制,需要制定更为严格和可靠的加固方案,并选择高质量的施工设备和材料,以确保施工过程中结构的稳定性和行车的安全性。

(3)需要更为精细的施工控制方法。

下穿施工需要更高水平的施工控制,包括针对变形、位移、振动等各项指标的精细把控,以保证施工过程中不对高铁运营造成不良影响。

(4)需要更高效、更高精度的变形监控量测方法。

采用先进的监测技术和预警系统,实时监测、反馈桥梁结构的变形情况,以确保施工过程中的变形在可控范围内。

(5)需要更完善的风险管控体系。

制定全面的风险管理计划,包括风险识别、评估、控制和应急响应,以有效化解潜在的施工风险,确保下穿工程的安全性和顺利完成。

1.3 国内外研究现状

1.3.1 盾构隧道下穿施工对邻近桩基的影响研究现状

目前,国内外关于盾构隧道下穿施工对桩基的影响研究主要采用两阶段解析法、数值分析法、模型试验法三种方法。三种方法都取得了较为丰富的研究成果。

(1)两阶段解析法

两阶段解析法即,首先计算隧道开挖时自由场(不考虑桩)的力学响应,然后将得到的地层位移施加到桩基上计算其内力与变形。第一阶段多采用 Loganathan 与 Poulos 公式或圆孔收缩理论计算隧道开挖引起的土体变形;第二阶段一般将地基视为不同的线弹性地基模型,将桩视为 Euler-Bernoulli 梁或 Timoshenko 梁,采用解析法或者数值分析法计算桩的变形和内力响应。相应模型主要有文克尔(E. Winkler)模型、巴氏(Pasternak)模型和 Kerr 模型等,其中前两种模型应用最为广泛。

由于两阶段法概念明确,思路清晰,学者们采用该方法就隧道施工对邻近桩基的影响做了大量研究工作。Loganathanetal 利用解析法计算了土体开挖引起的地层变形,通过 GEPAN 软件分析了隧道开挖对群桩响应的影响。李早、黄茂松等第一阶段采用 Loganathan 与 Poulos 公式计算得到土体变形,第二阶段基于 Winkler 模型及 Euler-Bernoulli 梁,采用剪切变形法分析了土体开挖时的群桩效应。Muetal 同样利用 Loganathan 与 Poulos 公式计算隧道开挖引起的土体侧向变形,采用有限差分法求解了桩的控制平衡方程。周锦强等基于 Winkler 模型,采用 Mindlin 基本解分析了桩与土间的界面相互作用,并推导了由隧道开挖引起的桩附加内力与变形的弹塑性解。除此之外,张治国等采用圆孔收缩理论计算隧道开挖引起的土体自由场位移,然后分别基于 Kerr 地基模型和 Pasternak 地基模型,将土体自由场位移施加于桩基,求解桩身的变形位移,研究了隧道施工对桩的变形影响。程康等基于 Pasternak 模型通过两阶段法求解了盾构隧道开挖引起的邻近桩的水平响应,并采用有限差分软件验证了计算结果。

(2)数值分析法

数值分析法能够充分考虑桩-土界面参数及地层的非线性特征,在隧道下穿施工对邻近桩基影响的研究中发挥了重要作用。Cheng 等提出了一种隧道-土-桩相互作用的变形控制理论(Displacement Controlled Model,DCM),并通过与模型试验及现场监测结果的比较,验证了该模型在隧道开挖对邻近桩基影响分析中的有效性和适用性。韩进宝等在考虑土体固结效应的基础上,利用变形控制理论建立三维有限元模型,分析了隧道开挖对邻近桩基的影响及其变形分布特点。Xuetal 采用三维数值分析方法分析了单桩和群桩的变形场和内力分布,讨论了不同隧道施工方法对群桩的影响。Huaetal 基于数值分析方法研究了隧道施工扰动下群桩间荷载的传递机理。Soomroetal 基于三维流固耦合数值模型,研究了隧道不同施工顺序对饱和黏土中既有群桩的影响。Nematollahi 和 Dias 采用有限差分程序对 EPB-TBM 双模盾构开挖全过程进行模拟,深入研究了桩-隧道相互作用。

(3)模型试验法

模型试验能够更直观、更贴近地展现地层的实际力学特性,进而获得与实测相一致的有效成果。国内外学者从这个角度入手对隧-土-桩问题进行了一系列研究。Loganathanetal 采用离心模型试验研究了隧道开挖对邻近群桩的影响,认为当隧道中心线位于桩端时,相邻群桩的弯矩和侧向变形较大。Marshall 通过离心模型试验研究了隧道施工对上部群桩的影响,提出了估算施工安全距离和桩身损伤的方法。安建永等通过模型试验研究了桩位于不同水平及竖直距离时隧道开挖引起地层应力重分布及桩内力的情况,表明桩的位置对桩内力有着显著影响。马少坤等通过排液法模拟地层损失,采用离心模型试验研究了群桩在不同埋置位置时隧道开挖引起群桩变形及内力的分布规律。Hongetal 进行了离心模型试验,分析了由于双线隧道施工引起的地层沉降及桩间荷载传递机理。Soomroetal 采用离心模型试验分析了双线隧道不同施工顺序引起的群桩的应力传递机理和侧向变形。

由此可见,盾构隧道下穿施工对周围土体的扰动打破了土体与桩基之间原有的力学平衡,从而改变了桩基的力学状态。桩身与隧道的相对位置直接影响着桩的受力和变形情况,当桩端位于隧道埋深水平附近时,桩身沉降和水平位移较大。此外,桩基承载能力和变形受盾构开挖的影响程度与土体黏聚力、内摩擦角、密实度、土体模量等力学参数密切相关,桩的附加变形和内力对土体模量相对敏感。由于群桩存在遮拦效应(即群桩对周围土体可起到"加筋"作用,抑制土体变形,群桩中前排靠近隧道的桩基变形和内力比后排桩基大),盾构隧道下穿施工对单桩和群桩的影响也存在差异。

目前,有关盾构隧道施工对邻近桩基的影响研究主要集中在直径约6m级的盾构隧道下穿工程。这些研究涉及的桩基类型以房屋结构桩基或路基桩基居多,关于大直径盾构隧道下穿施工对高铁桥梁桩基的影响研究十分有限。

1.3.2 盾构隧道下穿既有铁路的加固技术研究现状

随着城市交通的快速发展,以及盾构法在城市交通建设中的广泛应用,越来越多的盾构隧道下穿既有铁路干线工程不断实施。盾构下穿开挖扰动往往会对既有铁路造成一定的不良影响,因此在盾构隧道下穿既有铁路工程中,加固技术问题备受技术人员的关注。针对盾构隧道下穿既有铁路的加固技术,已有许多专家和学者开展了相关研究。目前,常见的加固方式包括注浆加固、旋喷桩加固、板+桩混合加固、钻孔灌注桩加固等。

在注浆加固方面,黄全中等结合工程实例,详细介绍了盾构下穿既有铁路时注浆加固的步骤。张舵依托盾构下穿既有铁路的工程实例,通过数值模拟对比分析了地层加固前后的沉降,结果表明采用地层加固可以有效减小地面沉降,从而满足盾构施工和既有铁路运营的要求。徐干成等以北京地铁14号线马家堡东路站—永定门外大街站盾构区间隧道为背景,通过数值计算分析,表明对下穿段一定范围内的土体进行注浆加固可有效控制盾构隧道施工引起的既有铁路纵向、横向沉降及不均匀沉降。冯超、高志刚等认为在盾构下穿既有铁路施工期间,为保证既有铁路的安全运营,除了对地层进行水泥注浆、土体加固外,还应加强同步注浆和二次注浆。刘勇等认为盾构下穿高铁路基时应采取地层深孔注浆,及时填充松动地层孔隙,增大地层密实度。Jiao等对土岩复合地层双线盾构隧道下穿铁路进行了变形分析,结果表明路基的注浆加固可以显著减小铁路轨道的沉降。庞振勇依托南京地铁S8宁天城际铁路下穿宁启铁路工程,分析了新建地铁隧道下穿既有铁路线时,盾构隧道施工对既有铁路线的影响,提出在既有铁路线下方采用注浆加固方案以规避风险,并通过现场监测发现,与不加固相比,注浆加固后,地铁隧道双线贯通铁路线路最大沉降(6.9mm)减小58.9%,铁路线路最大高低偏差(3mm)减小51.3%。

在旋喷桩加固方面,李军等依托长沙轨道交通1号线涂家冲站—铁道学院站区间隧道下穿京广铁路工程,提出了包括旋喷桩加固、线路架空加固(横挑纵抬)等针对性的施工控制方案,最终既有运营铁路路基与铁轨的变形值均能够满足铁路安全运营的要求。Xu等认为盾构下穿既有铁路时分别对主、次加固区进行注浆加固可以显著减小沉降变形,并且旋喷桩能较好控制地表变形。王庆国等针对上海地铁9号线一期工程R413区间上、下行线和出入段盾构隧道下穿南新铁路环线工程,通过建立三维有限元模型,分析了旋喷桩加固对于控制既有铁路变形的效果,表明旋喷桩的存在阻滞了内外土层的相互联系,能够有效控制盾构隧道施工引起的既有铁路纵向、横向沉降和不均匀沉降,从而保证既有铁路的安全运营。

在混合加固方面,霍军帅等依托苏州某地铁盾构隧道下穿沪宁高铁工程,采用板+桩组合结构的形式对地基进行加固,数值计算结果表明此加固方案能够保证运营铁路的安全。王伟忠和臧延伟结合上海地铁11号线盾构下穿沪宁高铁现场施工监测数据,发现对下穿区域采用路基注浆与高压旋喷桩联合加固后,能够减小隧道结构与其周围土体之间的刚度差异,均匀土层应力分布,增加土体抗力,并可有效地控制盾构穿越时所引起的地面变形。陈海丰等针对苏州轨道交通2号线盾构下穿沪宁高铁工程,研究提出了"分区注浆+板桩隔离"的新型保护体系,认为地层注浆加固的传统方案难以满足穿越高铁要求。游龙飞等通过三维有限元模型对盾构隧道下穿新建铁路站场工程的"桩+板"联合加固方案进行数值模拟,表明"桩+板"联合加固方案能够将加固区域的地表沉降量控制在1mm以内,有效地限制了盾构下穿施工引起的地层变形。

在钻孔灌注桩加固方面,孙连勇等以济南轨道交通 R3 线某隧道工程为背景,采用数值模拟的研究手段,对比分析了在主动加固和不加固两种情况下,盾构隧道近距离下穿胶济铁路线桥梁与路基引起的变形情况,验证了钻孔灌注桩加固在此类下穿工程中的有效性。Wu 等依托南京地铁机场线盾构隧道穿越京沪高铁群桩基础工程,分析了注浆加固、纵梁及横撑加固、钻孔灌注桩加固的加固效果。李杰基于 Midas GTS 软件建立数值模型,对有无隔离桩加固两种工况下盾构下穿高铁桥群承台沉降、桩基位移等进行对比分析,验证了隔离钻孔灌注桩加固方式的可行性和必要性。莫振泽等以无锡地铁 2 号线东林广场站—上马墩站区间盾构隧道工程穿越沪宁高铁交叉段为对象,采用 FLAC3D 数值方法分析钻孔灌注桩和 CFG 桩联合加固地层的效果,计算表明:地层加固措施能有效控制路基的最大沉降量和最大不均匀沉降量,保证高铁的正常运行。

可见,在盾构隧道下穿既有铁路施工时,为了确保既有铁路的安全运营,需要采取多种措施。一方面,需要严格控制盾构推进时的施工参数,以减少盾构施工对地层的扰动,另一方面,对地基土进行加固处理也是必不可少的重要手段。加固方案的选择取决于下穿工程特点和加固对象。对于普通有砟铁路轨道,常用的加固措施包括路基注浆加固和高压旋喷桩加固。当地面无法进行加固时,可以考虑采用隧道内部径向注浆加固方法。对于高铁无砟轨道,常见的做法是采用"板+桩"联合地基加固措施。目前的加固技术研究主要集中在地铁盾构下穿普通铁路工程。对于大直径盾构下穿高铁桥梁的加固方案,尤其是在桥下、超低净空条件下如何安全、可靠地实施加固措施,相关研究十分有限。

1.3.3 大直径盾构隧道施工地层变形控制技术研究

盾构掘进施工必然会对周围地层产生扰动,引起地层变形。若控制不当,就会催生一系列工程问题,如地面塌陷、衬砌开裂、邻近建(构)筑物受损等。大直径盾构掘进施工引发的地层损失和对地层原始应力场的改变更为显著。因此,大直径盾构施工面临的地层变形问题更加突出。国内外学者运用多种方法,主要从地层变形机理的理论基础、地层变形影响因素和控制技术三个方面,对这一领域的工程问题展开了研究。

关于盾构施工引发的地层横向变形规律的研究,Peck 以大量实测数据为基础进行统计分析,从地层损失的角度提出了地层变形沉降槽的分布规律,认为地层损失是引发地层变形的主要原因。Attwell 修正了 Peck 公式,认为开挖引起的地层损失率和沉降槽宽度是引发地层变形的主要原因,并基于修正的 Peck 公式研究了盾构隧道的地层损失规律,提出隧道施工引起的地层移动最终在地表形成一个倒穹顶形的凹槽,同时地表的沉降槽随开挖面向前移动。基于此,许多学者通过分析实测数据,提出了针对不同地层施工时地层损失率的经验值。其中,Attwell和 OReilly 提出黏土地层中的地层损失率应当取为 $0.5\% \sim 2.5\%$,马可栓认为在粉质黏土及粉砂地层中地层损失率可以取 $0.29\% \sim 1.14\%$,魏纲通过对杭州市庆春路隧洞监测数据进行分析,指明盾构穿越粉土地层及黏土地层时地层损失率取值为 $0.2\% \sim 0.85\%$,并得出了地质条件越好,地层损失率越小的定性规律。

在影响因素研究方面,纪梅、谢雄耀以上海迎宾三路隧道新建工程为背景,运用ANSYS与FLAC3D软件,建立大直径土压平衡盾构施工引起地层变形的三维计算模型,计算结果表明土仓压力过大或者过小都会破坏周围土体的极限平衡,引起较大的地层移动,若土仓压力在恰当范围内取值时,其大小变化对地表变形基本无影响。吴韬以上海迎宾三路隧道大直径土压平衡盾构穿越101铁路为工程背景,采用Peck法和三维数值模拟,分析了盾构斜交下穿运营铁路的地层变形规律,表明列车荷载对地面沉降变形的影响不大,穿越时地层损失率应控制在0.2%以内。肖龙鸽以武汉长江隧道为工程背景,研究大直径盾构下穿施工的地层变形,指出施工过程出现地表沉降过大、对周边环境产生不利影响的地段,主要是由非正常地层损失或灾害地层损失引起,如果施工过程中加强施工管理、合理设定泥水压力、加强盾构操作、控制泥水压力波动、保证适当的注浆量、将地层损失控制在0.5%以下,一般不会对周边环境产生有害影响。

在控制技术研究方面,金典琦、张海超、廖少明、吴亚东结合大直径盾构下穿实例工程,通过调节土仓/泥水仓压力、提高盾尾孔隙填充率、调整注浆参数、掘进速度以及盾构掘进姿态等措施控制地层变形,取得了较好的效果。陈袁东在控制施工参数的基础上,利用克泥效注浆工法对盾构掘进进行洞内加固,再利用深孔径向注浆以补偿同步注浆、二次注浆凝结后收缩造成的地层损失,精确有效地将地面沉降控制在允许范围内,实现了安全、顺利穿越既有铁路的施工预期。郑立用针对长株潭城际铁路湘江隧道大直径盾构下穿岳北社区段工程,通过分析盾构掘进前期引起较大地表沉降的原因,调整施工工艺,采用地层注浆预加固处理、优化盾构掘进施工参数、加强渣土管理、调整同步注浆等措施有效控制地层位移,确保了盾构施工安全和建筑物的安全。王文谦以某高铁大直径盾构隧道下穿既有沪宁高铁无砟轨道路基工程为背景,采用三维数值模拟方法,研究了大直径盾构下穿既有高铁路基及轨道的变形控制技术,表明当大直径盾构下穿高铁路基施工时,只对掘进参数进行优化来控制变形无法满足高铁安全运营的要求,在此情况下需要对既有路基进行加固,提出的三种加固方案控制效果由高到低依次为:保压循环注浆方案＞竖井底部注浆加固方案＞管幕加固方案。

从已有研究来看,地层损失是导致盾构隧道施工地层变形的主要根源之一。地层损失率的取值与地层性质高度相关,虽然学者们根据工程实测数据给出了不同性质地层的地层损失率经验值,但对于工程性质相似的地层,不同学者提供的地层损失率估值仍存在较大差异。在盾构施工技术层面上,影响大直径盾构施工地层变形的因素可以归纳为开挖面上压力不平衡、盾构姿态、盾尾间隙与壁后注浆质量,以及管片衬砌变形等。因此,对于控制措施的研究主要集中在优化盾构掘进参数、调整盾构掘进姿态、优化管片安装工序以及提高施工操作规范性等,以控制施工过程中的地层损失率。在仅依赖优化施工参数难以满足地层变形控制要求时,还需要通过特殊注浆方法加固地层来控制地层变形。值得注意的是,地层控制标准决定了具体的控制技术手段。目前,在大直径盾构下穿对变形异常敏感的高铁桥梁方面,相关研究相对有限。

1.3.4 盾构隧道下穿施工智能监测技术研究现状

现场监测是实现隧道信息化、动态化施工的基础,也是确保施工安全必不可少的手段。随着测量仪器和计算机技术的发展，智能监测技术在各类隧道工程中应用越来越广泛。隧道智能监测技术主要分为自动化全站仪或测量机器人技术、光纤传感器技术、三维激光扫描技术、数字近景摄影技术和基于物联网的监测技术等。一些学者将自动化技术与通信技术相融合，应用于各类盾构下穿工程的监测领域。

在盾构下穿既有隧道类工程的监测中，智能化监测手段如测量机器人、虚拟仪器平台、三维激光扫描等得到了广泛应用，监测项目涉及地层变形、盾构沉降、衬砌收敛以及既有隧道结构的变形、轨面沉降等方面。胡群芳、李虎分别利用电子水平尺以及测量机器人对既有盾构隧道竖向位移、水平位移以及变形收敛趋势进行了监测，并辅以人工监测手段验证了自动化监测数据的精确度。Mohamad 等在伦敦新建隧道邻近运营地铁隧道施工中，采用布里渊光时域反射(Brillouin Optical Time Domain Reflectometry，BOTDR)光纤传感器来监测运营隧道的应变情况，通过与传统监测结果的对比，证明了该技术在隧道工程中应用的可行性。刘志坚利用实时监测手段监测了地面沉降、既有隧洞的沉降以及管片分块变形。陈明安借助 GRP5000 移动式三维激光扫描仪和点云数据处理技术，对盾构下穿施工期间既有隧洞的断面变形、管片错台等进行了自动化监测。孔繁帆运用智能型全站仪和激光测距仪，对盾构隧道下穿施工期间的竖向位移、水平位移以及收敛变形进行高频观测。任高峰以北京新建地铁 6 号线下穿既有地铁 4 号线区间隧道为工程依托，采用静力水准仪、振弦式位移计、表面裂缝计、应变计、倾斜仪等对既有地铁隧道结构和轨道道床的沉降、轨距动态扩张、两走行轨的倾斜高差变化、既有线隧道衬砌表面位移及结构变形缝的开合度等进行了监测，这一套监测方案具备高精度、低成本和可靠性。

对于盾构下穿路基类工程的监测，主要关注的是地面沉降和路基沉降。在下穿多条铁路路基的情况下，还会监测路基之间的水平位移和差异沉降。陈秋鑫综合运用全站仪三维红外扫描技术自动化监测和传统人工几何水准式监测，对盾构下穿机场路基的沉降进行了监测，通过反馈信息，及时调整施工参数，实现了在不停航情况下的盾构下穿安全施工。周夫见采用测量机器人对盾构下穿徐州火车站 16 条铁路股道的差异沉降和水平位移进行监测，并将实时采集的监测数据上传至基于云平台的物联网综合管理系统，实现对数据的实时处理。谢雄耀采用 Microsoft Visual Studio. Net 编程技术和 MySQL 数据库开发了沉降自动化监测及数据移动发布系统，实现了监测数据的 24h 自动化采集、分析和移动端推送，并将该系统应用于南宁地铁盾构隧道下穿南宁火车站铁路股道及站房工程，获得了盾构推进过程中地表沉降及火车轨道沉降的变化规律。

对于盾构下穿既有桥梁类工程的监测，监测重点一般在于桥墩沉降、侧向位移和桩身变形等。饶靖鹏利用传统监测的方式，对地铁盾构侧穿既有桥梁的桥墩沉降、侧向位移、既有桥梁附近地表沉降进行了监测。吴佩以广州地铁 13 号线西场站—彩虹桥站区间盾构隧道施工下穿德坭立交桥桩基工程为依托，采用电子水准仪，对桩基托换方案下的盾构下穿施工过程中桥墩沉降、桥墩倾斜、托换梁梁端位移、梁中(梁与桩结合处梁体)位移等进行监测，论证了盾构隧道下穿城市桥梁桩基础的桩基托换方案的可行性，为类似工程的设计与施工监测提供了指导。徐顺明以盾构下穿高铁桥梁桩基为工程背景，采用全站仪对高铁桥墩沉降，箱梁水平位移，竖向位移，高铁桥墩横向、纵向水平位移，以及桥墩倾斜等进行了自动化监测，获得了盾构下穿技术储备与成功经验。

总体而言,中国铁建重工集团股份有限公司、中铁工程装备集团有限公司等企业在盾构智能监测领域已经取得了显著成绩。这些企业在盾构设备方面引入了多项具有自主知识产权的智能化和信息化控制技术,包括面向设计人员的盾构智能决策系统、面向施工人员的盾构施工数据分析系统、面向操作人员的盾构测控系统、面向测量人员的盾构姿态自动测量系统以及面向管理人员的管片拼装纠偏预测系统。然而,当前盾构施工期间各项参数的控制尚未与地表沉降、地层变形监测实现有效的联动,智能监测系统精度还有待提高。在盾构下穿既有桥梁的监测方面,目前主要还是依赖传统的监测手段。由于运营高铁桥梁对于变形的控制要求高于其他类工程,其施工监测无论是在精度还是在及时性、高效性方面都对监测技术提出了更高的要求。

1.3.5 盾构隧道下穿施工风险分析与防控体系研究现状

盾构隧道下穿施工涉及隧道、土体和既有结构之间复杂的相互作用,可能导致一系列风险的产生。对这些潜在风险进行识别、分析,并制定相应的防控体系是确保工程安全、顺利实施的关键。

在风险识别与分析方面,专家和学者们主要运用工程经验分析、数学统计以及数值模拟等方法对盾构下穿施工风险进行分析。周松等依托上海仙霞西路隧道穿越虹桥机场绕滑道工程,结合工程经验分析得出,施工风险主要源自浅覆土施工、地层条件差及沉降控制方面。类似地,李晓亮等结合工程经验,指出盾构下穿在施工过程中可能面临沉降、倾斜、拉伸和压缩变形等潜在风险。郑余朝等采用安全风险层次-模糊综合评价法(AHP-FE)和数值模拟方法分析盾构下穿铁路站场风险,得到了主要风险源相关指标的预测值。Lei 等在详细调查、分析工程背景和施工环境的基础上,通过建立多层次模型、构建判断矩阵及一致性检验、加权向量计算与评价的数学方法,确定了关键控制指标,并进行风险评估,识别了影响工程和环境安全的关键因素。此外,钱王苹等基于灰色关联分析理论,建立了两种关联度模型,计算各个风险因素对安全评价项目关联度的贡献值,从而确定了不同安全评价中最主要的影响因素,表明加固范围对盾构下穿铁路的安全评价起重要作用。张亚洲等通过三维数值计算,准确预测了盾构施工的影响区范围和沉降量,并根据理论预测结果对影响区范围内民房进行分类监测,结合现场实测数据研究了盾构施工对民房建筑群的影响,指出大直径盾构下穿民房建筑群施工控制较为复杂,良好的盾构施工参数(如合理的泥水压力、良好的姿态控制、合理的施工速度、有效的壁后注浆)、完善的监测系统(如合理的监测范围、测点布置、监测频率及监测反馈)和高效的应急措施(如地面注浆、房屋修补和加固措施)是施工顺利进行的保障。卢裕杰采用专家分析法和数值模拟法,综合分析地铁盾构下穿昆明火车站股道的施工风险,表明股道的差异沉降和纵向不均匀沉降风险等级极高,需要采取纵向轨束梁吊轨加固、土体改良、优化盾构参数等一系列措施加以控制,以确保昆明火车站的运营安全。

在盾构下穿施工风险控制措施研究方面,许多专家和学者也进行了相关研究。综合归纳起来,主要涉及人员管理和施工措施两个方面。在人员管理方面,田世文等认为在盾构下穿既有建筑物过程中,监理对施工控制具有至关重要的作用。而在施工措施控制方面,主要包括控制盾构机掘进参数、加固改善土体以及实时监测现场数据等手段。例如,张亚勇等以苏州火车站至第三人民医院区间隧道盾构侧穿建筑物为工程背景,从设备型号、掘进参数、同步注浆与二次注浆等方面进行研究,保证了地铁沿线建筑物的安全。陆进文等以天津轨道交通9号线盾构穿越蝶桥公寓为背景,研究分析了软土地层中浅埋盾构斜穿既有建筑物的安全风险和沉降控制措施。张亚洲等则认为,通过控制支护压力、施工速度以及壁后注浆等施工参数,结合地层注浆加固,可以有效控制地面沉降,保障施工的顺利进行。夏金春和卢裕杰提出,在盾构下穿运营隧道施工过程中,调整盾构掘进参数、注浆参数以及进行土体改良,能够同时确保盾构施工和既有隧道运营的安全。此外,温克兵等强调应用自动化监测技术,根据实时监测数据调整盾构机掘进参数,可以保证既有隧道主体结构和运营的安全。刘智勇在盾构下穿施工过程中,采用地面定向注浆加固施工技术和自动化监测技术,成功实现了沉降控制。石舒则主张,在盾构下穿铁路工程时,应对穿越区域采取分块加固措施。李晓亮等建议,在盾构下穿建筑物时应采取加固土体、调节盾构参数和进行二次注浆等措施,以确保施工的顺利进行。

盾构隧道的风险防控体系与工程所在地的地质条件、水文条件、设计以及施工条件等密切相关。目前,盾构下穿施工的防控技术研究比较偏于单一层面,且以施工过程的风险防控为主,而关于全过程风险防控体系的研究相对较少。

1.4 本书主要内容

本书依托于苏州桐泾北路隧道工程,针对大直径盾构下穿运营高铁桥梁工程中变形标准高、风险大、施工空间受限、施工精准化控制要求高等技术难题,对大直径盾构隧道下穿运营高铁桥梁工程中的加固保护、设备研发、变形控制、精准施工、智能监测、风险防控等关键技术进行了分析和总结,主要内容包括:

(1)大直径盾构隧道下穿高铁桥梁沉降变形控制及安全防护技术

结合工程案例调研,剖析了大直径盾构隧道下穿高铁桥梁工程的特点、难点和关键技术问题。建立三维静力分析模型,揭示大直径盾构下穿运营高铁桥梁的变形规律与影响因素,预测评估在无加固措施条件下大直径盾构隧道下穿施工对运营高铁桥梁的影响和风险因素。通过工程经验与理论分析相结合的方法,针对大直径盾构在浅覆土、软弱地层中穿越高铁桥梁严苛的变形控制要求,提出了隔离桩+地表纵横梁+MJS桩基的整体加固体系初步设计方案。基于构建的高速列车-轨道-桥梁-土层-盾构隧道一体化空间耦合高精度动力分析模型,从列车轮重减载率、轮轴横向力、脱轨系数、车体振动加速度等动力响应指标方面,对采取整体加固措施后盾构下穿高铁桥梁时列车的运行安全性进行全面分析评估,论证了整体加固体系设计方案的可靠性,并对加固体系的主要设计参数进行优化。针对桥下净空高度仅3.6m以及工程地质条件复杂等不利情况,研发了贯入速度快、施工扰动小、场地应用灵活的低净空全套管灌注桩机装备及成套高精度微扰动控制技术。这一创新解决了全回转成桩工艺的施工空间受限、施工安全以及变形控制等问题,为工程的顺利实施提供了强有力的技术支撑。

(2)大直径盾构隧道下穿高铁桥梁掘进施工精准控制技术

通过广泛的工程调研和案例分析,揭示了大直径泥水盾构隧道开挖面稳定的机理和关键影响因素。在对泥水现场控制的主要指标进行详细分析和对比的基础上,确定了大直径盾构泥水主要指标的取值和相应的控制方法,同时构建了一套完整的泥水指标现场控制体系,为泥水仓压力和泥水配合比提供了建议值。依据大直径泥水盾构的工作原理和相关工程经验,并结合试验段盾构掘进情况,从泥水压力、推进速度、泥浆性能、同步注浆、二次注浆、克泥效同步注入技术、盾构姿态等方面提出了具体的控制措施,确保盾构施工参数最优,实现了大直径盾构隧道下穿高铁桥梁掘进施工的精准控制。

(3)大直径盾构隧道下穿高铁桥梁智能监测、预警系统及风险管控体系

针对运营高铁行车密度大、速度高等特点,构建了一套高精度、全自动、智能化监测和预警系统。该系统能够全面监测土体、桥梁、盾构隧道等关键要素的变形及内力变化,并将监测数据实时上传至信息化平台进行解析。通过理论计算和实测数据的对比,实时调整盾构机的掘进参数,以减少盾构开挖掘进对土体和高铁桥梁的不利影响。而且,通过同步反分析计算,进一步优化设计参数和施工控制,实现施工预测和施工控制的信息化和智能化。此外,从风险评估的实施流程、风险等级、风险管理和应急预案等多个方面,建立了大直径盾构下穿高铁桥梁全过程风险管理体系,对盾构下穿高铁桥梁工程的各阶段风险进行全面分析和评定,并制定了相应的风险应对措施。

本书旨在介绍大直径盾构隧道下穿运营高铁桥梁工程建设的实践经验和关键技术,为隧道及地下工程专业从业人员和研究者提供参考和指导,帮助相关技术人员更好地理解此类下穿工程的复杂性和可能面临的挑战,为他们分析和解决实际工程难题提供思路,积极推动大直径盾构隧道行业的发展。

第 2 章

大直径盾构隧道下穿施工对运营高铁桥梁的影响预测与风险分析

2.1 引言

在盾构隧道下穿施工之前，既有桥梁桩基及其周围土层经过长期的外荷载和土层固结排水作用，处于一个相对稳定的平衡状态。而盾构隧道的开挖卸载将打破这一平衡，不可避免地引起周围土层产生位移。这种位移将沿着地层传递给邻近桥梁桩基，可能进一步导致桥墩和桥面轨道产生一系列联动变形反应。由于高铁列车行车速度快，对轨道变形极为敏感，一旦变形超过允许范围将危及高铁的正常安全运营。相较于小直径盾构，大直径盾构隧道施工对周围土层和既有建筑结构的影响更为显著，这将大大增加下穿高铁桥梁的施工风险。

工程项目的失败或安全事故的发生常常是由于未能预见到风险的存在。深入分析施工影响和工程风险，有助于预测施工过程中可能出现的问题，揭示潜在的工程风险，并为风险防范提供明确的指导。本章依托苏州桐泾北路隧道工程，详细介绍大直径盾构隧道的设计、穿越既有建（构）筑物情况，深入剖析大直径盾构在近距离下穿高铁桥梁时面临的工程重难点，包括变形控制、低净空条件下的加固实施、富水浅埋条件下的施工安全控制，以及短距离连续下穿多个风险源的施工风险防控与管理等。通过建立三维有限元分析模型，重点预测分析盾构施工对高铁桥梁的影响，并从高铁桥梁服役状态、盾构隧道与高铁桥梁相互作用、工程地质与周边环境和施工组织管理等方面对工程风险进行识别与评估，为后续风险防控措施的制定提供依据。

2.2 工程概况

《苏州市综合立体交通网规划纲要（2023—2035）》规划构建以"十四横十四纵"为核心的城市结构性主干路系统，与高速公路、市域快速干线共同形成一个内外互联、高效协调的高快速路网，优化苏州城市内外交通流动，解决城市道路运行不畅问题。苏州桐泾北路隧道工程作为其中"十四纵"主干路之一，位于苏州站西侧约2.1km，是连接南北片区的重要通道，也是"十三五"规划打通的重点道路，其建设将极大地促进虎丘地区的经济繁荣。

苏州桐泾北路隧道工程起于西塘河南岸，先以明挖隧道形式穿越清塘路，之后采用盾构隧道连续下穿万顺楼、敕建报恩禅寺、山塘河、沪宁高铁、京沪铁路和北环快速路，随后再以明挖隧道形式与现状桐泾路顺接，止于西园路与现状桐泾北路交叉口。线路里程K0+734~K2+487.27，全长1753.27m，包括北端头盾构工作井（始发井）及明挖段（长476m）、盾构段（长490m）、南端头盾构工作井（接收井）及明挖段（长787.27m），采用城市主干路双向六车道标准建设，设计速度60km/h。苏州桐泾北路隧道工程平、纵面布置如图2-1和图2-2所示。

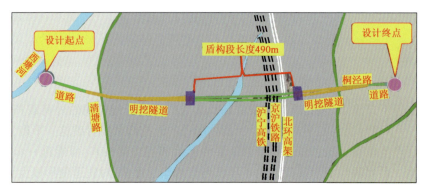

图 2-1 苏州桐泾北路隧道工程平面布置示意图

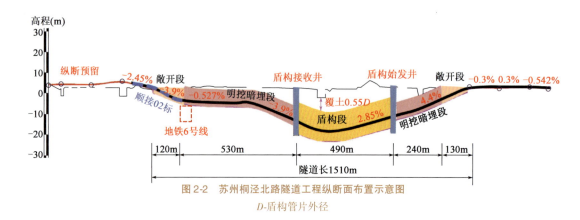

图 2-2 苏州桐泾北路隧道工程纵断面布置示意图

D-盾构管片外径

2.2.1 工程地质与水文地质

1）工程地质

本工程场区岩土层以第四系地层为主，覆盖层主要为第四系人工堆积层（Q_4^{ml}）填土，其余均为第四纪河泛、河湖等相沉积物，主要由黏性土、粉土、砂土组成。按其成因、结构特征、土性的不同和物理力学性质上的差异共分为十大层，层号为①～⑩$_1$，各地层分布情况见表2-1。

地层分布情况　　　　　　　　　　　表2-1

时代成因	土层名称及编号	状态	层厚（m）	层顶高程（m）
Q_4^{ml}	①杂填土	松散	0.30～7.80	-4.65～3.19
	①$_1$ 素填土	松散	0.40～3.00	-1.22～2.21
Q_4^{l+h}	②黏土	硬塑～可塑	0.80～4.50	-4.22～-0.61
	②$_1$ 粉质黏土	硬塑～可塑	0.30～6.10	-7.61～0.41
	③$_1$ 粉土	稍密～中密	0.60～10.30	-18.85～-4.87
	③粉砂	稍密～中密	1.80～10.70	-16.90～-7.38
	④粉质黏土	软塑～可塑	1.10～9.30	-21.47～-14.82

续上表

时代成因	土层名称及编号	状态	层厚(m)	层顶高程(m)
Q_3^{al}	⑤黏土	硬塑~可塑	1.60~5.20	-23.57~-19.71
	⑤$_1$粉质黏土	软塑~可塑	0.60~7.60	-26.27~-21.82
	⑥$_1$粉土	密实	1.30~6.90	-30.96~-25.17
	⑥黏土	硬塑~可塑	1.10~-7.20	-31.92~-23.32
	⑥$_2$粉质黏土	软塑~可塑	1.00~9.00	-32.37~-24.11
	⑥$_3$粉砂	中密~密实	5.00~7.50	-34.76~-32.84
	⑦粉质黏土	软塑~可塑	1.50~15.30	-42.92~-32.46
	⑦$_1$粉土	密实	1.20~8.80	-41.26~-36.86
	⑦$_2$黏土	可塑	4.80~5.20	-43.64~-41.46
	⑧$_1$黏土	可塑	2.00~5.00	-51.29~-42.86
	⑧粉质黏土	软塑~硬塑	2.00~14.70	-55.84~-42.97
	⑨粉质黏土	软塑~可塑	8.90~14.00	-69.37~-65.58
	⑨$_1$粉土	中密~密实	2.20~8.00	-62.99~-53.36
	⑩黏土	硬塑	—	—
	⑩$_1$粉质黏土	硬塑	—	—

各地层的详细岩性特征,从新至老分述如下:

(1)第四系全新统人工堆积层(Q_4^{ml})

①杂填土(Q_4^{ml}):杂色,松散,以建筑垃圾、混凝土块、碎石为主,夹少许黏性土,土质不均,工程性能差。全场地分布,厚度0.9~3.5m。

①$_1$素填土(Q_4^{ml}):灰黄色、灰色,松散,主要为黏性土,夹少量碎石。该层土质欠均匀,孔隙较为发育,结构松散,工程性能差。场地内大部分地段分布,层厚0.6~1.6m。

(2)第四系全新统湖泊沼泽沉积层(Q_4^{l+h})

②黏土(Q_4^{l+h}):灰黄色,可塑,切面光滑,干强度高,韧性高,属中等压缩性土,工程性能较好。全场地分布,层厚2.0~3.5m。

②$_1$粉质黏土(Q_4^{l+h}):灰黄色,硬塑~可塑,夹薄层粉土,见绿色斑纹,切面稍粗糙,干强度中等,韧性中等,属中等压缩性土。整个场地分布。本层层底高程为-7.61~0.41m,层厚为0.30~6.10m,平均厚度为2.74m。

③粉砂(Q_4^{l+h}):灰黄色~灰色,稍密~中密,饱和,砂质较均匀,含云母、石英、长石等,局部夹薄层黏性土、粉土,属中等偏低压缩性土,场地大部分地段分布。本层层底高程为-16.90~-7.38m,层厚为1.80~10.70m,平均厚度为5.62m。

③$_1$粉土(Q_4^{l+h}):灰色,稍密~中密,饱和,无光泽,土质较均匀,局部夹少量黏性土薄层,摇振反应迅速,干强度低,韧性低,属中等偏低压缩性土,场地大部分地段分布。本层层底高程为-18.85~-4.87m,层厚为0.60~10.30m,平均厚度为3.09m。

④粉质黏土(Q_4^{l+h}):灰色,软塑,稍有光泽,摇振无反应,干强度中等,韧性中等,属中等压缩性土,工程性能一般。全场地分布,层厚6.6~15.9m。

(3)第四系上更新统冲积层(Q_3^{al})

⑤粉质黏土(Q_3^{al}):暗绿色,硬塑~可塑,均质致密,可见少量铁锰染斑,夹灰黄色条纹。干强度高,韧性高,土质均匀,属中等压缩性土,场地大部分地段分布。本层层底高程为-23.57~-19.71m,层厚为1.60~5.20m,平均厚度为3.44m。

⑤$_1$ 粉土(Q_3^{al}):灰色~灰黄色,软塑~可塑,稍有光泽,摇振无反应,干强度中等,韧性中等,属中等压缩性土,场地大部分地段分布。本层层底高程为-26.27~-21.82m,层厚为0.60~7.60m,平均厚度为2.87m。

⑤$_2$ 黏土(Q_3^{al}):灰绿色,可塑,厚层状,切面光滑,夹黄色斑纹,韧性高,干强度高,土质均匀,属中等压缩性土,工程性能一般。仅在钻孔ZK04处有揭露,层厚约5.0m。

⑥粉质黏土(Q_3^{al}):灰色,软塑,薄层状,夹薄层粉土,粉粒含量中等,韧性中等,土质均匀,属中等压缩性土,工程性能一般。场地内大部分地段分布,层厚2.4~10.5m。

⑦粉质黏土(Q_3^{al}):灰色,可塑,厚层状,夹薄层粉土,粉粒含量中等,韧性中等,土质均匀,属中等压缩性土,工程性能一般。全场地分布,层厚2.3~13.3m。

⑦$_1$ 粉土(Q_3^{al}):灰色,中密,饱和,薄层状,土质均匀,局部含黏性土薄层,含云母碎屑,属中等偏低压缩性土,工程性能中等。仅在钻孔ZK04处有揭露,层厚约5.1m。

⑦$_2$ 黏土(Q_3^{al}):灰黄色,可塑,厚层状,切面光滑,夹青灰色斑纹,韧性高,干强度高,土质均匀,属中等压缩性土,工程性能一般。局部地段分布,层厚1.7~2.7m。

⑧粉质黏土(Q_3^{al}):灰色,可塑,薄层状,夹薄层粉土,粉粒含量高,韧性低,干强度低,土质均匀,属中等压缩性土,工程性能一般。全场地分布,层厚9.1~13.4m。

⑧$_1$ 粉土(Q_3^{al}):灰黄色,密实,饱和,厚层状,以粉土为主,含少量黏性土,摇振反应中等,含云母碎屑,土质均匀,属中等压缩性土,工程性能中等。场地内大部分地段分布,层厚1.6~7.1m。

⑧$_2$ 黏土(Q_3^{al}):灰黄色,硬塑,厚层状,切面光滑,夹绿色斑纹,韧性高,干强度高,土质均匀,属中等压缩性土,工程性能一般。局部地段分布,仅在钻孔ZK04处有揭露,层厚约3.2m。

⑨黏土(Q_3^{al}):灰褐色,硬塑,厚层状,切面光滑,韧性高,干强度高,土质均匀,属中等压缩性土,工程性能一般。该层此次钻探未揭穿。

⑨$_1$ 粉质粉土(Q_3^{al}):灰褐色,硬塑,厚层状,切面光滑,粉粒含量低,韧性高,干强度高,土质均匀,属中等压缩性土,工程性能一般。该层此次钻探未揭穿。

工程场地浅部地基土类型属中软土,场地内分布的饱和粉土、粉砂不液化,根据《岩土工程勘察规范》(DGJ32/TJ 208—2016)有关规定,工程场地抗震地段划分属一般地段。

2)水文地质

盾构隧道工程沿线的地下水主要类型为第四系孔隙潜水、微承压水和承压水Ⅰ。

孔隙潜水主要赋存于浅部填土层中,主要为大气降水入渗及地表水的侧向补给,以地面蒸发为主要排泄方式。勘察期间(2018年4—5月)测得潜水稳定水位埋深为0.80~2.20m(对应高程为0.65~2.08m)。

苏州市降雨主要集中在6—9月,在此及稍后期间,地下水位一般最高;旱季为12月份至翌年3月份,在此期间地下水位一般最低,年水位变幅为1.00~2.00m。据区域水文资料,苏州市历年最高潜水位高程为2.63m,最低潜水位高程为-0.21m,近3~5年最高潜水位高程为2.50m。

微承压水主要赋存于③粉砂及③$_1$粉土中,含水层顶板埋深5~12m。该层水补给方式以大气降水、地表水及上部潜水垂直入渗为主,排泄方式以地下径流及人工开采为主。勘察期间(2018年4—5月)测得微承压水的测压水位埋深为1.57~2.14m(对应高程为1.18~1.50m),水头高5~10m。据区域资料,苏州市历年最高微承压水稳定水位高程为1.74m,近3~5年最高微承压水水位高程为1.60m,年变幅0.8m左右,一般在6—9月份雨季水位最高。

承压水Ⅰ主要赋存于⑥$_1$粉土、⑦粉土中,含水层顶板埋深25~38m,富水性及透水性中等。主要补给来源为地下水侧向径流,以地下水侧向径流和人工开采为主要排泄方式。勘察期间(2018年5—6月)测得水位长期观测孔中,该层水的测压水位埋深为2.72~2.80m(对应高程为0.13~0.22m),水头高25~35m。根据区域资料及附近场地资料,承压水Ⅰ测压水位年变幅约1m。

根据水质分析结果及邻近工程经验,依据《公路工程地质勘察规范》(JTG C20—2011),按Ⅱ类环境类型和地层渗透性经判定承压水对混凝土结构具微腐蚀性;在长期浸水情况下,承压水对钢筋混凝土结构中的钢筋具微腐蚀性;在干湿交替情况下,承压水对钢筋混凝土结构中的钢筋具微腐蚀性。

3)场地地震效应

依据《建筑抗震设计规范》(GB 50011—2010)(2016年局部修订)和《中国地震动参数区划图》(GB 18306—2015),本场地的抗震设防烈度为7度,地震动峰值加速度值为0.10g,设计地震分组为第一组,地震特征周期值为0.35s。根据区域地质资料,本场地覆盖层厚度大于50m,场地类别Ⅲ类,根据规范调整后基本地震动峰值加速度为0.125g,基本地震动加速度反应谱特征周期为0.45s。

2.2.2 盾构区间隧道设计

(1)隧道线路设计

苏州桐泾北路盾构区间隧道从虎阜花园小区西侧北端头工作井始发,连续下穿多个风险源(万顺楼、敕建报恩禅寺、山塘河、沪宁高铁、京沪铁路和北环快速路等),到达南端头工作井接收,左线全长487.31m,右线全长490m。盾构区间隧道平面布置如图2-3所示,左、右线纵断面布置如图2-4和图2-5所示,具体线路设计情况见表2-2。

盾构区间线路设计情况表　　　　表2-2

区间名称	盾构区间	
	左线盾构区间	右线盾构区间
区间里程	K1+208.675~K1+696.429	K1+210~K1+700
线路长度(m)	487.754	490
最小纵断面曲线半径(m)	1942	700
最大坡度(‰)	3.95	3.95
线间距(m)	18~20	18~20
埋深(m)	9.16~12	9.16~12

图 2-3 盾构区间隧道平面布置示意图

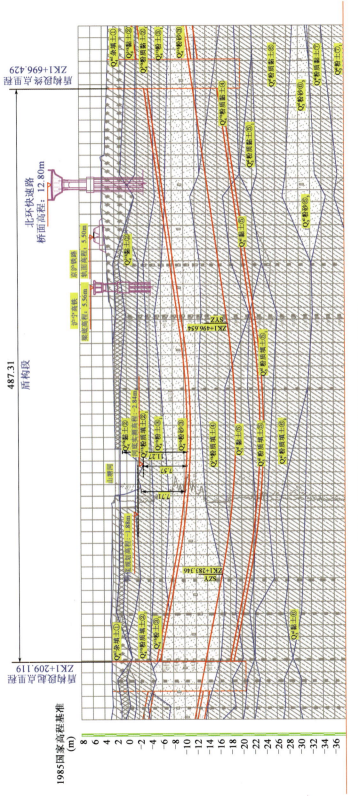

图 2-4 盾构区间隧道左线纵断面布置（尺寸单位：m）

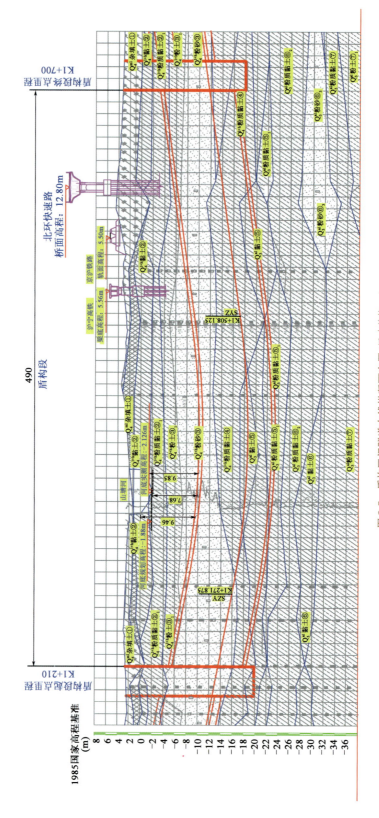

图 2-5 盾构区间隧道右线纵断面布置（尺寸单位：m）

从盾构隧道纵断面图可知,本盾构隧道穿越的地层复杂多变,包含多种地质形态,且分布不均。具体而言,盾构穿越的地层为②$_1$粉质黏土、③粉土、③粉砂、④粉质黏土、⑤黏土、⑤$_1$粉质黏土,其中以③粉砂和④粉质黏土为主。

(2)隧道横断面设计

盾构隧道采用泥水平衡式盾构机施工,管片采用通用型管片,管片楔形量58mm,为单层装配式衬砌,强度等级C50,抗渗等级P12,管片外径13.25m,内径12.05m,厚度600mm,环宽2m,分9块设计(6+2+1),错缝拼装,每个环缝采用27个M36螺栓,每环纵缝采用34个M36螺栓。盾构隧道洞内按上下两层布置,上层为车道层(三车道),下层为疏散通道及管线通道,内部结构采用现浇方式。盾构区间隧道横断面示意图及管片分块图如图2-6、图2-7所示。

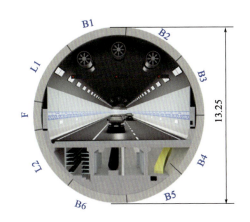
图2-6 盾构区间隧道横断面示意图(尺寸单位:m)

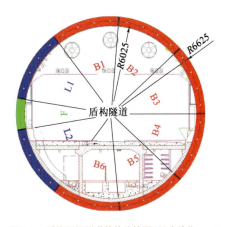
图2-7 盾构区间隧道管片分块图(尺寸单位:mm)

(3)管片新型环向接触面设计

目前,对于大直径盾构管片,通常采用在管片环向接触面上设置凹凸榫,以提高抗剪能力。除凹凸榫之外,相邻管片环接触面上的其余区域也保持均匀接触。然而,在地下水位较高的情况下,由于大直径盾构隧道横断面大,管片受到的浮力大,尤其是在上部覆土较浅位置施工时,盾构管片容易出现上浮现象。在上浮力的作用下,盾构管片的应力集中现象更为突出,可能导致混凝土衬砌管片产生破损等病害,严重影响盾构隧道的安全性、耐久性和防水性。针对本工程浅埋且地下水位高的地质特点,专门设计了一种新型接触面形式,以确保大直径盾构在浅埋、高地下水位条件下的拼装施工质量,提高结构安全性及耐久性。

①凹凸榫处宽度差优化设计

盾构管片相邻两环的环向接触面,按照一定的间距(角度α)均匀设置凹凸榫,凹凸榫与管片环向连接螺栓孔设置在同一位置,以便于拼装,同时可最大限度减少孔洞对管片环向连接的削弱,如图2-8所示。

通过优化凹凸榫处凹槽与凸榫相接面的宽度差,将宽度差增加至不小于10mm(目前常规的宽度差为4mm),以防止管片脱模过程中凹凸榫的损坏,从而提高工程质量。凹凸榫的细部处理如图2-9所示。

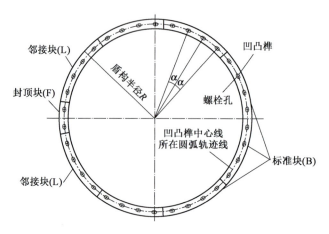

图 2-8 盾构管片凹凸榫及螺栓孔布设图

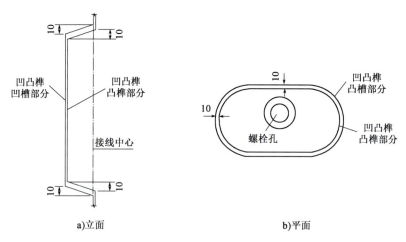

图 2-9 凹凸榫处理详图(尺寸单位:mm)

②管片衬砌接触面传力面设计

在相邻两环管片的环向接触面上,通过高差的方式设置若干个传力面和非传力面区域。下凹部分为非传力面区域,起到减少管片接触,尤其是边角等容易应力集中部位接触的作用,从而解决在浅埋、高地下水压条件下拼装施工易出现管片破损的问题。非传力面区域比传力面区域下凹 2mm。具体而言,在每块管片(包括封顶块、邻接块及标准块)两个相邻凹凸榫之间设置一处宽度为 $B(B = 200 \sim 300\mathrm{mm})$ 的区域作为非传力面;在每块管片两端各设置一处宽度为 $B/2$ 的区域作为非传力面,其余区域作为传力面,如图 2-10 所示。

对于凹凸榫及传力面区域,相邻两环的接缝宽度 b 设计为 2mm;对于非传力面区域,由于相邻两环各块均相对于传力面下凹 2mm,接缝宽度设计为 $b+4$,即 6mm。相邻两环的接缝如图 2-11 所示。

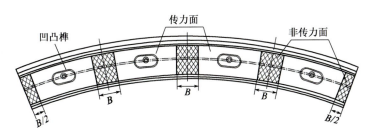

图2-10 管片传力面示意图(以标准块为例)

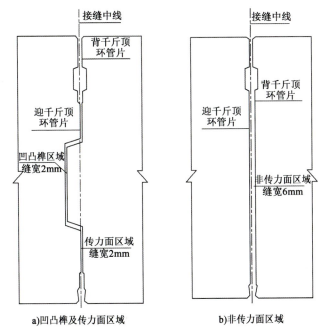

a)凹凸榫及传力面区域　　b)非传力面区域

图2-11 相邻两环管片接缝示意图

③端部保护钢筋设计

为了进一步加强相邻两环管片接触面的端部保护,提高工程质量和耐久性,在每块管片的环向接触端部和管片的内外侧均设置构造钢筋 Z1 及 Z2。具体布设为:Z1 钢筋沿着每块管片环向接缝平行布设,呈圆弧形;Z2 钢筋间隔一定间距垂直于每块管片环向接缝布设,呈 V 字形,将管片外侧的受力钢筋及 Z1 构造钢筋包裹于其中。Z1、Z2 钢筋采用 $\phi 8mm$ 或者 $\phi 10mm$ 钢筋,如图2-12 所示。

④接触面防水设计

设置传力面和非传力面区域后,由于相邻两环管片的非传力面部分区域均下凹2mm,再加上相邻两环管片传力面之间的2mm间隙,使得非传力面部分区域缝隙增至6mm。为保证防水质量,在每块管片的环向接触端部都粘贴了丁腈软木橡胶垫板。具体布设如下:垫板1设置在凹凸榫处;垫板2设置在有传力面区域处,厚度均为3mm,施工后压缩至2mm;垫板3设置在无传力面区域处,厚度为7mm,施工后压缩至6mm。垫板布设如图2-13 所示。

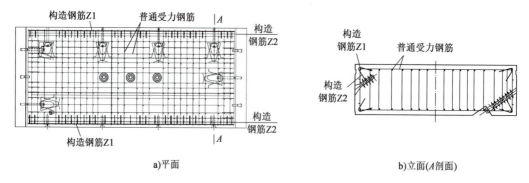

图 2-12 管片构造钢筋示意图

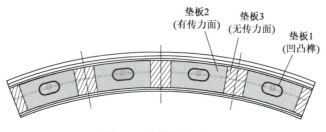

图 2-13 防水垫板示意图

丁腈软木橡胶垫板施工时贴在背千斤顶面,各分块之间预留 20mm 的间隙。垫板与管片间采用单组分阻燃型氯丁酚醛胶粘剂粘接。

防水垫板粘贴前应清除接触面的灰尘,保证管片四周与橡胶密封垫点贴密实。吊装过程中加强管理,防止剥离、脱落或损伤。

2.2.3 盾构穿越既有物概况

盾构隧道沿线涉及的重要建(构)筑物主要集中在山塘古街的两侧,主要包括敕建报恩禅寺、陶贞孝祠等文物建筑和山塘河古河流。下穿的既有铁路主要有沪宁高铁和京沪铁路,盾构左、右线下穿铁路段范围内的线路情况见表 2-3 和表 2-4。下穿既有公路为北环快速路高架。

左线下穿段范围 表 2-3

下穿段	左线里程	对应环号
下穿沪宁高铁前 30m	K1+491.4~K1+521.4	142~156 环
下穿沪宁高铁范围	K1+521.4~K1+533.9	156~162 环
下穿沪宁高铁与京沪铁路中间段	K1+533.9~K1+567.8	162~179 环
下穿京沪铁路范围	K1+567.8~K1+580.2	179~184 环
盾尾出京沪铁路 30m 范围	K1+580.2~K1+623.6	184~206 环

右线下穿段范围 表2-4

下穿段	右线里程	对应环号
下穿沪宁高铁前30m	K1+492.8~K1+522.8	142~157环
下穿沪宁高铁范围	K1+522.8~K1+535.2	157~163环
下穿沪宁高铁与京沪铁路中间段	K1+535.2~K1+570.9	163~180环
下穿京沪铁路范围	K1+570.9~K1+581.2	180~185环
盾尾出京沪铁路30m范围	K1+581.2~K1+624.6	185~207环

(1) 敕建报恩禅寺和陶贞孝祠

敕建报恩禅寺位于山塘街728号，原是一座祭祀怡贤亲王的祠堂，始建于雍正八年(1730年)，名"怡贤亲王祠"，后相继改名为"怡贤寺""敕建报恩禅寺"，当地百姓俗称为"王宫"，同治十一年(1872年)重建，现存山门和殿堂。山门为三间三楼一拱门砖砌牌坊式，两翼八字墙，气势雄伟；寺内殿堂三间，硬山式。敕建报恩禅寺现为苏州市控制保护建筑。敕建报恩禅寺现状面貌如图2-14所示。

a) 山门　　　　　　　　　　　　　b) 殿堂

图2-14　敕建报恩禅寺现状面貌

陶贞孝祠位于山塘街696号，建于乾隆十七年(1752年)，旨在旌表陶松龄聘室张氏贞孝。坐北朝南，依次有牌坊、祠门和享堂。享堂面阔三间12.4m，进深7.6m，硬山顶。梁架扁作雕花，山雾云透雕云鹤，梁柱之间饰有棹木。单间双柱花岗石牌坊，雕有龙凤和狮子。陶贞孝祠现为苏州市控制保护建筑。陶贞孝祠现状面貌如图2-15所示。

图2-15　陶贞孝祠现状面貌

苏州桐泾北路盾构隧道右线在 K1+270～K1+300 段穿越敕建报恩禅寺，最小水平距离约为 10.53m，覆土 8.45～9.76m；盾构隧道左线在 K1+325～K1+380 段穿越陶贞孝祠，最小水平距离为 20.01m，覆土厚 7.87～10.87m，其平面和竖向位置关系如图 2-16～图 2-18 所示。

图 2-16　盾构隧道与文物保护建筑平面位置关系（尺寸单位：m）

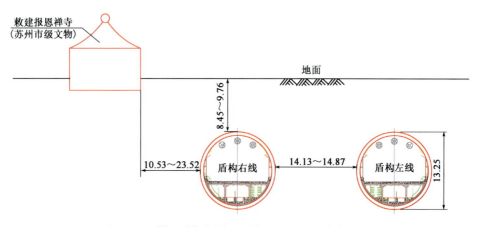

图 2-17　盾构隧道与敕建报恩禅寺立面关系（尺寸单位：m）

（2）山塘河

山塘河建于唐宝历二年（825 年），东与阊门外城河相连，西与虎丘环山河相接，两侧古朴的民居、商会馆、祠堂、寺院等延绵不断，山塘河上古桥座座，花木扶疏，构成了苏州水城的典型特色。山塘河属于景观河，现状面貌如图 2-19 所示。根据调查，山塘河底规划高程为 -1.88m，河底实测高程 -2.84m。

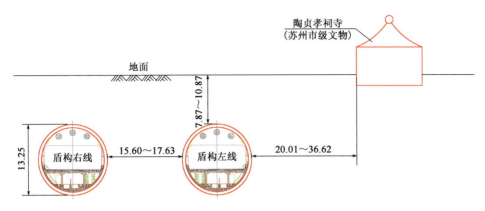

图 2-18　盾构隧道与陶贞孝祠立面关系(尺寸单位:m)

图 2-19　山塘河现状面貌

桐泾北路盾构隧道于里程 K1+339.17～K1+377.89 段分幅下穿山塘河,相交夹角为 51°33′。下穿处,盾构隧道路面高程为 −17.98m,隧道拱顶与河床底最小净距 7.57m。两者立面关系如图 2-20 所示。

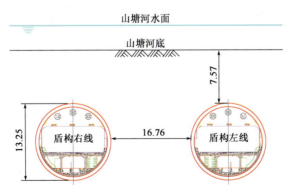

图 2-20　盾构隧道与山塘河立面关系(尺寸单位:m)

(3) 沪宁高铁苏州西特大桥

既有沪宁高铁是一条连接上海市与南京市的城际铁路客运专线,设计速度为350km/h,是中国目前最繁忙的高铁线路之一。该铁路正线为双线,限制坡度12‰(局部20‰),最小平面曲线半径一般地段4500m、困难地段2000m。

苏州桐泾北路盾构隧道于K1+527.5处下穿既有沪宁高铁苏州西特大桥,盾构隧道左、右线与大桥交角分别为89°38′和88°24′。大桥采用双线流线型圆端实体桥墩,桥墩基础为钻孔桩,桥面铺设CRTS-Ⅰ型板式无砟轨道。盾构下穿段桥梁为2孔32m跨度的简支箱梁,位于平面曲线半径2000m的圆曲线上,对应桥墩编号为140号(DK216+993.255,运营里程K86+207.415)、141号(DK217+026.015,运营里程K86+174.655)、142号(DK217+058.775,运营里程K86+141.895)。承台尺寸为9m×6m×2m,承台下桩基采用8根φ1m的钻孔桩,桩长50.5m,承台和桩的混凝土强度等级均为C35。盾构隧道与桥桩最小净距为7.655m,距离梁底约13.17m。

(4) 京沪铁路

既有京沪铁路(京沪铁路沪宁段,或称沪宁铁路)为国铁Ⅰ级双线电气化铁路,以货运为主并兼营部分普速客车,2007年第六次大提速以后开行动车组列车。通行HXD列车,区间自动闭塞。该线设计速度目标值为160~205km/h,正线为双线;限制坡度3.9‰,最小平面曲线半径一般地段1200m、困难地段800m。该线路采用钢筋混凝土枕有砟轨道,60kg/m钢轨无缝线路。下穿段京沪铁路现状面貌如图2-21所示。

图2-21 京沪铁路现状面貌

桐泾北路盾构隧道下穿京沪铁路2股道,线间距为7.68~8.18m。盾构隧道左线与京沪铁路下行线交叉处里程为K1365+964.4,相交夹角为92°18′;右线与京沪铁路下行线交叉处里程为K1365+929.9,相交夹角为93°50′。下穿段京沪铁路上行线平面曲线半径1460m,纵坡2.1‰,下行线平面曲线半径1437m,纵坡2.8‰,线间距为7.0~8.6m,填方高为1~2m。下行线轨面高程5.61m,盾构左、右线隧道顶部与轨面净距分别约为12.73m和12.56m。穿越位置铁路东侧约15.0m处有一座京沪铁路跨越山塘河桥涵,桥编号为桥2612B,里程为K1365+993。铁路南北两侧路基现状排水为散排。

(5)北环快速路高架桥

既有北环快速路市区段呈东西走向,西接辛庄立交,东至渎里立交,高架桥面宽26m,桥下为北环快速路辅路,南侧辅路设置非机动车道和人行道系统。原桐泾路与北环快速辅路交叉处设置丁字路口平交。根据调查,高架桥桥面高程约为13.1m,梁底距离地面约6.2m,2级承台厚约2.5m,承台底高程约为1.1m,桥梁桩基采用6根直径1.5m的钻孔桩。北环快速路高架桥现状面貌见图2-22。

图2-22 北环快速路高架桥现状面貌

苏州桐泾北路盾构隧道于K1+615处下穿北环快速路高架桥,左、右线与北环高架桥相交夹角均为91°14′。盾构下穿段桥梁为2孔40m跨度的简支梁,对应桥墩编号为Z10、Z11、Z12,桩底高程分别为−59m、−75m、−62m。

下穿处北环快速路桥下地面高程为4.10m,盾构隧道与既有桥桩最小间净距约5.50m,梁底距离地面6.15~6.3m。盾构隧道与北环快速路高架桥的立面位置关系如图2-23所示。

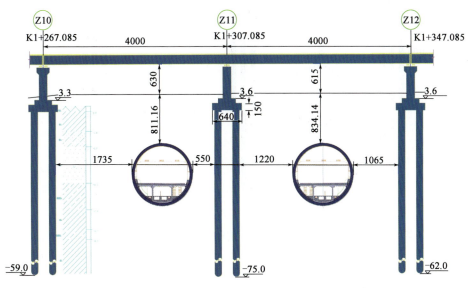

图2-23 盾构隧道与北环快速路高架桥立面位置关系(尺寸单位:cm;高程单位:m)

2.3 工程重难点分析

苏州桐泾北路盾构区间隧道是一个典型的全线浅覆土穿越老城区、河流及交通桥梁密集的大直径泥水盾构项目。项目风险源集中,在490m盾构区间内,下穿风险源总长308m,占比63%:侧穿报恩禅寺文保建筑70m,下穿山塘河35m,下穿房屋建筑群122m,下穿沪宁高铁12m,下穿京沪铁路31m,下穿北环快速路38m。盾构掘进难度大,沉降控制标准严,风险管控要求高。本工程主要重难点如下:

(1)大直径盾构近距离下穿高铁桥梁的变形控制

桐泾北路盾构区间隧道下穿沪宁高铁苏州西特大桥是目前国内外盾构隧道下穿运营高铁工程中盾构直径最大的,而且盾构开挖轮廓线与高铁桥梁桩基净距仅0.57D(D为盾构管片外径,如图2-24所示)。沪宁高铁是中国当前最繁忙的高铁线路之一,高峰时段行车间隔平均仅3min,采用板式无砟轨道,对变形控制要求极其严格。《公路与市政工程下穿高速铁路技术规程》(TB 10182—2017)明确规定:受下穿工程施工影响的高铁无砟轨道桥梁墩台顶的位移限值为2mm。变形超过一丝一毫都有可能影响高铁正常运行,甚至危及行车安全,造成极其严重的经济损失和政治、社会影响。在大直径盾构开挖不利尺寸效应叠加高铁桥梁毫米级的严苛变形要求之下,苏州桐泾北路盾构隧道下穿沪宁高铁苏州西特大桥成为本工程的关键控制节点。解决大直径盾构近距离下穿高铁桥梁的变形控制问题是本工程的技术重难点。

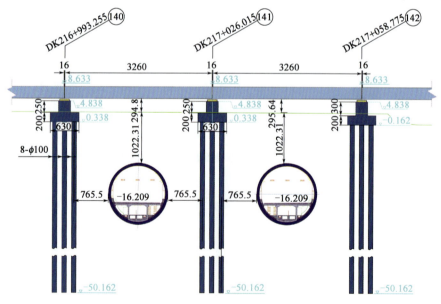

图2-24 盾构隧道与苏州西特大桥的位置关系(尺寸单位:cm;高程单位:m)

(2)低净空条件下大直径盾构穿越运营高铁桥梁加固实施

如图2-25所示,桐泾北路盾构区间隧道下穿沪宁高铁苏州西特大桥处,梁底至现状地面最小距离为2.1m。即使考虑在梁底下局部拉槽(铁路主管部门要求高铁桥下拉槽深度不得超过承台底部),桥下可施工净空高度也仅有3.6m,难以满足市场上常规桩基施工机械的施工条件。此外,下穿处地层条件差,地下水位较高,常规钻孔方式很容易造成塌孔,对桩周土体产生扰动,采用传统灌注桩施工工艺很难将轨道结构变形控制在2mm内,无法保证沪宁高铁的运营安全。国内外已有的全套管灌注桩机,无法适应目前的低净空工况条件,且价格昂贵。因此,在低净空条件下,大直径盾构穿越运营高铁桥梁加固技术的设计与实施以及配套设备的研发,成为本工程面临的另一个技术重难点。

图 2-25 下穿段苏州西特大桥桥下现状

(3) 富水浅埋大直径盾构隧道施工安全控制

如图 2-26 所示,受制于地面构筑物以及纵坡等控制因素,桐泾北路盾构区间隧道均为浅埋隧道,埋深介于 6.47~13.15m 之间,覆土厚度不足 1 倍洞径。其中,覆土最浅处(盾构进出洞)为 6.47m(0.49 倍洞径),最深度处为 13.15m(0.99 倍洞径),下穿沪宁高铁处为 10.22m(0.77 倍洞径)。浅覆土易引起地表大幅变形甚至塌陷,进而对周边既有建筑物产生不利影响。此外,盾构隧道穿越地层主要为粉土、粉砂、粉质黏土层,地下水位于地面约 0.8m 以下,工程地质条件较差。因此,在复杂环境、浅覆土、强富水、软弱地层条件下,大直径盾构隧道施工的安全与精准控制是本工程面临的一个巨大挑战。

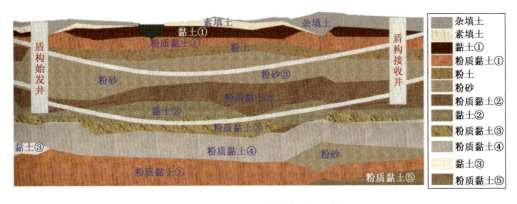

图 2-26 盾构区间隧道纵向埋深示意图

(4) 短距离连续下穿多个风险源的施工风险防控与管理

如图 2-27 所示,桐泾北路盾构区间隧道在短短 308m 范围内,就连续穿越了古河流、控保建筑、运营高铁桥梁、Ⅰ级国铁、快速路高架等多种类型高风险源,风险源累计长度占整个盾构区间长度的比例高达63%。值得注意的是,这些风险源分布密集,甚至有些风险源影响区与下一个风险源影响区相连相通。不同类型的风险源对地层变形的控制要求各异,因而采用的加固方案也会有所不同,盾构掘进施工参数亦相应调整。对于单向连续掘进的盾构而言,前一个风险源的施工状态将成为下一个风险源施工的边界条件,直接影响着下一个风险源的施工进程。这种错综复杂、一环扣一环的影响关系对盾构区间的施工组织和风险管理提出了更高要求。此外,作为苏州首条大直径泥水盾构隧道,关注度高,社会影响大。因此,在短距离连续下穿多个风险源的施工过程,风险防控与管理是本工程面临的又一个技术重难点。

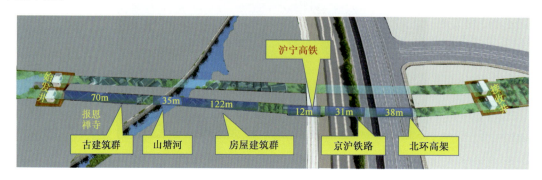

图 2-27　盾构穿越沪宁城际铁路前后风险源示意图

高铁作为国民经济大动脉和新型便捷出行的交通工具,在统筹城乡和区域发展中肩负着重大使命。正因如此,一旦盾构在穿越高铁施工过程中控制稍有不慎,便会危及高铁运行安全,带来难以承受的后果和巨大的不良影响。参考行业内相关的风险分级理论,盾构穿越运营高铁通常被划分为高或极高风险类别。因此,大直径盾构近距离下穿高铁桥梁的变形控制是本工程面临的最大挑战,也是本工程的关键控制点。鉴于此,接下来我们将重点分析盾构下穿施工对沪宁高铁苏州西特大桥的影响,并对盾构在穿越沪宁高铁桥梁时的工程风险进行识别和评估。

2.4　大直径盾构下穿施工对高铁桥梁的影响预测分析

为分析评估桐泾北路大直径盾构隧道下穿施工对沪宁高铁苏州西特大桥的影响,建立桥梁-土层-隧道三维有限元分析模型,模拟盾构隧道在无加固措施条件下穿越高铁桥梁的施工全过程,对大直径盾构隧道下穿施工引起的桥梁附加内力和变形进行预测分析,为其施工风险辨别与评估提供科学依据。

2.4.1　运营高铁桥梁变形控制标准

《公路与市政工程下穿高速铁路技术规程》(TB 10182—2017)第 3.0.3 条指出,受下穿工程影响的高铁桥梁墩台顶位移限值在不限速条件下应符合表 2-5 的规定。

墩台顶位移限值(单位:mm)　　　　　　　　　　表 2-5

轨道类型	墩顶位移		
	横向水平位移	纵向水平位移	竖向位移
有砟轨道	3	3	3
无砟轨道	2	2	2

沪宁高铁苏州西特大桥铺设的是 CRTS-Ⅰ型板式无砟轨道,结合 1.2.1 节工程案例调研、现有经验以及专家建议,确定在桐泾北路大直径盾构下穿施工过程中,沪宁高铁苏州西特大桥的变形控制标准为:桥墩顺桥向水平位移、横桥向水平位移、纵向水平位移和竖向位移均按 2mm 限值控制。

2.4.2　桥梁-土层-隧道三维计算模型

以桐泾北路盾构下穿沪宁高铁苏州西特大桥 139～143 号墩 4 跨 32m 简支箱梁为对象进行建模。139～143 号桥墩墩高分别为 2m、3m、2.5m、2.5m、2.5m,主梁截面形式及支座布置如图 2-28 所示。

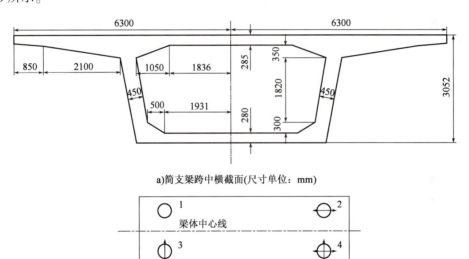

图 2-28　简支梁跨中横截面和支座布置示意图
1-固定支座;2-纵向活动支座;3-横向活动支座;4-多向活动支座

为消除边界约束效应的影响,计算模型尺寸取为 150m×90m×80m($X \times Y \times Z$),X 轴方向为隧道横断面水平方向,Y 轴方向为隧道开挖掘进方向,Z 轴方向为隧道横断面竖直方向,即地层埋深方向。承台沿隧道掘进方向的尺寸为 9m,记为 b,取承台沿隧道掘进方向的中间截面为 $y/b=0$(y 为隧道开挖掘进方向的坐标值,b 为承台沿隧道掘进方向的尺寸),隧道开挖端为 $-5b$,开挖结束端为 $+5b$,即模拟从刀盘进入离桥梁中心线 -45m 至越过桥梁中心线 $+45$m 的盾构下穿高铁桥梁的施工全过程。其中土层采用实体单元模拟,材料性质按 Mohr-coulomb 弹塑性本构处理。盾壳、管片、桥梁、墩台、桩基均采用实体单元模拟,材料性质按弹性本构处理。桩-土相互作用通过接触单元模拟。至于盾尾空隙及空隙内部填充的浆液,将其简化为均质、等厚的等代层,采用实体单元模拟。模型顶部为自由面,底部施加固定约束,前后、左右边界面施加法向约束。建立的桥梁-土层-隧道计算模型如图 2-29 所示。根据地质勘察和设计等资料,模型中各土层和结构构件的物理力学参数见表 2-6 和表 2-7。

图 2-29　桥梁-土层-隧道计算模型

土层物理力学参数　　　　　　　　　　　　　　　　　　　　表 2-6

土层名称	厚度(m)	重度(kN/m³)	黏聚力(kPa)	内摩擦角(°)	压缩模量(MPa)	泊松比
人工填土	5	18.2	10	15	4.5	0.3
粉质黏土1	10	19	18	12	5	0.3
粉土	22	18.9	22	22	7	0.27
黏土	16	19.2	35	14	8	0.3
粉质黏土2	27	19.4	30	14	6.5	0.25

结构弹性体物理力学参数　　　　　　　　　　　　　　　　　　表 2-7

结构名称	重度(kN/m³)	弹性模量(MPa)	泊松比
盾壳	142	210000	0.3
管片	26	34500	0.2
等代层	22.5	1	0.25
桩基	25	31500	0.2

为精确模拟盾构施工的全过程,考虑了自重、掘进压力(作用于开挖面)、顶推力(作用于管片)以及注浆压力(同时作用于管片和围岩)等主要荷载。双线盾构隧道均从南向北分步开挖,每一步开挖1.5m,先左线后右线,在模型中通过改变材料刚度和单元生死来模拟土体应力释放和开挖过程。

2.4.3　计算结果分析

在无任何土体加固措施的施工条件下,当左、右线隧道分别开挖至截面 $y/b = -2.5$、-1.5、-0.5、0、0.5、1.5、2.5、3.5 时,选取140号c2桩、141号b2桩和142号a2桩的轴力、弯矩、竖向变形、侧向变形,分析邻近桩基的附加内力及变形随盾构隧道施工过程的变化规律(盾构下穿高铁桥梁段,各桥桩的编号见图2-30)。当左、右线隧道均开挖完成后,以140号承台、141号承台和142号承台下群桩的轴力、弯矩、竖向变形、侧向变形,对比分析盾构隧道施工所引起的不同位置桩基附加内力和变形的差异性。

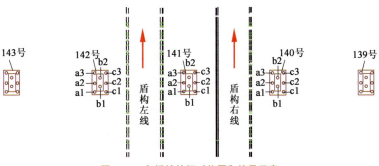

图 2-30 各桥桩的相对位置和编号示意

2.4.3.1 开挖过程中桩基内力分析

在无任何土体加固措施的施工条件下,当左、右线隧道分别开挖至截面 $y/b = -2.5$、-1.5、-0.5、0、0.5、1.5、2.5、3.5 时,140 号 c2 桩、141 号 b2 桩和 142 号 a2 桩的附加轴力和附加弯矩曲线如图 2-31~图 2-36 所示(附加轴力值以受拉为正,受压为负;附加弯矩值以桩身右侧受拉为正,以桩身左侧受拉为负)。

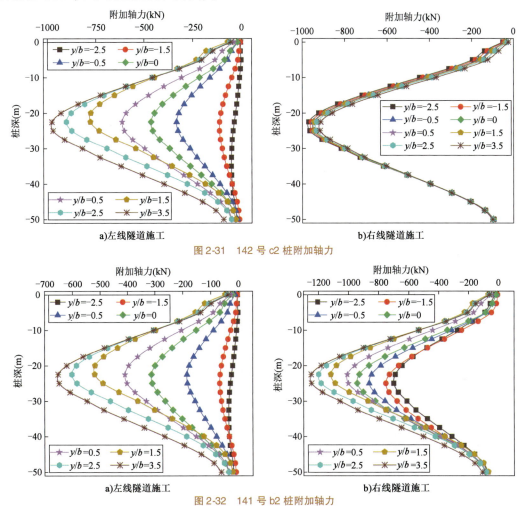

图 2-31 142 号 c2 桩附加轴力

图 2-32 141 号 b2 桩附加轴力

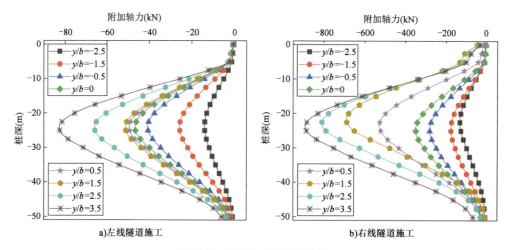

图 2-33　140 号 a2 桩附加轴力

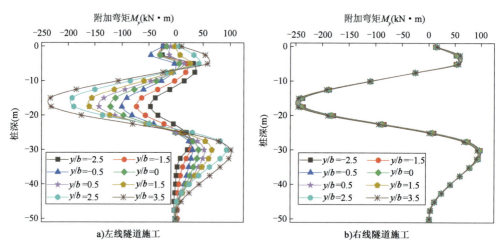

图 2-34　142 号 c2 桩附加弯矩

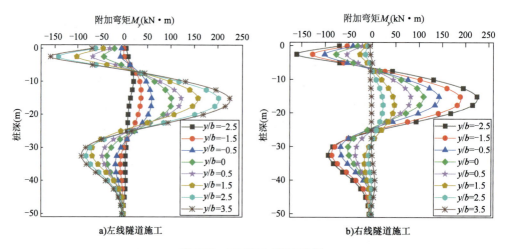

图 2-35　141 号 b2 桩附加弯矩

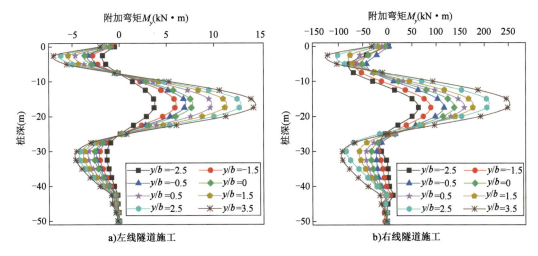

a) 左线隧道施工　　　　　b) 右线隧道施工

图 2-36　140 号 a2 桩附加弯矩

分析 142 号 c2 桩、141 号 b2 桩和 140 号 a2 桩的附加轴力和附加弯矩曲线,可知:

(1)盾构隧道下穿过程中,142 号 c2 桩、141 号 b2 桩和 140 号 a2 桩因施工扰动产生了受压的附加轴力和沿桩身正负交替的附加弯矩。其中附加轴力沿桩身从上往下,先增后减,两端小中间大呈"弓"形分布,最大附加轴力位于桩身与隧道底高程相近的部位。最大弯矩均出现在桩身与隧道中心高程相近的部位。在隧道顶高程以上和隧道底高程以下的桩身,142 号 c2 桩主要产生正弯矩,141 号 b2 桩和 140 号 a2 桩主要产生负弯矩;在隧道顶至隧道底高程的桩身,142 号 c2 桩主要产生负弯矩,141 号 b2 桩和 142 号 a2 桩主要产生正弯矩。

(2)左线隧道施工过程中,随着盾构隧道的掘进,142 号 c2 桩、141 号 b2 桩和 140 号 a2 桩的附加轴力与弯矩均逐渐增大,其中距离左线隧道较近的 142 号 c2 桩、141 号 b2 桩的附加轴力与弯矩增长较快,而距离左线隧道较远的 140 号 a2 桩增长较慢;右线隧道施工过程中,三桩的附加轴力和 142 号 c2 桩、140 号 a2 桩的附加弯矩依然随着盾构掘进逐渐增大,而位于两隧道之间的 141 号 b2 桩附加弯矩整体上逐渐减小。其中距离右线隧道较近的 140 号 a2 桩的附加轴力和弯矩增长均较快。

综上所述,盾构隧道施工过程中,邻近桩基产生受压的附加轴力和正负交替的附加弯矩。附加轴力大小沿桩身从上往下先增大后减小,最大值出现在与隧道底高程相近的桩身处;左、右线隧道施工过程中,桩基附加轴力随盾构隧道开挖的前进而逐渐增大,距离隧道越近的桩基增长越快。位于两隧道外侧的桩基,在隧道顶高程以上和隧道底高程以下桩身主要产生靠近隧道侧桩身受拉的附加弯矩,在隧道顶至隧道底高程的桩身主要产生靠近隧道侧桩身受压的附加弯矩;左、右线隧道施工过程中,位于两隧道外侧的桩基附加弯矩随盾构隧道开挖的前进而逐渐增大,距离隧道越近的桩基增长越快;位于两隧道之间的桩基附加弯矩在左线隧道施工过程中逐渐增大,在右线隧道施工过程中却逐渐减小。

2.4.3.2　开挖过程中桩基竖向变形

在无任何土体加固措施的施工条件下,当左、右线隧道分别开挖至截面 $y/b = -2.5$、-1.5、-0.5、0、0.5、1.5、2.5、3.5 时,142 号 c2 桩、141 号 b2 桩和 140 号 a2 桩的竖向变形曲线如图 2-37 ~ 图 2-39 所示，竖向位移值以向上为正，向下为负。

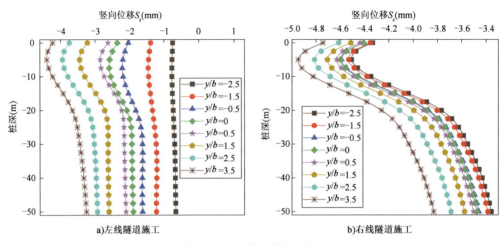

图 2-37　142 号 c2 桩竖向变形

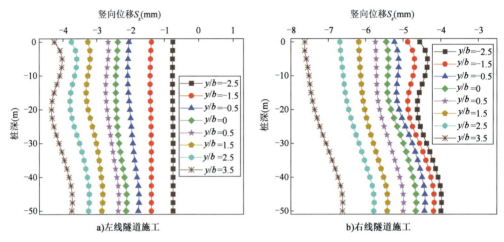

图 2-38　141 号 b2 桩竖向变形

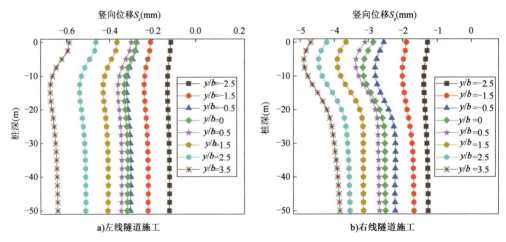

图 2-39　140 号 a2 桩竖向变形

分析142号c2桩、141号b2桩和140号a2桩的竖向变形曲线,可知:

(1)盾构隧道施工过程中,142号c2桩、141号b2桩和140号a2桩均产生向下的竖向变形。整体而言,不同深度处桩身的竖向变形差异较小,但在隧道底高程以上区域,桩身竖向变形的差异相对明显些,而且隧道底高程以上区域的桩身竖向变形略大于隧道底高程以下区域的桩身。

(2)随着盾构隧道开挖的前进,142号c2桩、141号b2桩和140号a2桩竖向变形整体上逐渐增大。左线隧道施工过程中,距离左线隧道较近的142号c2桩和141号b2桩竖向变形增长较快,而距离左线隧道较远的140号a2桩增长较慢;右线隧道施工过程中,距离右线隧道较近的141号b2桩和140号a2桩竖向变形增长较快,而距离左线隧道较远的142号c2桩增长较慢。

综上所述,盾构隧道施工过程中,邻近桩基产生向下的竖向变形,隧道底高程以上区域的桩身竖向变形略大于隧道底高程以下区域的桩身;左、右线隧道施工过程中,桩基竖向变形随盾构隧道开挖的前进而逐渐增大,距离隧道越近的桩基增长越快。

2.4.3.3 开挖过程中桩基侧向变形分析

在无任何土体加固措施的施工条件下,当左、右线隧道分别开挖至截面 $y/b = -2.5$、-1.5、-0.5、0、0.5、1.5、2.5、3.5 时,142号c2桩、141号b2桩和140号a2桩的侧向变形曲线如图2-40~图2-42所示,位移值以向右为正,向左为负。

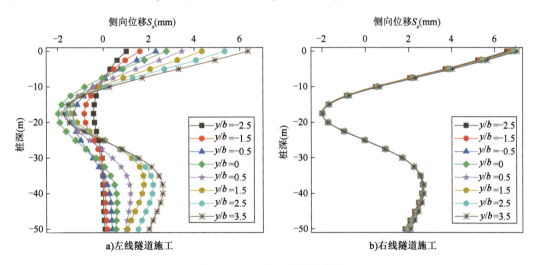

图2-40 142号c2桩侧向变形

分析142号c2桩、141号b2桩和140号a2桩的侧向变形曲线,可知:

(1)盾构隧道施工过程中,142号c2桩、141号b2桩和140号a2桩沿桩身产生正负交替的侧向变形,最大侧向变形出现在桩身顶端。在隧道顶高程以上和隧道底高程以下的桩身,142号c2桩主要产生向右的侧向变形,141号b2桩和140号a2桩主要产生向左的侧向变形;在隧道顶至隧道底高程的桩身,140号c2桩主要产生向左的侧向变形,141号b2桩和140号a2桩主要产生向右的侧向变形。

(2)左线隧道施工过程中,随着盾构隧道开挖的前进,142号c2桩、141号b2桩和140号a2桩侧向变形整体上逐渐增大,距离左线隧道较近的142号c2桩和141号b2桩增长较快,而距离左线隧道较远的140号a2桩增长较慢;右线隧道施工过程中,随着盾构隧道开挖的前进,142号c2桩和142号a2桩侧向变形整体上逐渐增大,距离右线隧道较近的140号a2桩增长较快,距离右线隧道较远的142号c2桩增长较慢,而位于右线隧道左侧的141号b2桩侧向变形整体上逐渐减小。

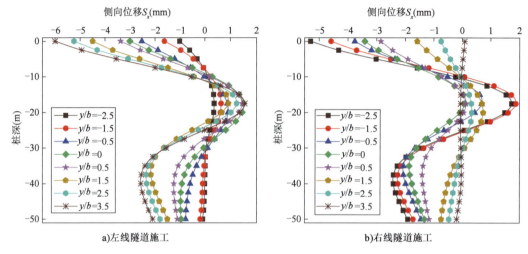

图2-41 141号b2桩侧向变形

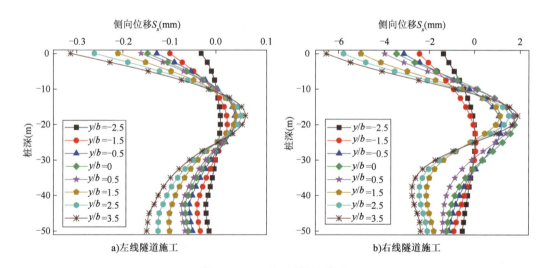

图2-42 140号a2桩侧向变形

综上所述,盾构隧道施工过程中,邻近桩基沿桩身产生正负交替的侧向变形;位于两隧道外侧的桩基,在隧道顶高程以上和隧道底高程以下区域的桩身主要产生朝向隧道内的侧向变形。在隧道顶至隧道底高程区域的桩身主要产生朝向隧道外的侧向变形;左、右线隧道施工过程中,位于两隧道外侧的桩基侧向变形随盾构隧道开挖的前进而逐渐增大,距离隧道越近的桩基增长越快;位于两隧道之间的桩基侧向变形在左线隧道施工过程中逐渐增大,在右线隧道施工过程中却逐渐减小。

2.4.3.4 开挖完成后桩基内力分析

在无任何土体加固措施的施工条件下,当两隧道均开挖完成后,142号承台、141号承台和140号承台下群桩的附加轴力曲线如图2-43所示,对应的附加弯矩曲线如图2-44所示。

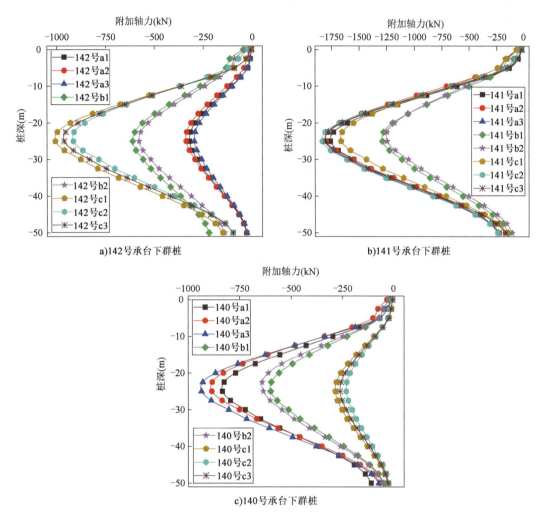

图2-43 隧道开挖结束后邻近承台下群桩附加轴力

邻近承台下群桩的附加内力曲线表明:

(1)142号承台、141号承台和140号承台下群桩附加轴力沿桩身的变化规律相同,从上往下均为先增大后减小,最大值均出现在与隧道底高程相近的桩身处。两隧道之间的承台(141号)下群桩附加轴力要大于两隧道外侧承台(140号和142号)下的群桩,且141号c2桩产生的附加轴力最大,最大附加轴力为-1833kN。

(2)对于两隧道外侧承台(140号和142号)下群桩的附加轴力而言,同一承台下同一排桩(如142号a1、140号a2和140号a3桩)的差异较小,但不同排桩之间存在明显差异,距离隧道越近的排桩附加轴力越大。对于两隧道之间承台(141号)下群桩的附加轴力而言,不仅同一排桩的差异较小,而且左排桩(a排)与右排桩(c排)的差异也较小,其中中间排桩(b排)的附加轴力最小。

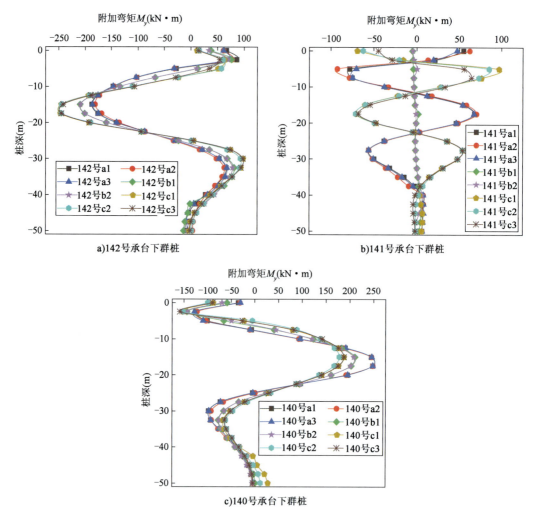

图 2-44 隧道开挖结束后邻近承台下群桩附加弯矩

(3) 位于两隧道外侧 140 号和 142 号承台下的群桩,其附加弯矩沿桩身的变化规律相同。具体而言,在隧道顶高程以上和隧道底高程以下桩身主要产生靠近隧道侧受拉的附加弯矩,在隧道顶至隧道底高程的桩身主要产生靠近隧道侧受压的附加弯矩,且最大附加弯矩出现在与隧道中心高程相近的桩身处。此外,140 号和 142 号承台下群桩的附加弯矩普遍大于位于两隧道之间的 141 号承台下的群桩,且 140 号 a2 桩产生的附加弯矩最大,最大附加弯矩为 248kN·m。

(4) 对于两隧道外侧承台(140 号和 142 号)下群桩附加弯矩而言,同一承台下同一排桩(如 142 号 a1、a2 和 140 号 a3 桩)的差异较小,但在隧道中心高程处,不同排桩之间的附加弯矩表现出明显差异,距离隧道越近的排桩附加弯矩越大。对于位于两隧道之间的 141 号承台下的群桩,同一排桩的附加弯矩差异较小,左排桩(a 排)与右排桩(c 排)在同一桩深处产生大小相近但方向相反的附加弯矩,而中间排桩(b 排)的附加弯矩几乎为零。

综上所述,当两隧道均开挖完成后,同一承台下同一排桩附加轴力和弯矩差异较小,不同排桩之间存在明显差异。距离隧道越近,桩基的附加轴力和弯矩越大;位于两隧道之间桩基的附加轴力要大于两隧道外侧桩基,而附加弯矩则要小于两隧道外侧桩基。

2.4.3.5 开挖完成后桩基竖向变形分析

在无任何土体加固措施的施工条件下,当两隧道均开挖完成后,邻近桩基及桥墩竖向位移云图如图2-45所示。

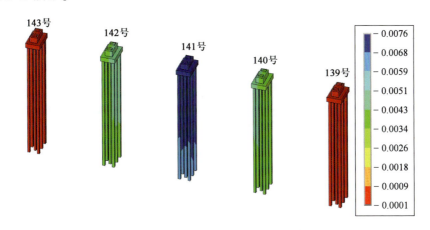

图2-45 邻近桩基及桥墩竖向位移云图(单位:m)

邻近桩基及桥墩竖向位移云图表明:

(1)邻近承台下群桩竖向变形沿桩身的变化规律相同,不同桩深处的桩身竖向变形存在微小差异,隧道底高程以上桩身竖向变形略大于隧道底高程以下的桩身。

(2)两隧道之间的承台(141号)下群桩竖向变形要大于两隧道外侧承台(142号和140号)下的群桩,且141号c2桩产生的竖向变形最大,最大竖向位移为-7.6mm。

(3)对于两隧道外侧承台(142号和140号)下群桩竖向变形而言,同一承台下同一排桩(如142号a1、a2和a3桩)的差异较小,不同排桩之间存在明显差异,距离隧道越近的排桩竖向变形越大。

(4)对于两隧道之间的承台(141号)下群桩竖向变形而言,同一排桩的差异较小,左排桩(a排)与右排桩(c排)的差异也较小,中间排桩(b排)的附加变形最小。

综上所述,当两隧道均开挖完成后,同一承台下同一排桩竖向变形差异较小,不同排桩之间存在明显差异,距离隧道越近的桩基产生的竖向变形越大;位于两隧道之间的桩基产生的竖向变形要大于位于两隧道外侧的桩基。

此外,还可以发现:距离两隧道较远的143号和139号承台下裙桩竖向变形几乎为零,143号和139号桥墩竖向位移也几乎为零,而距离较近的142~140号桥墩墩顶竖向位移值分别为-4.7mm、-7.6mm、-4.7mm,不能满足既有高铁在列车不限速条件下墩台±2mm的竖向变形控制要求。为确保盾构隧道施工期间运营列车能正常行驶,在盾构隧道开挖至既有铁路影响区段之前,必须预先对周边地层采取必要的加固措施。

2.4.3.6 开挖完成后桩基侧向变形分析

在无任何土体加固措施的施工条件下,当两隧道均开挖完成后,142号承台、141号承台和140号承台下群桩的侧向变形曲线如图2-46所示。

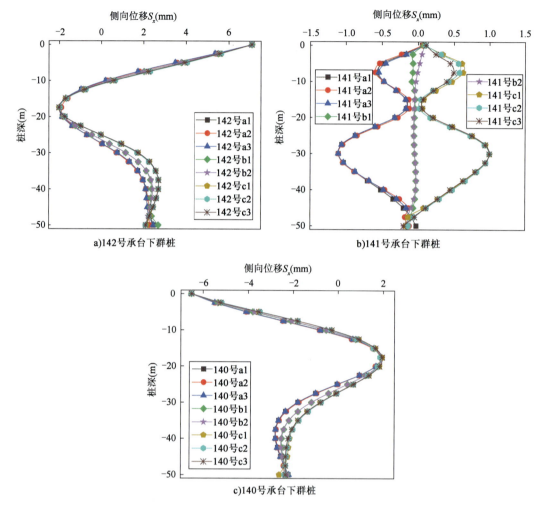

图 2-46 隧道开挖结束后邻近承台下群桩侧向变形

邻近承台下群桩的侧向变形曲线表明：

（1）两隧道外侧承台（142 号和 140 号）下群桩侧向变形沿桩身的变化规律相同，在隧道顶高程以上和隧道底高程以下桩身主要产生朝向隧道内的侧向变形，在隧道顶至隧道底高程的桩身主要产生朝向隧道外的侧向变形，且最大侧向变形出现在桩身顶端。

（2）两隧道外侧承台（142 号和 140 号）下群桩侧向变形要大于两隧道之间的承台（141 号）下的群桩，且 142 号 c2 桩产生的侧向变形最大，最大侧向位移为 7.1mm。

（3）对于两隧道外侧承台（142 号和 140 号）下群桩侧向变形而言，同一承台下同一排桩（如 142 号承台下的 a1、a2 和 a3 桩）的差异较小，不同排桩之间仅在隧道底高程以下的桩身存在明显差异，距离隧道越近的排桩侧向变形越大。

（4）对于两隧道之间的承台（141 号）下群桩侧向变形而言，同一排桩的差异较小，左排桩（a 排）与右排桩（c 排）在同一桩深处产生大小相近、方向相反的侧向位移，中间排桩（b 排）的侧向变形几乎为零。

综上所述，当两隧道均开挖完成后，同一承台下同一排桩侧向变形差异较小，不同排桩之间存在明显差异,距离隧道越近的桩基产生的侧向变形越大;位于两隧道之间的桩基产生的侧向变形要小于位于双线隧道外侧的桩基。

由于承台自身刚度大,同一承台下的群桩在桩身顶端产生的侧向位移值相等,进而导致桥墩、承台产生与群桩顶端几乎相同的侧向变形。142号和140号桥墩墩顶侧向位移分别为7.1mm、-6.5mm,不能满足既有高铁在列车不限速条件下墩台±2mm的变形控制要求。

可见,如果不采取适当的加固保护措施,则无法保障沪宁高铁苏州西特大桥在桐泾北路盾构隧道下穿施工期间的安全运营。因此,有必要在盾构隧道开挖之前采取有效的加固措施。

2.5 大直径盾构下穿运营高铁桥梁风险识别与评估

2.5.1 风险等级

根据风险事件出现的可能性程度,风险发生概率可划分为频繁、可能、偶然、很少、极不可能五个等级。从经济损失、人员伤亡、工期延误、环境危害等方面衡量,风险后果按严重程度可划分为灾难性、很严重、严重、较大、轻微五个级别。基于风险事件发生的概率等级和后果等级这两个维度,可将工程风险划分为极高Ⅳ、高度Ⅲ、中度Ⅱ、低度Ⅰ四个级别,并按表2-8确定。

风险等级标准　　表2-8

概率等级		后果等级				
		灾难性	很严重	严重	较大	轻微
		5	4	3	2	1
频繁发生	5	极高	极高	极高	高度	中度
可能发生	4	极高	极高	高度	高度	中度
偶然发生	3	极高	高度	高度	中度	中度
很少发生	2	高度	高度	中度	中度	低度
极不可能发生	1	中度	中度	中度	低度	低度

根据工程性质和环境条件,风险接受准则和控制原则按表2-9确定。

风险接受准则与控制原则　　表2-9

风险等级	接受准则	风险控制原则
Ⅳ(极高)	不可接受	必须高度重视并规避,否则必须采取有效措施处理
Ⅲ(高度)	不期望	应重视并采取有效措施处理,加强风险监测
Ⅱ(中度)	可接受	宜采取有效措施处理,并进行风险监测
Ⅰ(低度)	接受	可不采取措施,但需关注,防止风险等级上升

2.5.2 风险识别与评估

基于前面工程重难点分析、施工影响预测分析、文献调研和咨询专家意见,桐泾北路大直径盾构下穿沪宁高铁桥梁施工风险因素主要有 5 大类：盾构隧道自身施工、高铁桥梁服役状态、盾构隧道与高铁桥梁的相互作用、工程地质与周边环境、施工组织与管理。

(1) 盾构隧道自身施工因素

苏州桐泾北路盾构隧道采用泥水平衡式盾构机进行施工，管片外径 13.25m，属于大直径盾构隧道工程。由于大直径盾构隧道开挖面积大，施工扰动范围广，掌子面需要承受更大的纵向推力。而且，穿越段隧道覆土不足 1 倍洞径，隧道竖向覆土压力较小，加之开挖过程中有充足的水源对开挖区进行补给，隧道施工过程中极易出现盾构机姿态偏离轴线、泥水窜出地面"冒浆"、隧道上浮、端头土体失稳、涌水涌砂、地层塌陷等恶劣后果，增加了开挖面坍塌的风险。此外，大直径盾构隧道通常穿越复合地层，地质多变，这进一步增加了地层稳定性的不确定性，容易引发地层过量变形、隧道失稳或塌方等潜在风险事件。

土仓压力控制是维持掌子面稳定的关键，土仓压力若设置偏小，则不足以平衡开挖面水土压力，刀盘正方及前方地层将下沉较大；若设置过大，则对掌子面过度挤压，增加土体应力造成隆起。掘进速度较慢时，较易保障同步注浆过程实现真正同步，各工序也较易衔接配合，但若掘进速度过慢或盾构机停留时间过长，则盾构机身下的软弱下卧地层将产生较大沉降，且穿越施工周期将延长，工程不确定因素增多。

(2) 高铁桥梁服役状态因素

苏州西特大桥是沪宁高铁的一部分，设计速度 350km/h，线间距 5m，桥桩基均进入第四系上更新统粉土层。桥址区位于长江下游冲湖积平原区，此区域为深厚软土地层，地质条件较差。

苏州西特大桥始建于 2008 年，于 2012 年投入运营。在桐泾北路盾构隧道下穿施工前，该大桥已经历了一定程度的沉降和变形。大桥墩台与桥桩的结构设计参数、桥桩结构的受损程度以及长期运营的沉降变形状态等直接影响着盾构下穿施工的风险水平。

(3) 盾构隧道与高铁桥梁的相互作用因素

在盾构穿越段，盾构隧道与苏州西特大桥桥梁桩基的最小净距仅有 7.655m，不足洞径的 1 倍，盾构隧道与高铁桥梁之间的相互作用显著。这一点在前面 2.4 节的数值分析中得到了证实。

盾构切口到达桩基前，由于盾构推进引起的地层不均匀沉降会对桩基产生联动影响，不仅会引起桩基沉降，还会在桩的上部产生负摩阻力。此过程中，地层位移导致桩身局部发生水平位移和竖向位移，并产生相应的附加应力，进而对桩基承载能力产生影响。在盾构开挖面到达桩基、盾尾通过桩基的过程中，因地层应力释放、土体扰动而产生的竖向和水平变形，也会对桩体产生扰动和附加荷载。盾尾脱出桩基时，由于盾尾间隙、浆液作用、管片变形、管片漏水等因素，地层应力状态会发生变化，并伴随着竖向、水平弹塑性变形和压密沉降的发生，进而引起影响范围内桩基结构产生水平位移、竖向位移以及附加应力。此外，盾构穿越桩基后，由于土体扰动引发的固结和蠕变残余变形沉降，会继续对桩身产生负摩阻力，致使桩基的沉降变形和内力进一步增加。

(4) 工程地质与周边环境因素

盾构隧道穿越地层主要为粉土、粉砂、粉质黏土层，地下水位距地面约 0.8m 以下，工程地质条件较差。从盾构掘进安全的角度来看，这些地层都属于不利的工程地质。粉砂自身几乎不具有黏聚力，自稳性较差，在刀盘顶部容易发生坍塌，造成地表沉降过大。而且粉砂具有良好的透水性,若作为承压水层,易使螺旋输送机发生喷涌现象。粉土地层具有较低的抗剪强度,盾构在这种地层掘进时,容易出现地层变形大和失稳破坏,特别是在富水情况下,粉土的承载能力容易降低。粉质黏土一般具有高压缩性、低强度,同时具有持水性和较高的黏性和流动性。盾构在这种地层掘进时,渣土容易黏附在刀盘上,增加切削和排土的阻力,降低刀盘的效率。此外,它对盾构掘进姿态也会产生影响,可能造成严重的栽头问题。

穿越高铁桥梁段位于火车站站场,在穿越高铁桥梁之前和之后,还需要穿越普通客运列车轨道、重载列车轨道、广场地下通道、电化杆等,这对盾构施工的连续性和可靠性提出了较大挑战。而且,一旦发生沉降变形过大而危及铁路运行等情况,在地面上实施补救措施也会面临相当大的困难。

(5) 施工组织与管理因素

穿越高铁涉及多方单位和多套工序。工程组织和管理的水平、决策指挥的准确性、监测预警的可靠性,以及技术人员业务能力等,都直接影响着本工程的施工安全。不恰当的决策和指挥可能导致工程规划不合理、进度延误、成本增加,以及安全风险的增加。监测数据不可靠或不及时,就可能导致现场无法采取必要的应对措施,从而增加地层变形、沉降或其他潜在风险。由于高铁穿越工程的复杂性,技术人员需要具备扎实的专业知识和丰富的实践经验,以便能够应对可能出现的工程问题或挑战。

由于本工程盾构隧道与苏州西特大桥桥梁桩基净距小,盾构施工对既有桥桩的影响较大,风险发生概率等级评定为 3 级(偶然发生);沪宁高铁是我国最繁忙的高铁线路之一,在国家路网中处于骨干地位,一旦发生事故,将造成极其严重的政治、社会影响,因此风险损失等级评定为 4 级。综合上述分析,盾构隧道穿越沪宁高铁苏州西特大桥桩基安全风险等级综合评定为Ⅲ级。桐泾北路盾构隧道下穿沪宁高铁苏州西特大桥的施工风险清单见表 2-10。

桐泾北路盾构隧道穿越高铁桥梁风险清单 表 2-10

一级风险类别	风险因素	风险等级
盾构隧道施工风险	大开挖面失稳风险	Ⅲ级(高度风险)
	地层过量变形风险	
	盾构掘进参数控制不当风险	
	浅覆土地层失稳风险	
	盾构设备故障风险	
高铁桥梁服役状态风险	相邻桥桩差异沉降风险	
	桥桩单桩沉降过大风险	
	高铁轨道变形风险	
	墩台倾斜风险	
	桥梁结构损伤风险	
盾构隧道与高铁桥梁相互作用风险	近距离穿越扰动风险	
	盾构施工扰动对桥桩变形的影响风险	
	盾构施工扰动对桥桩内力的影响风险	

续上表

一级风险类别	风险因素	风险等级
工程地质及周边环境风险	粉砂层突发涌水涌泥风险	Ⅲ级（高度风险）
	粉质黏土结泥饼风险	
	连续下穿风险	
施工组织与管理风险	决策指挥不当风险	
	监测信息反馈不及时风险	
	技术人员操作不当风险	

第 3 章

大直径盾构隧道下穿运营高铁桥梁加固方案设计与优化

3.1　引言

根据第 2 章对盾构隧道下穿施工变形的预测分析,倘若不采取适当的加固保护措施,沪宁高铁苏州西特大桥在桐泾北路盾构隧道下穿施工期间的安全运营将难以得到保障。然而,通过采取一系列有效的加固措施,可以将盾构下穿施工的不利影响降至运营高铁桥梁可接受的风险水平。正如绪论 1.2 节中提到的典型工程案例,国内已有多个成功案例证实,地铁盾构通过加固措施能够安全下穿京沪高铁、武广高铁等重要交通线路。

由于每个工程都有其独特的地质条件、结构类型或环境特点,因此加固措施需要根据具体工程的实际情况量身定制,以确保其有效性。特别是针对大直径盾构隧道下穿运营高铁桥梁这类高风险工程,加固方案的设计与优化显得尤为重要。一方面,若加固措施不力,会导致严重的安全事故;另一面,若加固措施盲目过度又会造成工程费用不必要的增加和资源浪费。加固方案的设计与优化应建立在对盾构施工对土层和桩基影响机理的深入理解和分析基础之上,达到既安全又经济的目标。

本章将对大直径盾构隧道下穿运营高铁桥梁的加固方案设计与优化展开研究。首先,总结分析盾构下穿施工对桩基的影响机理以及国内外盾构下穿施工常用的加固技术;然后,借鉴相关成功案例,并结合本工程特殊性,提出隔离桩防护、MJS 法、隔离桩+纵横梁、隔离桩+MJS 法、隔离桩+MJS 法+纵横梁 5 种可行性加固方案;接着,运用数值分析的研究方法,对比分析各加固方案的防护效果,确定最佳加固方案;最后,针对推荐的加固方案,进行加固体系关键参数的优化分析,并给出具体布置设计。

3.2　盾构下穿施工对桩基的影响机理

盾构隧道与桩基的相对空间位置不同,因此盾构施工对桩基造成的影响亦不同。研究指出,当地层中不存在既有桩基时,隧道开挖施工对地层造成的影响可分为 3 个区域:

(1) 强烈扰动区:该区域内的岩土体因受隧道开挖扰动大,发生屈服且可能呈现塑性流动状态,若无及时对土体进行支护加固,隧道附近的围岩可能会塌落。

(2) 中等扰动区:该区域内的岩土体受隧道开挖扰动较小,呈现弹性变形状态。

(3) 弱扰动区:该区域的岩土体基本不受隧道开挖扰动的影响。

当隧道埋深位置较浅或隧道开挖断面尺寸较大时,强烈扰动区、中等扰动区影响范围可能会扩大至地表,从而会引起地层的严重变形。

根据隧道与桥桩的空间位置关系以及隧道开挖施工对地层造成的影响范围等因素,将桩基划分为无影响范围桩(G 号桩)、隧道侧边桩(E 号桩)、隧道洞间桩(D、F 号桩)、隧道上方桩(C 号桩)等类型。盾构隧道与桩基不同空间位置关系的影响机理如图 3-1 所示。

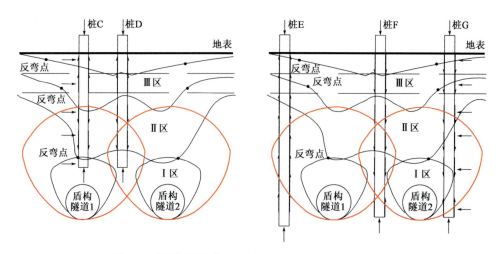

图 3-1 盾构隧道与桩基不同空间位置关系的影响机理示意图

本盾构下穿高铁桥梁工程涉及图 3-1 中的桩基类型为隧道侧边桩 E 和隧道洞间桩 F。桩 E 位于隧道侧边,桩身下部结构位于弱扰动区,受盾构开挖施工的影响可以忽略,而桩身上部结构位于中等扰动区,受盾构开挖施工影响相对较大。由于桩基下部土体未受到施工扰动,因此桩底持力层相对稳定。但桩身上部受扰动较大,导致桩周土体沉降较明显。这种沉降会通过地层传递至桥梁桩基础,从而在一定程度上使桩 E 的桩身上部产生向下的侧摩阻力。与此同时,桩 E 桩身轴力也会随着盾构掘进而逐渐增大。

桩 F 位于两隧道之间,桩身依次穿越强烈扰动区、中等扰动区和弱扰动区。左、右线隧道开挖对桩 F 影响均较大。当盾构隧道覆土埋深较大时,左、右线隧道开挖形成的塌落拱范围较大,可能使塑性破坏区影响范围增大。当隧道覆土埋深较浅时,塑性破坏区可能贯穿至地表,导致桩基两侧土体在左、右线隧道开挖共同扰动下产生较大沉降,桩基也随之下沉。若桩身底部地层不在强烈扰动区而上部地层位于强扰动或中等扰动区时,桩身上部的沉降量相对较大,桩身上部将产生向下的负向摩阻力,导致桩身轴力增加。而桩身底部未受到强烈扰动,产生的沉降量较小,桩身下部将产生向上的正向摩阻力,从一定程度阻止桩基的下沉。

3.3 盾构下穿施工常用加固保护技术

为了尽量减小盾构隧道下穿施工对既有建筑物的不利影响,针对扰动媒介,通常采取的加固保护措施包括以冻结法、袖阀管注浆加固、MJS 工法等为主的地层加固技术和以隔离桩为代表的地层变形隔阻技术。

3.3.1 冻结法

冻结法作为岩土工程中一种重要的加固保护技术,通过人工制冷技术,利用冻结管带走地层中的热量,使地层中的水结冰,将天然岩土变成冻土,形成具有较高强度和稳定性的冻土帷幕,达到增强土体强度和稳定性的目的。同时,冻结法形成的冻土帷幕能够隔离地下水与施工区域的联系，确保隧道和地下工程的安全开挖。

冻结法最早起源于英国，首次应用于1862年的南威尔士建筑基础施工中，通过人工制冷技术加固土壤。此后，德国、瑞典、法国以及苏联陆续开始探索冻结法在工程领域的应用。自1962年起，日本已经成功应用冻结法完成了数百项工程施工，包括地铁（含联络通道）、隧道、排水管道等。我国首次使用冻结法是在1955年的开滦煤矿竖井工程。随着城市地铁的不断修建，冻结法在北京、上海、广州、南京等城市得到了迅速发展。实践经验证明，人工冻结法具有以下优势：

（1）冻结孔布置方案灵活，适应性强，能灵活应对各种结构形状。

（2）防水性好，人工冻结帷幕能有效隔离地下水对工程施工的影响，保障施工安全。

（3）环境污染小，人工冻结帷幕作为一种临时支护结构，使用结束后融化即可，对土体影响小。

然而，由于冻结法某些自身的特殊性，如钻孔工序的必要性、冻土性质和冻土帷幕性状的变化性、土体冻胀融沉的自然性等，该方法在冻结孔钻孔、冻结、开挖以及冻土解冻过程中都可能发生事故。因此，冻结法是一种风险相对较高的工法，存在较多不可预见的风险，在重要穿越工程设计中通常不被推荐采用。

3.3.2 袖阀管注浆加固

袖阀管注浆加固技术最初由法国Soletanche基础工程公司自主研发，为保证注浆土体均匀改性而被提出，现已被广泛应用于地基加固、止水帷幕、控制建筑物沉降等工程中，以提高地层稳定性、承载能力和抗渗性。这种技术通过在地层中钻孔并安装套管（袖阀管），然后进行注浆。浆液在注浆泵的加压作用下，通过双向密封的注浆器注入单向袖阀管，并在注浆压力的作用下将包裹在袖阀管外的橡胶套开环，注浆中的浆材在外界压力的推动作用下迅速挤碎袖阀管外的壳料，注入受注的地层中，与土体充分结合，形成强度较高的固结体，从而改善地层的物理和力学性质。在袖阀管注浆加固过程中，注浆效果受套壳材料、浆液材料性能和注浆参数等因素影响较大。

袖阀管注浆加固技术具有注浆位置准确、注浆效果好，可以多次重复注浆，浆液可调试等优点。但注浆材料的有效渗透深度可能受到限制，无法深入到一些特定类型的地层，而且注浆速度较慢，化学注浆材料对环境有一定的影响。

3.3.3 MJS工法

MJS工法（Metro Jet System）又称全方位高压喷射工法，是为解决传统旋喷工艺在深处排泥困难、加固效果和可靠性降低，以及施工会引起周围地表隆起等问题，在传统高压喷射注浆工艺的基础上进行改进和创新而成。MJS工法采用独特的多孔管和前端装置（通常称为Monitor），实现了孔内强制排浆和地层内压力监测。通过调整强制排浆量，可以控制地层内压力，有效解决了传统旋喷工艺在深处排泥困难和地层内压力控制方面的问题。这种方法确保了地层内压力的稳定，降低了施工过程中地表变形的可能性，极大地减少了对环境的影响。此外，控制地层内压力也进一步保障了成桩的直径，确保了工程质量。MJS工法工艺原理示意图如图3-2~图3-4所示。

图 3-2　MJS 工法内置传感器

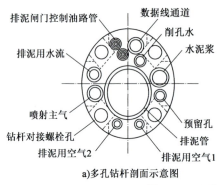
a) 多孔钻杆剖面示意图

b) 多孔钻杆实拍

图 3-3　MJS 多孔管设计示例

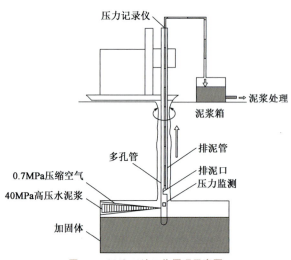

图 3-4　MJS 工法工作原理示意图

MJS 工法桩具有以下特点：

(1) 可以"全方位"进行高压喷射注浆施工

MJS 工法可以进行水平、倾斜、垂直各方向、任意角度的施工。

(2) 桩径大，桩身质量好

MJS 工法成桩直径较大，可达 $2 \sim 2.8m$（砂土 $N<70$，黏土 $C<50$）。由于直接采用水泥浆液进行喷射，其桩身质量较好，强度指标大于 5MPa。

(3)对周边环境影响小,超深施工有保证

MJS工法通过地层内压力监测和强制排浆的手段,对地层内压力进行调控,可以大幅度减少施工对周边环境的扰动,并保证超深施工的效果。

(4)泥浆污染少

MJS工法采用专用排泥管进行排浆,有利于泥浆集中管理,施工场地干净。同时对地内压力的调控,也减少了泥浆"窜"入土壤、水体或是地下管道的风险。

(5)自动化程度高

MJS工法转速、提升、角度等关键参数均为提前设置,并实时记录施工数据,尽可能地减少了人为因素造成的质量问题。

(6)施工场地条件适宜

垂直与倾斜施工专用钻机的几何尺寸为高3.5m、长2.55m、宽1.85m,适合隧道内或净高3.5m以上场所施工。

3.3.4 隔离桩

隔离桩法是通过在隧道和建筑物之间设置密排钻孔灌注桩、高压旋喷桩或树根桩等措施,将隧道开挖引起的围岩应力通过桩体传递到下部持力层中,阻断隧道开挖卸荷位移和力的传播,进而达到降低隧洞开挖卸载对邻近建筑物地基造成不均匀沉降的目的。隔离桩的主要作用是承受隧道施工引起的侧向土压力以及土体差异沉降产生的负摩阻力,以减小建筑物靠近隧道侧的土体变形。作为一种有效的地层变形隔断手段,隔离桩被广泛应用于防止地层沉降的工程中。

钻孔灌注桩是目前地基处理、基础工程施工最常用的加固方法之一,被广泛应用于工业与民用建筑、公路、铁路、桥梁等工程领域。主要施工工法包括贝诺特法(液压全套管法)、反循环法、阿司特利法等三种。其中,贝诺特法,即液压全套管法,是国际上最为流行的钻孔灌注桩施工技术。自20世纪80年代中后期以来,我国在引进吸收的基础上,逐步发展了液压全套管灌注桩施工的国产设备,并已形成较完备的施工工艺和工法。钻孔灌注隔离桩加固后桩体强度高、刚度大、安全可靠,施工后桩身强度增长快,成桩施工对既有建筑物影响很小。其缺点是成本相对较高,而且由于场地限制只能选用小的设备作业,速度较慢。

高压旋喷隔离桩的优点是施工设备灵巧,速度快,施工中对建筑物影响小,成本比钻孔灌注桩低,但其强度较低,施工后桩身强度成长慢。树根隔离桩优点是成本低,施工设备小,施工后对原有建筑物影响小,但由于桩小,隔断效果较差。

值得注意的是隔断桩施工也是邻近施工,需要注意控制隔离桩自身施工对周围土体或建筑物的影响。

3.4 下穿运营高铁桥梁的地层加固可行性方案

3.4.1 可行性方案的选择

盾构穿越运营高铁桥桩,当处于结构不稳定的松散堆积层、易发生流沙的含水砂层以及扰动后强度降低明显的软弱地层时,隧道施工对高铁桥梁墩顶位移影响较大。若要在不采取特殊工程措施的条件下满足桥墩位移限值标准,隧道与桩基之间的最小安全距离一般应超过3倍隧道宽度。本盾构下穿高铁桥梁工程中,隧道开挖边缘与桥桩最小净距为7.655m,仅约0.58倍隧道宽度,其施工对高铁桥墩将造成较大影响,需要采取工程加固措施。

在盾构下穿施工过程中,受影响范围内的土体会向隧道侧发生水平位移和向下的沉降,如果设置隔离桩,可以起到挡土、隔断的作用,并承担土体因沉降传递过来的摩擦力,从而限制桩外土体及桥桩的水平位移和竖向沉降。而且,隔离桩能够阻挡盾构掘进过程中同步注浆及二次注浆(或者穿越前的其他注浆加固措施)的浆液,确保注浆效果,同时也能减少注浆作业对桥桩的影响。因此,在盾构隧道两侧设置隔离桩是一种可行且有效的手段。

为了增强隔离桩在盾构下穿施工过程中的稳定性和隔离效能,可在隔离桩桩顶设置纵向冠梁,同时在两排隔离桩之间设置横向混凝土支撑,实现纵、横梁相接,并与隔离桩形成一个整体加固体系,从而提高隔离桩加固体系的整体刚度,确保施工期间的安全性和可靠性。

考虑到盾构施工对周边地层的影响程度与盾构直径近似呈平方增加关系(本工程为13.25m的大直径盾构),而且在下穿高铁桥梁处,盾构隧道穿越的地层上半部主要为粉砂层,地下水位高,处于饱和状态,容易产生流砂。为确保高铁桥梁墩台顺桥向、横桥向及竖向三个方向的变形不超过2mm的控制标准,可能还需要对隔离桩内土体进行加固处理,以提高土体的稳定性。鉴于上述MJS工法的诸多优点,拟采用MJS工法注浆加固技术。

经总结国内外相关工程案例,针对本工程提出隔离桩防护、MJS法、隔离桩+纵横梁、隔离桩+MJS法、隔离桩+MJS法+纵横梁等5种可行性加固保护方案。

3.4.2 加固方案的初步布置设计

3.4.2.1 隔离桩的布设

隔离桩的布设应满足《公路与市政工程下穿高速铁路技术规程》(TB 10182—2017)的相关要求:

3.0.11条:下穿工程采用钻孔桩时,其与高速铁路桥梁基桩的中心距应符合下列规定:1.软黏土及饱和粉、细砂土层等不良土层,不宜小于6倍下穿工程桩径;2.其他良好土层,不宜小于4倍下穿工程桩径。

8.0.9条:隔离桩宜采用钻孔桩,其与高速铁路桥梁基桩的距离应满足本规程3.0.11条的要求,与隧道结构间的净距不应小于0.5m。

8.0.10条:隔离桩沿隧道线路方向的设置范围应超出高速铁路桥梁承台两端各1.5倍隧道宽度。

结合盾构下穿的实际情况,隔离桩拟采取的布设方案为:在高铁桥梁承台两端20m范围内设置隔离桩,大于1.5D(D为隧道外径,其值为13.25m)。隔离桩布置于盾构隧道两侧,桩径100cm,间距120cm,桩长30m。隔离桩与隧道净距为0.5m,距离高铁桥桩最小中心距为6.115m,大于6d(d为新建钻孔桩直径)。

3.4.2.2 纵、横梁的布设

为增强隔离桩的整体性,拟在桩顶设置120cm×80cm纵横梁,其中横梁间隔两个桩设置

一处,纵梁桩顶面贯通设置。纵、横梁采用C30钢筋混凝土,钢筋与钻孔灌注桩桩头钢筋连接。

由于穿越处高铁桥梁下部可利用最大净空仅3.6~4.1m,因此,位于梁底以下部分的72根隔离桩采用常规设备无法施工,需要采用能够满足作业净空不超过3.6m、成孔深度不小于30m技术要求的低净空全套管灌注桩装备进行施工。灌注桩采用钢套管护壁,壁厚20mm,每节长2.2m,各节间采用焊接连接。由于盾构与隔离桩最小距离只有0.5m,要求隔离桩的垂直度允许偏差小于3‰。

3.4.2.3 隔离桩内土体的MJS法加固布设

为更好地控制沉降,提高土体抗渗性,确保施工期间盾构不失水,拟采用MJS工法加固隔离桩内土体。MJS加固长度与隔离桩加固长度一致,加固范围为盾构隧道以外上、下各5.0m,同时在盾构隧道周边预留0.4m的施工误差。根据工程类比,设计的MJS桩桩径为1.2m,间距1.6m,跳桩施工。

根据《公路与市政工程下穿高速铁路技术规程》(TB 10182—2017)第8.0.11条,隧道施工应在隔离桩及桩内土体加固达到设计强度要求后实施。MJS桩验收采用钻芯取样法,要求桩体单轴抗压强度为1~3MPa,渗透系数不大于10^{-7}cm/s。

3.5 不同加固方案对高铁桥梁变形的控制效果分析

为了评价隔离桩防护、MJS法加固及增设地表纵、横梁等土层加固措施对本下穿工程中高铁桥梁保护和变形的控制效果,基于第2章加固前的计算结果,分别针对前文提出的5种可行性加固保护方案建立数值计算模型,对比分析加固前和不同加固方案后,盾构下穿施工引起的高铁桥梁内力与变形的变化情况,为确定合理的加固方案提供依据。

3.5.1 计算模型与参数

建模方法与加固前的一样,详见2.4节。土层、盾壳、管片、桩基、等代层、纵横梁及MJS加固体均采用实体单元模拟,土层、等代层和结构物理力学参数取值见表2-9和表2-10。MJS加固体、隔离桩和纵横梁的物理力学参数取值见表3-1和表3-2。建立的隔离桩+MJS法+纵横梁加固方案的三维计算模型如图3-5所示。计算区域主要根据盾构与高铁桥梁的位置关系,并考虑加固范围、边界效应等因素。本次计算模型整体尺寸为150m(x)×120m(y)×100m(z)。

加固体物理力学参数　　　　　表3-1

类别	厚度 (m)	重度 (kN/m³)	黏聚力 (kPa)	内摩擦角 (°)	压缩模量 (MPa)	泊松比
MJS加固体	—	21	40	23	400	0.35

隔离桩和纵横梁结构弹性体物理力学参数　　　　　表3-2

结构名称	重度 (kN/m³)	弹性模量 (MPa)	泊松比
隔离桩	25	30000	0.2
纵横梁	25	30000	0.2

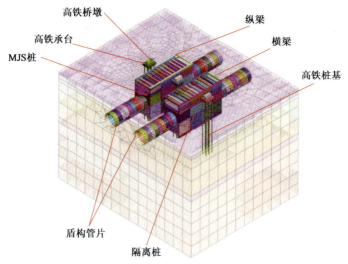

图 3-5 隔离桩＋MJS 法＋纵横梁加固方案的计算模型图

3.5.2 不同加固措施对桩基的保护效果分析

根据 2.4 节的计算结果，在无任何土体加固措施的施工条件下，当左、右线盾构隧道开挖完成后，邻近桩基最大竖向变形、最大侧向变形分别出现在 141 号 c2 桩和 142 号 c2 桩，最大附加轴力、最大附加弯矩分别出现在 141 号 c2 桩和 140 号 a2 桩。因此，本节将以 141 号 c2 桩竖向变形、142 号 c2 桩侧向变形、141 号 c2 桩附加轴力和 140 号 a2 桩附加弯矩为例，对比分析隔离桩、MJS 法、隔离桩＋纵横梁、隔离桩＋MJS 法、隔离桩＋纵横梁＋MJS 法 5 种土体加固措施对桩基附加变形和附加内力的控制效果。

3.5.2.1 不同加固措施对桩基附加变形的控制

在 6 种不同的盾构隧道施工条件下，当两隧道均开挖完成后，141 号 c2 桩竖向变形曲线和 142 号 c2 桩侧向变形曲线如图 3-6 所示，对应的最大附加位移值见表 3-3。

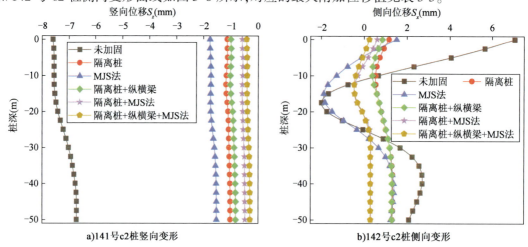

a) 141 号 c2 桩竖向变形   b) 142 号 c2 桩侧向变形

图 3-6 不同盾构隧道施工条件下桩基附加变形

不同盾构隧道施工条件下桩基最大附加位移（mm）　　　表3-3

盾构隧道施工条件	141号c2桩最大竖向位移	142号c2桩最大侧向位移
未加固	-7.6	7.1
隔离桩	-1.2	1.4
MJS法	-1.8	-1.9
隔离桩+纵横梁	-1.0	1.3
隔离桩+MJS法	-0.6	0.6
隔离桩+纵横梁+MJS法	-0.4	-0.5

141号c2桩竖向变形曲线和142号c2桩侧向变形曲线表明：

（1）未采用任何土体加固时，141号c2桩最大竖向位移为-7.6mm，142号c2桩最大侧向位移为7.1mm。分别采用隔离桩、MJS法、隔离桩+纵横梁、隔离桩+MJS法、隔离桩+纵横梁+MJS法5种土体加固措施后，141号c2桩最大竖向位移变为-1.8mm，142号c2桩最大侧向位移变为-1.9mm。可见，这5种土体加固措施对邻近桩基附加变形具有明显的控制作用，可显著降低桩基因盾构隧道施工产生的竖向变形和侧向变形。

（2）单独采用隔离桩加固时，141号c2桩最大竖向位移减小为-1.2mm，142号c2桩最大侧向位移减小为1.4mm，比单独采用MJS法加固的控制效果更好。因此，为更好地控制邻近桩基产生的附加变形，宜优先选用隔离桩加固。

（3）采用隔离桩、MJS法、隔离桩+纵横梁、隔离桩+MJS法、隔离桩+纵横梁+MJS法5种土体加固措施，均能有效地控制邻近桩基因盾构隧道施工产生的附加变形。但与仅采用隔离桩或MJS单一加固措施相比，采用隔离桩+纵横梁、隔离桩+MJS法、隔离桩+纵横梁+MJS法等联合加固措施对桥桩变形的控制效果更显著，其中隔离桩+纵横梁+MJS法的控制效果最好。

3.5.2.2 不同加固措施对桩基附加内力的控制

在6种不同的盾构隧道施工条件下，当两隧道均开挖完成后，141号c2桩附加轴力曲线和140号a2桩附加弯矩曲线如图3-7所示，对应的最大附加内力值见表3-4。

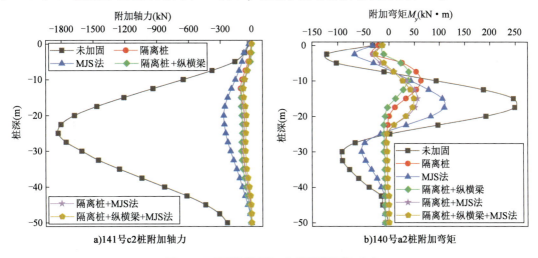

a) 141号c2桩附加轴力　　　b) 140号a2桩附加弯矩

图3-7　不同盾构隧道施工条件下桩基附加内力

不同盾构隧道施工条件下桩基最大附加内力　　　表3-4

盾构隧道施工条件	141号c2桩最大附加轴力(kN)	140号a2桩最大附加弯矩(kN·m)
未加固	-1833	248
隔离桩	-110	62
MJS法	-270	109
隔离桩+纵横梁	-104	38
隔离桩+MJS法	-85	56
隔离桩+纵横梁+MJS法	-85	48

141号c2桩附加轴力曲线和140号a2桩附加弯矩曲线表明:

(1)未采用任何土体加固时,141号c2桩最大附加轴力为-1833kN,140号a2桩最大附加弯矩为248kN·m。分别采用隔离桩、MJS法、隔离桩+纵横梁、隔离桩+MJS法、隔离桩+纵横梁+MJS法5种土体加固措施后,141号c2桩最大附加轴力减小为-270kN,140号a2桩最大附加弯矩减小为109kN·m。可见,这5种土体加固措施对邻近桩基附加内力均具有明显的控制作用,可显著降低桩基因盾构隧道施工产生的附加轴力和附加弯矩。

(2)单独采用隔离桩加固时,141号c2桩最大附加轴力-110kN,140号a2桩最大附加弯矩为62kN·m,比单独采用MJS法加固的控制效果更好。因此,为更好地控制邻近桩基产生的附加内力,宜优先选用隔离桩加固。

(3)采用隔离桩、MJS法、隔离桩+纵横梁、隔离桩+MJS法、隔离桩+纵横梁+MJS法这5种土体加固措施,均能有效控制邻近桩基因盾构隧道施工产生的附加内力。但与隔离桩单一加固措施相比,联合加固措施在控制桥桩附加内力方面并不具有显著优势。

综上,采用①隔离桩、②MJS法、③隔离桩+纵横梁、④隔离桩+MJS法、⑤隔离桩+纵横梁+MJS法5种土体加固方案均能有效地控制邻近桩基因盾构隧道施工产生的附加变形和附加内力,可将桥梁竖向沉降和侧向位移控制在2mm以内。在控制效果上,方案⑤>方案④>方案③>方案①>方案②,其中⑤隔离桩+MJS+纵横梁整体加固方案对于桥桩变形和附加内力控制效果最佳。但采用①隔离桩或②MJS单一加固方案或③隔离桩+纵横梁方案,桥桩位移均超过了1mm,尤其采用②MJS单一加固方案时,桥桩侧向位移几乎接近2mm。考虑到实际施工过程中有些不确定因素无法在计算模型中体现,加之大直径盾构下穿运营高铁桥梁风险等级高,对变形控制严苛。因此,为确保盾构下穿施工期间高铁列车运营的绝对安全,可考虑将桥墩顶纵向位移和沉降控制在±1mm以内,建议采用⑤隔离桩+MJS+纵横梁的整体加固方案。

3.6　整体加固措施的设计参数优化

为获得最优的地层变形控制效果,下面将针对整体加固措施的关键技术参数进行敏感性分析和优化设计。

3.6.1 关键设计参数及加固效果评价指标

根据现有研究结果,隔离桩的桩长、桩径、桩与隧之间的净距以及隔离桩和 MJS 法加固区域范围(宽度×高度×长度)等是盾构开挖影响桥梁下部结构变形的主要参数。

由于大直径盾构下穿施工对周围土体的扰动比常规直径盾构更大,致使附近桥梁墩台发生沉降和水平变形,进而对桥上轨道结构产生影响,加剧轨道的不平顺,对高速列车的运营安全造成影响。《公路与市政工程下穿高速铁路技术规程》(TB 10182—2017)将桥梁墩台顶部的纵、横向位移及沉降作为关键监测项目。故选取桥墩顶部横向水平位移及竖向沉降作为盾构下穿施工时高铁桥梁受影响程度的评价指标。为评价不同关键设计参数的加固措施对墩台顶部变形的抑制效果,定义墩台顶部变形抑制系数 η 为:

$$\eta = \frac{d_0 - d_j}{d_0} \tag{3-1}$$

式中:d_0——无土层加固措施时盾构下穿施工引起墩顶某方向的最大变形值;

d_j——采用第 j 种土层加固措施时盾构下穿施工引起墩顶相同方向的最大变形值。

显然,$\eta(0 \leq \eta \leq 1.0)$ 越大表明加固措施对墩顶变形的抑制效果越好。在以下设计参数优化分析中,将墩顶变形抑制系数作为各加固措施抑制效果的评价指标。

第 2 章开展的在无加固措施条件下盾构下穿施工变形计算结果表明:大直径盾构下穿高铁桥梁施工过程中,桥梁墩顶最大沉降和最大顺桥向(沿 x 轴向)水平位移均发生于两盾构施工全部完成后,墩顶最大沉降为 7.6mm,出现在 141 号桥墩,最大顺桥向水平位移为 7.1mm,出现在 142 号桥墩。最大横桥向(沿 y 轴向)水平位移发生在右线盾构刀盘移至 $-1.5b$ 处的施工阶段,最大横桥向水平位移为 1.7mm,出现在 142 号桥墩。可见,141 号桥墩墩顶沉降和 142 号桥墩顺桥向水平位移是控制的关键。在接下来的分析中,将以这两项变形的抑制系数作为不同关键设计参数加固方案的评价指标。

3.6.2 基于正交试验的敏感性分析

正交试验法是用于多因素试验的一种方法,它从全面试验中挑选出部分有代表的点进行试验,这些代表点具有均匀和整齐的特点。采用正交表安排数值试验,既能使试验点分布得很均匀,又能减少试验次数。对隔离桩+纵横梁加固或 MJS 法加固分别进行正交数值试验。每类试验均考虑 3 个因素,每个因素安排 3 个水平,因素水平的选择依据工程实际允许的范围确定,选用 $L_9(3^4)$ 正交表安排数值试验,试验设计见表 3-5~表 3-8。

隔离桩+纵横梁加固试验因素及水平　　表 3-5

因素	水平		
	1	2	3
A(桩长)(m)	16.625	24.8	30
B(桩径)(m)	0.5	1.0	1.5
C(桩隧净距)(m)	1.5	2.5	3.5

MJS 法加固试验因素及水平　　表 3-6

因素	水平		
	1	2	3
A(宽度,X)(m)	16.25	18.25	20.25
B(高度,Y)(m)	22.25	24.25	26.25
C(长度,Z)(m)	11	31	45

隔离桩+纵横梁正交试验方案　　表 3-7

试验号	A(桩长)(m)	B(桩径)(m)	C(桩隧净距)(m)
1	1(16.625)	1(0.5)	1(1.5)
2	1	2(1.0)	3(3.5)
3	1	3(1.5)	2(2.5)
4	2(24.8)	1	3
5	2	2	2
6	2	3	1
7	3(30)	1	2
8	3	2	1
9	3	3	3

MJS 法正交试验方案　　表 3-8

试验号	A(宽,X)(m)	B(高,Y)(m)	C(长,Z)(m)
1	1(16.25)	1(22.25)	1(11)
2	1	2(24.25)	3(45)
3	1	3(26.25)	2(31)
4	2(18.25)	1	3
5	2	2	2
6	2	3	1
7	3(20.25)	1	2
8	3	2	1
9	3	3	3

　　按两种土层加固措施正交试验方案,调整隔离桩+纵横梁加固与 MJS 法加固的各参数水平,分别得到 9 个试验方案的中墩(141 号)沉降抑制系数与邻近边墩(142 号)纵向位移(即顺桥向水平位移)抑制系数,如图 3-8 所示。对于沉降抑制系数最小值为 34%,最大值为 86%。对于顺桥向水平位移抑制系数最小值为 12%,最大值为 89%。总体上来看,在抑制沉降方面,隔离桩+纵横梁加固效果优于 MJS 法,而在抑制纵向水平位移方面,两者效果接近。

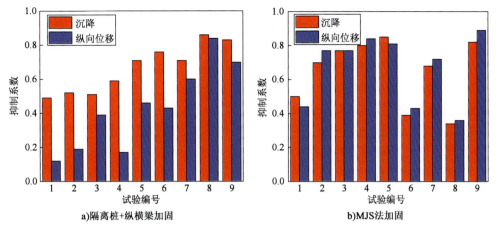

图 3-8 正交试验抑制系数计算结果

对隔离桩+纵横梁加固与 MJS 法加固效果分别进行统计学中的方差分析和显著性检验,来鉴别各因素对土层加固效果的影响程度,计算结果见表 3-9。显然,隔离桩桩长和加固区域长度是相对敏感因素,隔离桩桩长对沉降、顺桥向水平位移抑制系数的影响显著性水平分别为"非常显著"和"较为显著",MJS 法长度对沉降、顺桥向水平位移抑制系数的影响显著性水平分别为"显著"和"较为显著"。

隔离桩与 MJS 法正交试验结果方差分析　　　表 3-9

加固措施	方差来源	自由度	沉降抑制系数				纵向位移抑制系数			
			离差平方和	方差	F 值	显著性	离差平方和	方差	F 值	显著性
隔离桩	桩长	2	0.129	0.064	126.28	＊＊＊	0.377	0.188	68.09	＊＊
	桩径	2	0.021	0.01	20.5	＊＊	0.084	0.042	15.22	＊
	桩隧净距	2	0.006	0.003	6.15	—	0.028	0.014	5.05	—
	误差	2	0.001	0.001			0.006	0.003		
	总和	8	0.157	—			0.495	—		
MJS 法	宽度(X)	2	0.006	0.003	0.22		0.002	0.001	0.25	
	高度(Y)	2	0.002	0.001	0.06		0.004	0.002	0.42	
	长度(Z)	2	0.26	0.13	9.05	＊	0.313	0.156	36.04	＊＊
	误差	2	0.029	0.014			0.009	0.004		
	总和	8	0.297	—			0.327	—		

注:1. 临界值 $F_{0.99}(2,2)=99$、$F_{0.95}(2,2)=19$、$F_{0.9}(2,2)=9$。
　　2. 显著性中＊＊＊为非常显著,＊＊为较为显著,＊为显著。

3.6.3 加固设计参数的优化

为确定隔离桩+MJS+纵横梁整体加固方案中隔离桩、MJS 的关键设计参数,首先需要分析隔离桩加固和MJS加固独立应用时各自关键设计参数与位移抑制系数的变化规律,以初步确定两者各自关键设计参数。然后,再进一步对两者联合应用时的关键设计参数进行优化。隔离桩桩长及MJS法加固长度是影响加固效果的敏感因素。因此,在优化分析过程中,重点对隔离桩桩长及MJS法加固长度进行分析和优化。

仅采用隔离桩+纵横梁加固时,由于隔离桩桩长为敏感因素,则隔离桩桩径、桩隧净距、纵横梁截面尺寸及布置按照3.4.2节提出的初步加固布设方案,分别选取9m、16.625m、24.8m、30m、36m、42m等6种隔离桩桩长进行沉降及纵向位移抑制系数对比计算分析,主要计算结果如图3-9所示。本工程隧道底部埋深h_d为23.25m,当桩长不超过30m(即$1.29h_d$)时,沉降及纵向位移抑制系数均随桩长增加而显著增长。当桩长进一步增加时,位移抑制系数随桩长增加仍略有增长,但增速明显趋缓。当桩长为$1.29h_d$时,沉降及纵向位移抑制系数分别为0.856、0.843,加固后墩顶沉降及纵向位移最大值分别为1.16mm、1.23mm,已达相对最优控制效果。

仅采用MJS法加固措施时,由于加固区域长度为敏感因素,则MJS法加固区域宽度及高度按照3.4.2节提出的初步加固布设方案,分别选取26m、31m、36m、41m、45m、50m、55m、60m等8种加固长度开展沉降及顺桥向水平位移抑制系数对比计算分析,主要计算结果如图3-10所示。本工程承台宽度b为9.0m,当MJS法加固长度不超过55m(即$6.11b$)时,沉降抑制系数随加固长度增加而显著增长,当加固长度进一步增加时,沉降抑制系数基本趋于稳定。当MJS法加固长度不超过45m(即$5.0b$)时,顺桥向水平位移抑制系数随加固长度增加而明显增长;当加固长度进一步增加时,顺桥向水平位移抑制系数增速亦明显趋缓。当加固长度为$6.11b$时,沉降及纵向位移抑制系数分别为0.748、0.787,加固后墩顶沉降及纵向位移最大值分别为2.02mm、1.66mm,基本达到高铁列车正常运营时的墩顶变形控制要求。

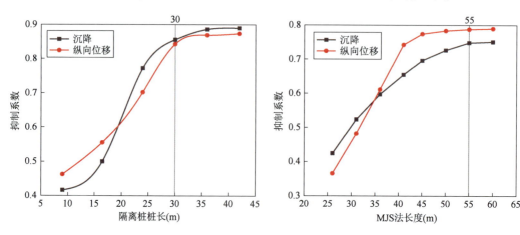

图3-9 隔离桩作用下墩顶位移抑制效果　　图3-10 MJS法作用下墩顶位移抑制效果

采用隔离桩和MJS法联合应用时,首先保持隔离桩桩长30m不变,对MJS法加固长度进行优化。在优化过程中,分别选取26m、31m、36m、41m、45m、50m等6种MJS加固长度,开展沉降及纵向位移抑制系数对比分析,主要计算结果如图3-11所示。图3-11表明,当加固区域长度不超过41m(即$4.56b$)时,位移抑制系数随加固长度增长显著,当加固长度进一步增加时,位移抑制系数基本不变。这说明,当加固区域长度超过$4.56b$后,其对进一步减小墩顶变形的作用十分有限。

保持 MJS 法长度为 41m 不变,对隔离桩桩长做进一步优化。优化过程中分别选取 9m、16.625m、24.8m、30m、36m、42m 等 6 种隔离桩桩长进行沉降及纵向位移抑制系数对比计算分析,主要计算结果如图 3-12 所示。图 3-12 表明,与 MJS 加固长度优化情况相似,当隔离桩桩长不超过 $1.29h_d$ 时,位移抑制系数随桩长增长显著;当桩长进一步增加时,位移抑制系数基本不变。表明,桩长超过 $1.29h_d$ 后,对进一步减小墩顶变形的作用同样十分有限。

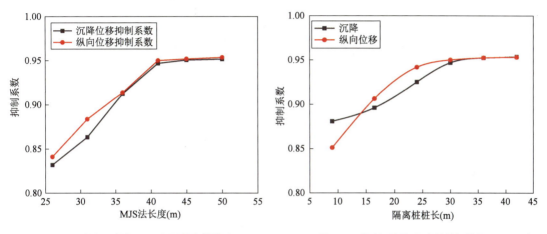

图 3-11 抑制系数与 MJS 加固长度的关系　　　　图 3-12 抑制系数与隔离桩桩长的关系

因此,采用隔离桩 + 纵横梁 + MJS 法联合加固时,隔离桩桩长宜选为 30m(即 $1.29h_d$),MJS 法加固长度宜选为 41m(即 $4.56b$),此时对应的沉降及纵向位移抑制系数分别为 0.947 和 0.950,加固后墩顶沉降及纵向位移最大值分别为 0.42mm 和 0.39mm。综合考虑下穿施工成本的经济性和土层加固效果,该加固方案整体最优。

3.7 隔离桩施工影响分析

由于隔离桩施工也是邻近施工,其施工扰动对邻近高铁桥梁桩基及墩台产生的不利影响不容忽视。本节将采用数值分析的研究方法,对隔离桩施工过程中邻近高铁桥梁桩基及墩台的变形和应力状态进行分析,旨在预测和评价隔离桩施工对运营高铁桥梁的安全影响,进一步论证所提出的整体加固方案的可行性,也为后续加固施工控制技术提供重要依据。

3.7.1 计算模型

建立相应的二维有限元数值计算模型,并为校核计算模型的可靠性进行了试桩试验。在考虑边界效应的情况下,将几何模型从左侧隔离桩开始向右选取 50m 宽,地基土深度取 50m。隔离桩施工会使周围土体受到扰动,产生挤土效应。建模时采用静压力法对挤土效应进行简化处理。根据试桩实测结果,压应力分布深度约为 30m,并沿桩长深度方向线性减少。该压应力作为应力边界条件施加于数值模型中,通过不断试算确定的边界压应力分布模式如图 3-13 所示,地面处压应力为 12kPa,且沿桩基深度方向线性减少,直至地面以下 30m 处减小至零。

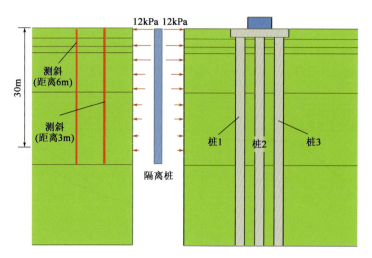

图 3-13 边界压应力分布模式

计算模型的底边界任意方向的变形为零;右边界水平方向位移为零,竖直方向允许发生变形;左边界 30m 以下水平方向位移为零,竖直方向允许发生变形,30m 以上设应力边界条件以考虑隔离桩施工产生的挤土效应。

为对比分析隔离桩施工对邻近桥梁桩基及墩台结构应力与变形的影响,计算中考虑了三种工况:

工况 1:隔离桩施工对自由场地地层影响(不包括桥梁桩基及墩台)。

工况 2:隔离桩施工对邻近桥梁桩基及墩台影响(包括桥梁桩基及墩台)。

工况 3:考虑纵梁结构作用下隔离桩施工对邻近桥梁桩基及墩台影响(包括桥梁桩基、墩台及纵梁结构)。

相应的数值计算模型如图 3-14 所示。

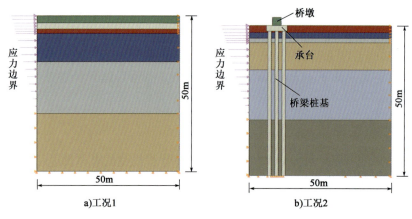

图 3-14

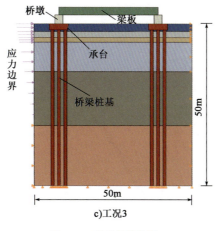

c)工况3

图3-14 数值计算模型

3.7.2 计算模型校验

图3-15为隔离桩施工引起的自由场地地基土体变形云图。从图3-15中可知,距离隔离桩施工越远,地基土体所受到的影响程度越低。图3-16为距试桩3m和6m处实测与数值计算的深层水平位移变化曲线,从图中可看出,数值计算与实测的深层水平位移吻合较好,说明采用如图3-13所示的应力边界条件能够准确地模拟隔离桩施工产生的挤土效应。因此,在包含桥梁桩基及墩台的有限元分析模型中施加上述应力边界条件,可有效地分析隔离桩施工对桥梁桩基及桥墩的变形与应力影响。

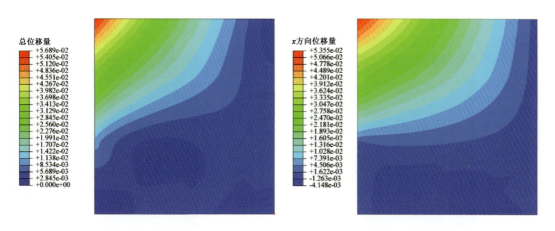

图3-15 隔离桩施工引起的自由场地地基土体变形云图(单位:m)

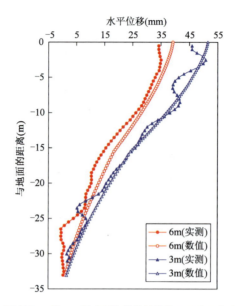

图 3-16　距试桩 3m 和 6m 处实测与数值计算的深层水平位移变化曲线

3.7.3　计算结果分析

3.7.3.1　整体变形

图 3-17 和图 3-18 分别为未考虑和考虑上部纵梁结构作用时,隔离桩施工引起的桥梁桩基与周围地基土体的整体变形云图。从图中可知,在相同的边界应力作用下,考虑上部纵梁结构作用时桥梁桩基及其周围土体的变形量明显较小,相比于未考虑纵梁结构作用的情况,其变形量减少了 50% 以上,这表明上部纵梁结构对桥梁桩基及墩台的变形具有较强的约束效应。

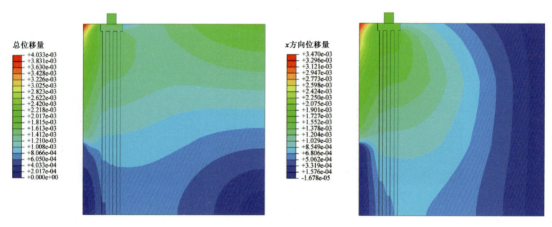

图 3-17　未考虑上部纵梁时隔离桩施工引起的桥梁桩基与周围地基土体变形云图(单位:m)

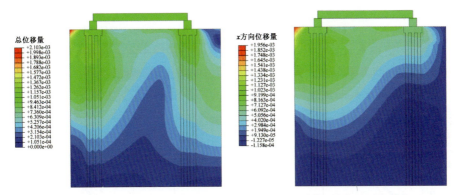

图3-18 考虑上部纵梁时隔离桩施工引起的桥梁桩基与周围地基土体变形云图(单位:m)

3.7.3.2 桥梁桩基及墩台变形与应力(上部纵梁结构作用)

当无上部纵梁结构作用时,隔离桩施工引起的桥梁桩基、墩台的水平位移和沉降云图如图3-19所示(放大2000倍)。从图3-19中可以看出,隔离桩施工使得邻近桩基及墩台整体发生了侧向水平位移(呈S形),最大水平位移发生在墩台部位,桥梁桩基水平位移沿着桩长呈逐渐减小的趋势。桥梁桩基及墩台的沉降变化规律与水平位移变化规律基本相同。隔离桩施工引起的桩基及墩台水平位移曲线如图3-20所示。由图可知,同一个承台下的3根桩的水平位移较为接近,水平位移最大值发生在墩台顶部,为1.62mm。在无上部纵梁结构作用时,隔离桩施工引起的桥墩水平位移未超过水平位移2.0mm的限值。

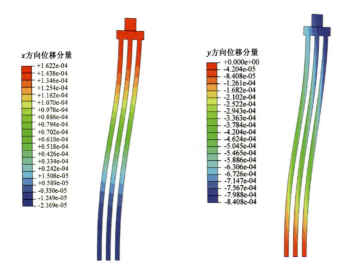

图3-19 无上部纵梁结构作用时隔离桩施工引起的桥梁桩基及墩台变形云图(放大2000倍)(单位:m)

当无上部纵梁结构作用时,隔离桩施工引起的桩基及墩台竖向位移曲线如图3-21所示。由图3-21可知,同一个承台下的不同桩基的沉降量有所不同,靠近隔离桩侧的桩基沉降较小,而远离隔离桩侧的桩基沉降相对较大,桩基承台及上部墩台发生了一定的倾斜,但桥墩顶部最大竖向位移仅为0.84mm。无上部纵梁结构作用时,隔离桩施工引起的墩台顶部竖向位移小于竖向位移2.0mm的限值。

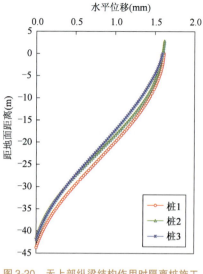

图 3-20 无上部纵梁结构作用时隔离桩施工引起的桩基及墩台水平位移曲线

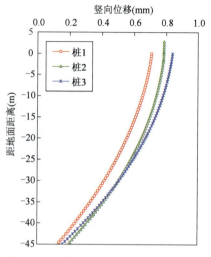

图 3-21 无上部纵梁结构作用时隔离桩施工引起的桩基及墩台竖向位移曲线

当无上部纵梁结构作用时,隔离桩施工引起的桩基、墩台的水平应力及竖向应力分布云图如图 3-22 所示。从图 3-22 中可知,水平应力在承台及墩台处较大,与水平位移较大的部位较为接近。隔离桩施工引起的竖向应力明显大于其水平应力,这表明作用在桥梁桩基上的附加弯矩较大,而附加剪力较小。桥梁桩基及墩台结构的最大拉应力出现在桩基与承台连接部位,为 0.47MPa,最大压应力出现在桩基底部,为 2.3MPa。总体来看,隔离桩施工引起桥梁桩基及墩台产生的附加拉压应力仍较小,均远低于其拉、压应力设计值(C30 混凝土抗拉强度为 2.1MPa,抗压强度为 20.1MPa)。图 3-23 为无上部纵梁结构作用时隔离桩施工引起的桩身弯矩分布图。由图 3-23 可知,同一承台下的桩基弯矩分布模式大致均呈 S 形。但总体来看,桩 1 和桩 2 的桩身弯矩略大于桩 3 的桩身弯矩。桩基础的最大弯矩值发生在桩 3 桩与承台的连接部位,为 120.18kN·m,未超过桥墩下桩基础所能承受的弯矩限值(大于 1000kN·m)。无上部纵梁作用时,隔离桩施工引起的桩基及墩台拉、压应力均低于设计限值,满足强度控制要求。

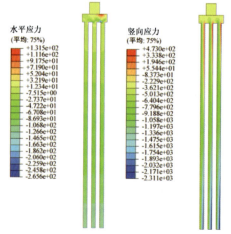

图 3-22 隔离桩施工引起的桩基及墩台应力分布云图(单位:kPa)

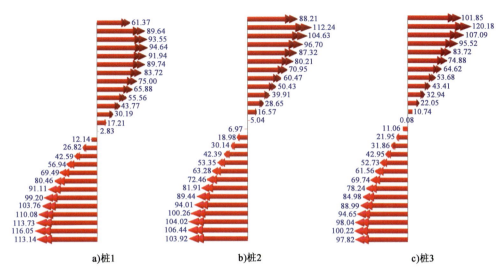

图 3-23 无上部纵梁结构作用时隔离桩施工引起的桩身弯矩分布图(单位:kN·m)

3.7.3.3 桥梁桩基及墩台变形与应力(有上部纵梁结构作用)

在有上部纵梁结构作用下,隔离桩施工引起的桥梁桩基和墩台的水平、竖向位移云图如图 3-24 所示(放大 2000 倍)。与无上部纵梁结构作用时图 3-19 对比可以看出,有上部纵梁结构作用时桥梁桩基和墩台的水平位移将大幅度减小,而桥梁桩基和墩台的竖向位移变化不大,这说明上部纵梁结构主要起侧向约束效应,可以有效限制桥梁桩基和墩台的侧向移动,从而显著减小隔离桩施工引起的桥梁桩基和墩台的水平位移。但是,上部纵梁结构对其竖向位移的影响很小。在有上部纵梁结构作用下,隔离桩施工引起的桩基及墩台水平位移曲线如图 3-25 所示。由图 3-25 可知,同一个承台下的 3 根桩的桩身水平位移变化规律较为一致,由于墩台顶部纵梁结构的约束作用,桩身最大水平位移发生在桩基承台以下 5m 处,其值为 0.73mm,而墩台顶处的水平位移仅为 0.62mm。在有上部纵梁结构作用时,隔离桩施工引起的桥墩水平位移远小于水平位移 2.0mm 的限值。

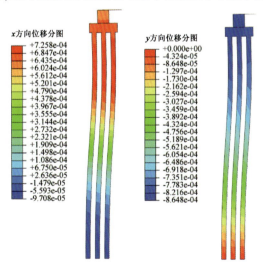

图 3-24 上部纵梁结构作用下隔离桩施工引起的桥梁桩基及墩台变形云图(放大 2000 倍)(单位:m)

在上部纵梁结构作用下,隔离桩施工引起的桩基及墩台竖向位移曲线如图 3-26 所示。在有上部纵梁结构作用时,同一个承台下各桥桩的竖向位移更加趋于一致,这表明上部纵梁结构的约束效应促使桩基及墩台的沉降分布愈加均匀,减少了结构的整体倾斜。但上部纵梁结构并不能减少桩基和墩台的竖向位移,在有上部纵梁结构作用时,隔离桩施工引起的墩台顶部最大竖向位移为 0.85mm,依然未超过竖向位移 2.0mm 的限值。

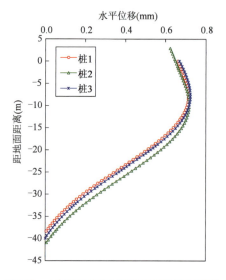

图 3-25　上部纵梁结构作用下隔离桩施工引起的桩基及墩台水平位移曲线

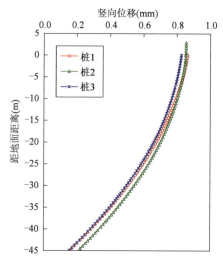

图 3-26　上部纵梁结构作用下隔离桩施工引起的桩基及墩台竖向位移曲线

在上部纵梁结构作用下,隔离桩施工引起的桩基、墩台水平应力及竖向应力分布如图 3-27 所示。与无上部纵梁作用时的图 3-22 对比可知,在上部纵梁结构约束作用下,隔离桩施工引起的桥梁桩基及墩台的拉压应力均明显减小。在有上部纵梁结构时,桩基竖向应力同样大于水平应力,这说明桥梁桩基主要承受较大的附加弯矩,而附加剪力相对较小。在有上部纵梁结构时,桥梁桩基和墩台结构的最大拉应力出现在桩基承台与墩台的连接处,仅为 0.049MPa,而最大压应力则出现在桩基底部,为 1.7MPa。在有上部纵梁结构作用时,隔离桩施工引起的桩基及墩台拉、压应力均远低于设计限值,满足强度要求。

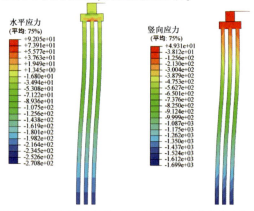

图 3-27　上部纵梁结构作用下隔离桩施工引起的桩基及墩台应力分布云图(单位:kPa)

总的来说,墩台上部纵梁结构能有效减少隔离桩施工对桥梁桩基及墩台结构造成的变形和应力。

3.8 整体加固体系布置设计

基于以上可行性方案、控制效果、参数优化以及加固施工影响等研究结果,针对本工程盾构隧道下穿沪宁高铁桥梁段,确定在盾构隧道两侧设置隔离桩以控制地层变形对沪宁高铁桥梁的影响。同时,在每排隔离桩桩顶设置一道冠梁(纵梁),并在隧道两侧的隔离桩之间设置混凝土横撑(横梁)。通过纵、横梁相互连接,与隔离桩共同形成一个稳固牢靠的"门式结构",防止盾构掘进过程中隔离桩的整体破坏,确保隔离防护效果。在高铁桥梁处,盾构隧道穿越的地层主要为粉砂层,地下水位高,处于饱和状态,容易发生流砂。为减少施工影响和风险,对隔离桩内土体进行 MJS 工法注浆加固处理,以提高土体的稳定性。即,最终在盾构隧道下穿运营高铁桥梁段采取隔离桩 + 纵横梁 + MJS 的整体加固体系。

整体加固体系具体布设如下:

(1)隔离桩:布置于盾构隧道两侧,桩径 100cm,间距 120cm,桩长 30m,在桥梁中线处隔离桩距离桥桩最小中心距为 6.155m,下穿段隔离桩距离桥桩最小中心距为 6.115m,大于 6d(d 为新建钻孔桩直径)。桩身采用 C30 混凝土,桩身位于水下时采用 C30 水下混凝土。桩受力钢筋的保护层厚 70mm,钢筋采用 HRB400(Φ)、HPB300(Φ)。在高铁桥梁下方低净空处以及与高铁桥桩距离小于 10m 范围内,隔离桩采用低净空全套管灌注桩,其他采用钻孔桩。

(2)纵、横梁:在隔离桩顶布置截面尺寸为 120cm × 80cm 的纵、横梁,采用 C30 钢筋混凝土构筑,钢筋与钻孔灌注桩桩头钢筋连接。横梁间隔两个桩设置一处,纵梁桩顶面贯通设置。

(3)隔离桩内土体的 MJS 法加固:桩径为 120cm,半圆形,跳桩施工,加固长度为下穿段沪宁高铁中心线两侧各 24m 范围内,加固深度为盾构底以下 5m。盾构轮廓线外 40cm 范围内采用 MJS 法加固。施工时,背向邻近桥桩旋喷。MJS 桩验收采用钻芯取样法,要求桩体单轴抗压强度为 1 ~ 3MPa,渗透系数不大于 10^{-9} cm/s。MJS 土体加固布置如图 3-28 所示。

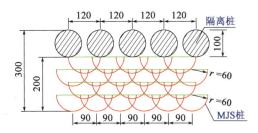

图 3-28 MJS 加固示意(尺寸单位:cm)

整体加固体系的立面和平面布置如图 3-29 和图 3-30 所示。

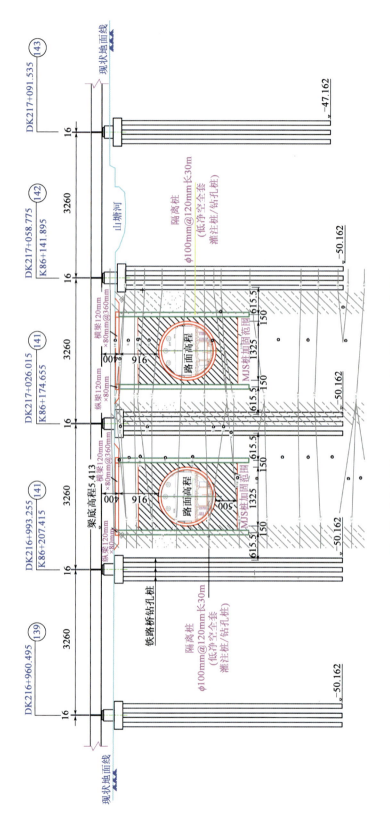

图 3-29 整体加固体系立面布置设计（尺寸单位：cm；高程单位：m）

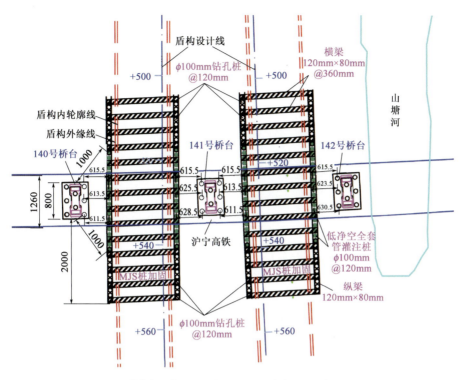

图 3-30　整体加固体系平面布置设计(尺寸单位:cm;高程单位:m)

第 4 章

基于耦合动力分析理论的高铁行车安全与加固方案的有效性分析

4.1 引言

大直径盾构下穿运营高铁桥梁工程,涉及隧道、桥梁、轨道等多个结构的复杂联动效应。鉴于高速列车对桥墩变形的控制标准为毫米级高要求,为确保列车行车安全,有必要采用高精度的动力计算模型和算法,对实施整体加固体系措施后的列车-轨道-桥梁-土层-盾构隧道系统的动态响应进行深入分析。基于动力响应分析,可以对盾构隧道下穿运营高铁桥梁期间的列车行车安全性做出准确评价,进一步论证整体加固体系处置措施的可靠性和有效性。

本章将基于轮轨接触关系、梁轨连接关系、桩-土相互作用关系等,建立高速列车-轨道-桥梁-土层-盾构隧道一体化的空间耦合动力分析模型;为了提高求解结构动力方程的计算效率并保证计算精度,提出一种新的预测-校正显式积分方法和隐式积分方法,并通过理论分析和数值试验,验证所提出算法的精确度和稳定性,以确保计算结果的可靠性;重点研究在采取整体加固体系处置措施后,盾构施工对高速列车行车安全具体指标(列车脱轨系数、轮重减载率、轮轴横向力、车体振动加速度、斯佩林指标)的影响;从列车安全指标和平稳性指标的角度,探究桥墩沉降和横向变形的安全阈值,为后续施工期间的安全管理和风险控制提供科学依据。

4.2 高速列车-轨道-桥梁-土层-盾构隧道耦合动力分析理论

4.2.1 列车动力学模型

车辆动力学模型是研究列车振动特性和振动响应的重要工具,由于机车车辆结构复杂、类型众多,在建模过程中进行一些合理假定和简化以降低模型的复杂度、提高计算效率是必要的。目前,车辆动力学模型的研究成果已比较丰硕。列车的振动分析模型主要有单刚体模型、多刚体模型、有限元模型等。不同类型的模型适用于不同的应用场景和工程需要。在列车与其他系统的耦合振动分析中,常常采用多刚体模型。

多刚体模型是将机车车辆分解为多个刚体,每个刚体具有各自的质心和自由度,并考虑各刚体之间的运动和相互作用。该模型通过弹簧-阻尼元件能很好地模拟悬挂系统的力学特征,同时能准确模拟车轮与轨道之间的相互作用,从而可以更准确地描述车体的振动特性和运动状态。而且,该模型还具有自由度少、计算效率高的优点。

虽然列车车辆类型众多,结构存在差异。但总体而言,列车车辆可以视作由一个车体、起承载、传递作用的转向架、轮对以及起联系作用的弹簧阻尼元件组成。在建立列车的多刚体模型时,进行以下基本假定:

(1)车体、转向架、轮对均被视为刚体,仅在轮轨关系分析中计算轮轨力时考虑轮对的弹性变形。

(2)车体、转向架和轮对均作微振动。

(3) 车体与转向架对称于纵轴,其质量分布、悬挂参数等均对称。

转向架是列车车辆最重要的部件之一。根据轮轴的数目,可分为单轴、双轴、三轴等类型;根据是否有摇枕,可分摇枕式转向架和无摇枕转向架。此外,不同型号的转向架在转向架框的形状、悬挂系统的性能等方面有很大的不同。我国 CRH2C 型动车组采用的 SWTB-350/SWMB-350 型无摇枕空气弹簧转向架,属于双轴转向架,前后两台分布于车体下方。因此,采用二系悬挂四轴列车来建立高速列车的多体动力学模型,每节车辆包含 1 个车体、2 个转向架和 4 个轮对,共 7 个刚体。每个刚体考虑 6 个自由度,刚体自由度方向如图 4-1 所示,分别为伸缩(沿 x 轴平动)、横摆(沿 y 轴平动)、浮沉(沿 z 轴平动)、侧滚(绕 x 轴转动)、点头(绕 y 轴转动)、摇头(绕 z 轴转动),单节车辆包含了 6×7 共计 42 个自由度,见表 4-1。

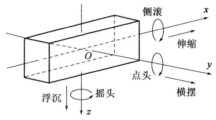

图 4-1 刚体自由度方向图

表 4-1 单节列车总自由度

刚体编号	伸缩 沿 x 轴平动	横摆 沿 y 轴平动	浮沉 沿 z 轴平动	侧滚 绕 x 轴转动	点头 绕 y 轴转动	摇头 绕 z 轴转动
车体	X_c	Y_c	Z_c	α_c	β_c	γ_c
转向架1	X_{b1}	Y_{b1}	Z_{b1}	α_{b1}	β_{b1}	γ_{b1}
转向架2	X_{b2}	Y_{b2}	Z_{b2}	α_{b2}	β_{b2}	γ_{b2}
轮对1	X_{w1}	Y_{w1}	Z_{w1}	α_{w1}	β_{w1}	γ_{w1}
轮对2	X_{w2}	Y_{w2}	Z_{w2}	α_{w2}	β_{w2}	γ_{w2}
轮对3	X_{w3}	Y_{w3}	Z_{w3}	α_{w3}	β_{w3}	γ_{w3}
轮对4	X_{w4}	Y_{w4}	Z_{w4}	α_{w4}	β_{w4}	γ_{w4}

列车的一系悬挂系统连接轮对和转向架,二系悬挂系统连接转向架和车体。单节列车模型结构如图 4-2 和图 4-3 所示。

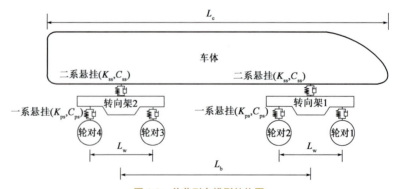

图 4-2 单节列车模型结构图

注:L_c、L_b 和 L_w 分别为车长、转向架中心距以及轴距;K_{ps} 和 C_{ps} 分别为一系悬挂系统的刚度和阻尼;K_{ss} 和 C_{ss} 分别为二系悬挂系统的刚度和阻尼。

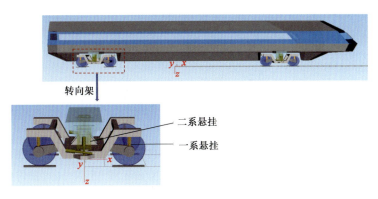

图 4-3　单节列车模型及转向架局部放大示意图

4.2.2　桥梁有限元分析模型

在列车-轨道-桥梁-土层-盾构隧道系统动力分析中,高铁桥梁模型的建立与前述 2.4.2 节中三维静力计算相同,采用三维实体有限单元模拟,具体建模方法和材料物理力学性质参见 2.4.2 节内容。桥梁支座按盆式橡胶支座考虑,根据支座竖向、水平向承载力与允许位移范围模拟竖向、横向及纵向弹簧刚度,取值见表 4-2。对于混凝土桥,桥梁的阻尼比按 2% 选取。

支座刚度参数　　　　　　　　　　　　表 4-2

支座类型	固定支座	多向活动支座	纵向活动支座	横向活动支座
竖向刚度(N/m)	7.5×10^8	7.5×10^8	7.5×10^8	7.5×10^8
横向刚度(N/m)	6.0×10^8	1.5×10^7	6.0×10^8	1.5×10^7
纵向刚度(N/m)	6.0×10^8	3.0×10^6	3.0×10^6	1.2×10^7
竖向转动刚度(N/m²)	1.0×10^{11}	1.0×10^{11}	1.0×10^{11}	1.0×10^{11}
横向转动刚度(N/m²)	0	0	0	0
扭转刚度(N/m²)	1.0×10^{11}	1.0×10^{11}	1.0×10^{11}	1.0×10^{11}

4.2.3　轨道有限元分析模型

轨道是列车行驶的道路基础,起到支撑、引导和限位等作用。沪宁高铁苏州西特大桥铺设的是 CRTS-Ⅰ型板式无砟轨道。该轨道结构从上到下依次为钢轨、轨道板、CA 砂浆和底座板,另外还有凸形挡台生根于底座上,用于限制轨道板的纵、横向移位。底座板在梁面上构筑,并通过梁体预埋套筒植筋与桥梁连接。

根据梁-板-轨的相互作用机理建立精细化的 CRTS-Ⅰ轨道结构有限元分析模型,其中钢轨为 60kg/m 钢轨,采用 Timoshenko 空间梁单元模拟。轨道板、砂浆层、底座板采用实体单元模拟。对于轨道层间的约束,由于桥梁和底座板通过预埋钢筋固结,可不考虑它们之间的相对位移。单跨桥梁上的轨道系统有 6 块预制单元轨道板,轨道板的长度有 5.6m 和 4.925m 两种规格,按 4.925m×2+5.6m×4 拼装组合,相邻单元板的板缝为 0.07m,单跨箱梁总长 32.6m。钢轨、轨道板、砂浆层和底座板的结构参数取值见表 4-3。

轨道结构参数 表4-3

结构	泊松比	弹性模量(GPa)	密度(kg/m³)
钢轨	0.3	210	7830
轨道板	0.2	35.5	2500
砂浆层	0.2	10.0	2500
底座版	0.2	32.5	2500

钢轨与轨道板之间采用 WJ-8 型常阻力扣件,扣件间距为 0.63m,采用线性弹簧单元模拟扣件的横向和竖向刚度,其刚度系数大小分别为 50kN/mm 和 35kN/mm,扣件纵向阻力采用非线性弹簧单元进行模拟,扣件纵向力 r 取值为:

$$r = \begin{cases} 12.0x & (x \leq 2.0\text{mm}) \\ 24.0 & (x > 2.0\text{mm}) \end{cases} \tag{4-1}$$

式中:r——扣件纵向阻力[kN/(m·轨)];

x——轨道相对扣件的纵向位移(mm)。

4.2.4 土层、隧道和加固体系有限元模型

土层、盾壳、管片、桩基、等代层、纵横梁及 MJS 加固体均采用实体单元模拟,土层、等代层和结构物理力学参数取值见表 2-9 和表 2-10。MJS 加固体、隔离桩和纵横梁的物理力学参数取值见表 3-1 和表 3-2。具体建模方法详见 2.4 节和 3.5 节。

4.2.5 子系统之间的相互作用

如图 4-4 所示,列车-轨道-桥梁-土层-盾构隧道是一个相互作用的整体大系统,其中系统各部分耦合机理的研究和耦合关系的正确表达是建立列车-桥梁-土层-盾构隧道整体系统耦合动力分析模型的关键。基于已建立的列车、轨道、桥梁、土层和隧道等子系统,通过轮轨关系、梁轨关系、桩土关系作为纽带,构建整个系统的动力分析模型。

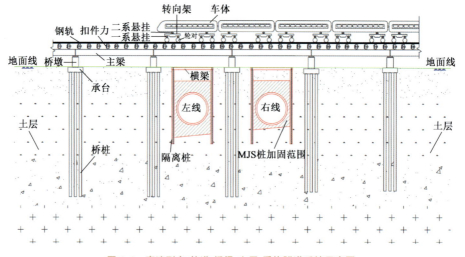

图 4-4 高速列车-轨道-桥梁-土层-盾构隧道系统示意图

列车-轨道-桥梁-土层-盾构隧道耦合系统包括车辆、桥梁-轨道、土层-盾构隧道三个子系统,归纳上述各子系统的模型,可将耦合系统的动力学方程表达为以下统一形式:

$$M_v \ddot{u}_v + C_v \dot{u}_v + K_v u_v = R_v \quad (4-2)$$

$$M_t \ddot{u}_t + C_t \dot{u}_t + K_t u_t = R_t \quad (4-3)$$

$$M_b \ddot{u}_b + C_b \dot{u}_b + K_b u_b = R_b \quad (4-4)$$

式中:M_v、M_b、M_t——车辆、轨道-桥梁、土层-盾构隧道系统的质量矩阵;

C_v、C_b、C_t——车辆、轨道-桥梁和土层-盾构隧道系统的阻尼矩阵;

K_v、K_b、K_t——车辆、轨道-桥梁和土层-盾构隧道系统的刚度矩阵;

u_v、u_b、u_t——车辆、轨道-桥梁和土层-盾构隧道系统广义位移向量;

$\dot{u}_v$、$\dot{u}_b$、$\dot{u}_t$——车辆、轨道-桥梁和土层-盾构隧道系统广义速度向量;

$\ddot{u}_v$、$\ddot{u}_b$、$\ddot{u}_t$——车辆、轨道-桥梁和土层-盾构隧道系统广义加速度向量;

R_v、R_b、R_t——车辆、轨道-桥梁和土层-盾构隧道系统广义荷载向量。

在整体分析模型中,轨道与轨道板通过扣件力连接,桥桩与周围土层通过位移协调耦合,车辆方程与轨道方程通过轮轨关系相耦联,即构成一个耦合动力学方程组。其中,轮轨关系是列车与桥梁子系统耦合的关键,可分为轮轨接触几何关系以及轮轨力两部分。

4.2.5.1 轮轨接触几何关系

轮轨接触几何关系包含轮轨接触轮廓、轮轨接触点及接触模型等要素,这些要素决定了车轮与轨道之间的接触方式。轮轨接触几何关系实际上表示车轮踏面外形轮廓与钢轨外形轮廓之间接触位置所决定的形状约束。列车行进过程中,该形状约束会随着车轮与钢轨相对位置不断变化。在本研究中,列车多体动力学模型所采用的车轮踏面为S1002型,钢轨采用60kg/m标准轨,轮轨外形轮廓通过采用线性光滑的三次样条曲线对轮轨外形的离散点数据进行拟合,从而获得二者的外形曲线。轮轨接触面示意如图4-5所示,车轮踏面外形钢轨和分别如图4-6所示。

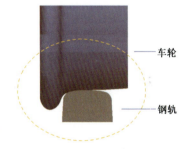

图4-5 轮轨接触面示意图

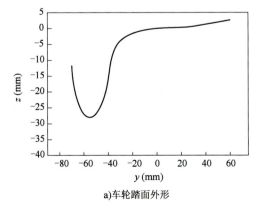

a)车轮踏面外形

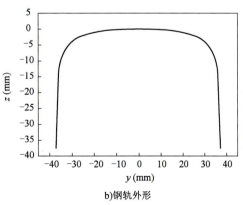

b)钢轨外形

图4-6 车轮踏面外形和钢轨外形图

4.2.5.2 轮轨力

轮轨力包含轮轨法向力和轮轨蠕滑力,它们决定了车轮与轨道之间力的传递方式。轮轨法向力是指车轮与钢轨接触的过程中,垂直于轮轨接触面的法向力;轮轨蠕滑力是指车轮与钢轨之间发生弹性滑动时,平行于轮轨接触面的切向力。轮轨力的计算方式有许多种,本书拟采用 Hertz 弹性接触理论计算轮轨法向力。为考虑轮对的跳轨和挤压,假设轮轨的接触点之间有 1 个单边弹簧-阻尼元件,即当列车发生跳轨现象时,轮轨之间没有接触,法向力为零;当轮轨之间保持接触时,则在接触面法向产生力,力的大小由轮轨变形量、变形速度以及弹簧阻尼计算获得。轮轨法向力 F_h 的表达式为:

$$F_h = \begin{cases} 0 & (p \leq 0) \\ kp + c\dot{p} & (p > 0) \end{cases} \quad (4-5)$$

式中:p、$\dot{p}$——轮轨之间法向渗透量和法向渗透速度;

k、c——弹簧的刚度和阻尼。

轮轨接触斑表面不仅会发生微量弹性变形,还会发生蠕滑,即在轮轨接触区域内轮对之间的相对滑动。每一轮对均可能发生横向、纵向和自旋蠕滑。根据翟婉明的《车辆-轨道耦合动力学》,采用蠕滑率来描述蠕滑程度,包括纵向蠕滑率 ξ_x、横向蠕滑率 ξ_y 和自旋蠕滑率 ξ_{sp}。在接触斑坐标系内定义蠕滑率,以轮轨接触斑中心 O_{Rc} 为原点,建立 $O_{Rc} - X_{Rc} Y_{Rc} Z_{Rc}$ 坐标系统,如图 4-7 所示。

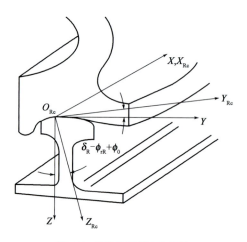

图 4-7 轮轨接触面坐标设置

图 4-7 中 $O_{Rc} X_{Rc}$ 轴为车轮的前进速度方向,与 $O_{Rc} X$ 轴重合;$O_{Rc} Y_{Rc}$ 轴在轮轨的接触平面内,与 $O_{Rc} Y$ 轴的夹角在左接触点为 $\delta_L + \phi_{rL} + \phi_0$,在右接触点为 $\delta_R + \phi_{rR} + \phi_0$;$O_{Rc} Z_{Rc}$ 轴为接触面法向。假设车轮上接触椭圆沿 $O_{Rc} X_{Rc}$ 轴、$O_{Rc} Y_{Rc}$ 轴和 $O_{Rc} Z_{Rc}$ 轴的刚体速度分别为 V_{w1}、V_{w2} 和 Ω_{w3},钢轨上接触椭圆的刚体速度分别为 V_{r1}、V_{r2} 和 Ω_{r3}。轮轨纵向蠕滑率 ξ_x、横向蠕滑率 ξ_y 和自旋蠕滑率 ξ_{sp} 可表示为:

$$\xi_x = \frac{2(V_{w1} - V_{r1})}{V_{w1} + V_{r1}} \quad (4-6)$$

$$\xi_y = \frac{2(V_{w2} - V_{r2})}{V_{w1} + V_{r1}} \tag{4-7}$$

$$\xi_{sp} = \frac{2(\Omega_{w3} - \Omega_{r3})}{V_{w1} + V_{r1}} \tag{4-8}$$

下面对蠕滑率进行求解。

轮对质心相对于固定坐标的平动速度 v_{ow} 为:

$$\boldsymbol{v}_{ow} = \dot{X}_{ow}\boldsymbol{i} + \dot{Y}_{ow}\boldsymbol{j} + \dot{Z}_{ow}\boldsymbol{k} \tag{4-9}$$

式中:$\dot{X}_{ow}$、$\dot{Y}_{ow}$、$\dot{Z}_{ow}$——绝对坐标系中轮对沿着 X、Y 和 Z 方向的平动速度。

轮对相对于固定坐标的绝对角速度 ω_w 为:

$$\omega_w = \begin{bmatrix} \dot{\phi}_w\cos\psi_w - (-\Omega_a + \dot{\beta}_w)\cos\phi_w\sin\psi_w \\ \dot{\phi}_w\cos\psi_w + (-\Omega_a + \dot{\beta}_w)\cos\phi_w\cos\psi_w \\ (-\Omega_a + \dot{\beta}_w)\sin\phi_w + \dot{\psi}_w \end{bmatrix} \begin{bmatrix} \boldsymbol{i} \\ \boldsymbol{j} \\ \boldsymbol{k} \end{bmatrix} = \begin{bmatrix} \omega_{wx} \\ \omega_{wy} \\ \omega_{wz} \end{bmatrix} \begin{bmatrix} \boldsymbol{i} \\ \boldsymbol{j} \\ \boldsymbol{k} \end{bmatrix} \tag{4-10}$$

式中:ϕ_w、ψ_w——轮对的侧滚角和摇头角;

$\dot{\beta}_w$——点头加速度;

Ω_a——轮对的名义滚动加速度。

根据速度合成定理,轮对在接触点的绝对速度 $v_{w(L,R)}$ 为:

$$v_{w(L,R)} = \begin{bmatrix} \dot{X}_{ow} + \omega_{wx}R_{z(L,R)} - \omega_{wx}R_{y(L,R)} \\ \dot{Y}_{ow} + \omega_{wy}R_{x(L,R)} - \omega_{wy}R_{z(L,R)} \\ \dot{Z}_{ow} + \omega_{wz}R_{y(L,R)} - \omega_{wz}R_{x(L,R)} \end{bmatrix}^{\mathrm{T}} \begin{bmatrix} \boldsymbol{i} \\ \boldsymbol{j} \\ \boldsymbol{k} \end{bmatrix} \tag{4-11}$$

式中:$R_{x(L,R)}$、$R_{y(L,R)}$、$R_{z(L,R)}$——左、右接触点到轮对质心的距离的投影。

对于轨道而言,左、右钢轨接触点的绝对速度 $v_{r(L,R)}$ 为:

$$v_{r(L,R)} = \begin{bmatrix} 0 \\ \delta\dot{Y}_{r(L,R)} \\ \delta\dot{Z}_{r(L,R)} \end{bmatrix}^{\mathrm{T}} \begin{bmatrix} \boldsymbol{i} \\ \boldsymbol{j} \\ \boldsymbol{k} \end{bmatrix} + \begin{bmatrix} 0 \\ \dot{Y}_{r(L,R)} + h_r\dot{\phi}_{r(L,R)} \\ \dot{Z}_{r(L,R)} \end{bmatrix}^{\mathrm{T}} \begin{bmatrix} \boldsymbol{i} \\ \boldsymbol{j} \\ \boldsymbol{k} \end{bmatrix} \tag{4-12}$$

式中:$\dot{Y}_{r(L,R)}$、$\dot{Z}_{r(L,R)}$、$\dot{\phi}_{r(L,R)}$——左、右钢轨质心的横向、垂向、扭转振动加速度;

$\delta\dot{Y}_{r(L,R)}$、$\delta\dot{Z}_{r(L,R)}$——左、右钢轨横向和垂向不平顺变化速率;

h_r——钢轨质心至轮轨接触点的垂向距离。

进而,轮对与钢轨在接触点的绝对速度差 $\Delta v'_{(L,R)}$ 为:

$$\Delta v'_{(L,R)} = \begin{bmatrix} \dot{X}_{ow} + \omega_{wx}R_{z(L,R)} - \omega_{wx}R_{y(L,R)} \\ \dot{Y}_{ow} + \omega_{wy}R_{x(L,R)} - \omega_{wy}R_{z(L,R)} - \delta\dot{Y}_{r(L,R)} - \dot{Y}_{r(L,R)} - h_r\dot{\phi}_{r(L,R)} \\ \dot{Z}_{ow} + \omega_{wz}R_{y(L,R)} - \omega_{wz}R_{x(L,R)} - \delta\dot{Z}_{r(L,R)} - \dot{Z}_{r(L,R)} \end{bmatrix}^{\mathrm{T}} \begin{bmatrix} \boldsymbol{i} \\ \boldsymbol{j} \\ \boldsymbol{k} \end{bmatrix} \tag{4-13}$$

对于轮轨接触自旋蠕滑,左、右钢轨的绝对角速度 $\omega_{r(L,R)}$ 为:

$$\omega_{r(L,R)} = \begin{bmatrix} \dot{\phi}_{r(L,R)} \\ 0 \\ 0 \end{bmatrix}^T \begin{bmatrix} \boldsymbol{i} \\ \boldsymbol{j} \\ \boldsymbol{k} \end{bmatrix} \tag{4-14}$$

轮对与钢轨在绝对坐标系中的相对角速度 $\Delta\omega'_{(L,R)}$ 为:

$$\Delta\omega'_{(L,R)} = \begin{bmatrix} \dot{\phi}_w \cos\psi_w - (-\Omega_a + \dot{\beta}_w)\cos\phi_w \sin\psi_w - \dot{\phi}_{r(L,R)} \\ \dot{\phi}_w \cos\psi_w + (-\Omega_a + \dot{\beta}_w)\cos\phi_w \cos\psi_w \\ (-\Omega_a + \dot{\beta}_w)\sin\phi_w + \dot{\psi}_w \end{bmatrix} \begin{bmatrix} \boldsymbol{i} \\ \boldsymbol{j} \\ \boldsymbol{k} \end{bmatrix} \tag{4-15}$$

由于蠕滑率是在接触斑坐标系内定义的,因此需要将上述绝对坐标系的 $\Delta v'_{(L,R)}$ 和 $\Delta\omega'_{(L,R)}$ 转换到接触斑坐标下,即

$$\Delta v_{(L,R)} = \Delta v'_{(L,R)} [T]^{-1} \begin{bmatrix} \boldsymbol{i}_c \\ \boldsymbol{j}_c \\ \boldsymbol{k}_c \end{bmatrix} \quad \Delta\omega_{(L,R)} = \Delta\omega'_{(L,R)} [T]^{-1} \begin{bmatrix} \boldsymbol{i}_c \\ \boldsymbol{j}_c \\ \boldsymbol{k}_c \end{bmatrix} \tag{4-16}$$

式中:[T]——坐标转换矩阵。

对于左侧接触点:

$$[T] = \begin{bmatrix} \cos\psi_w & \sin\psi_w & 0 \\ -\cos(\delta_L + \phi_w)\sin\psi_w & \cos(\delta_L + \phi_w)\cos\psi_w & \sin(\delta_L + \phi_w) \\ \sin(\delta_L + \phi_w)\sin\psi_w & -\sin(\delta_L + \phi_w)\cos\psi_w & \cos(\delta_L + \phi_w) \end{bmatrix} \tag{4-17}$$

对于右侧接触点:

$$[T] = \begin{bmatrix} \cos\psi_w & \sin\psi_w & 0 \\ -\cos(\delta_R - \phi_w)\sin\psi_w & \cos(\delta_R - \phi_w)\cos\psi_w & -\sin(\delta_R - \phi_w) \\ -\sin(\delta_R - \phi_w)\sin\psi_w & \sin(\delta_R - \phi_w)\cos\psi_w & \cos(\delta_R - \phi_w) \end{bmatrix} \tag{4-18}$$

式中:δ_R、δ_L——左、右侧轮轨接触角。

将求得的速度差和角速度差代入式(4-6)~式(4-8)即可得到轮轨纵向、横向以及自旋蠕滑率。

轮轨纵向蠕滑力 F_x、横向蠕滑力 F_y、旋转蠕滑力/力矩 M_z 采用 Kalker 蠕滑理论,并进行非线性修正进行计算:

$$\begin{cases} F_x = -\eta_0 f_{11} \xi_x \\ F_y = -\eta_0 (f_{22} \xi_y + f_{23} \xi_{sp}) \\ M_z = \eta_0 (f_{23} \xi_y + f_{33} \xi_{sp}) \end{cases} \tag{4-19}$$

式中:η_0——修正系数;

f_{ij}——蠕滑系数，与轮轨材料和接触斑大小有关。

4.2.5.3 轨道不平顺激励模型

轨道不平顺是指轨道在空间中的实际几何形态与其理想几何形态之间的差异，它是引起列车和桥梁空间振动的重要因素。德国高铁轨道不平顺谱是目前欧洲铁路统一采用的轨道谱，也是《高速试验列车技术条件》建议在进行列车平稳性分析时采用的轨道谱。其中，"低干扰"适用于时速250km以上的高速铁路，"高干扰"适用于普通铁路。本书采用德国低干扰谱计算轨道随机不平顺，该谱包含了高低不平顺、方向不平顺和水平不平顺三种功率谱密度函数，其表达式如下：

高低不平顺：

$$S_v(\Omega) = \frac{A_v \Omega_c^2}{(\Omega^2 + \Omega_r^2)(\Omega^2 + \Omega_c^2)} \tag{4-20}$$

式中：$S_v(\Omega)$——轨道高低不平顺功率谱密度[$m^2/(rad/m)$]；

A_v——粗糙度系数[$m^2 \cdot (rad/m)$]；

Ω_c、Ω_r——截断频率(rad/m)；

Ω——轨道不平顺的空间频率(rad/m)。

方向不平顺：

$$S_a(\Omega) = \frac{A_a \Omega_c^2}{(\Omega^2 + \Omega_r^2)(\Omega^2 + \Omega_c^2)} \tag{4-21}$$

式中：$S_a(\Omega)$——轨道方向不平顺功率谱密度[$m^2/(rad/m)$]；

A_a——粗糙度系数[$m^2 \cdot (rad/m)$]。

水平不平顺：

$$S_c(\Omega) = \frac{A_v b_0^{-2} \Omega_c^2 \Omega^2}{(\Omega^2 + \Omega_r^2)(\Omega^2 + \Omega_c^2)(\Omega^2 + \Omega_s^2)} \tag{4-22}$$

式中：$S_c(\Omega)$——轨道水平不平顺功率谱密度[$m^2/(rad/m)$]；

b_0——左、右轮滚动圆距离的一半(m)，一般取值0.75m；

Ω_s——截断频率(rad/m)。

将高低、方向和水平不平顺概率密度函数转化为空间域的轨道不平顺样本，并输入到耦合系统的动力分析模型中。

桥梁主梁与轨道通过梁轨连接关系连接，列车与轨道的动力响应通过梁轨连接关系传递到桥梁上，对桥梁的动力响应产生影响。同样地，桥梁的动力响应也通过梁轨连接关系传递到轨道上，对轨道和列车的动力响应产生影响。在实际计算中，通常将扣件力作为梁轨连接关系，本书采用弹簧阻尼器来模拟扣件力。

桩-土相互作用采用接触单元模拟，通过隧道与周围土体的位移协调关系来建立隧道与土体之间的相互作用关系。

通过各子系统之间的耦合关系，建立了列车-桥梁-土层-盾构隧道整体系统的耦合动力分析模型，如图4-8所示。

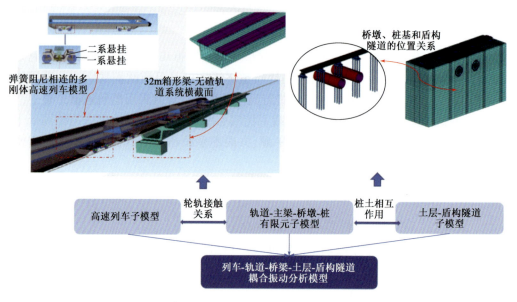

图 4-8 列车-轨道-桥梁-土层-盾构耦合动力分析模型示意图

4.2.6 动力方程的积分方法

高速列车-轨道-桥梁-土层-盾构隧道耦合系统结构复杂,自由度数量大,涉及多个子系统,其动力特性最终通过数学方程反映出来。由于列车在桥面位置是变化的,因此整个系统的结构特性矩阵随时间变化,即整个系统空间振动方程是变系数的二次微分方程。求解系统振动方程是本研究中关键科学问题之一,需要改进数值分析算法以提高计算速度,同时保证计算精度。

为此,本书在现有研究基础上,提出了新的预测-校正显式积分算法和隐式积分算法,用于求解结构动力方程。

4.2.6.1 预测-校正显式积分算法

(1) 积分式子

在研究结构动力方程的积分方法中,通常采用如下的单自由度动力方程作为分析目标:

$$\ddot{x} + 2\xi w \dot{x} + w^2 x = f \tag{4-23}$$

初始条件:

$$x_0 = d_0, \dot{x}_0 = v_0$$

式中:x、$\dot{x}$、$\ddot{x}$——单自由度结构的位移、速度和加速度;

w——无阻尼角频率;

ξ——阻尼率;

f——表示作用在结构上的外部荷载;

d_0、v_0——初始的位移和速度。

对于广泛运用于求解结构动力的 Newmark 方法,计算过程中的加速度项通常被假定为当前时间步加速度和下一个时间步加速度的代数平均值。当算法参数选取不同组合时,其经典求解方法有常加速度法与线性加速度法。Newmark 方法通常可表示为:

$$x_{t+\Delta t} = x_t + \Delta t \dot{x}_t + \left(\frac{1}{2} - \varphi\right)\Delta t^2 \ddot{x}_t + \varphi \Delta t^2 \ddot{x}_{t+\Delta t} \tag{4-24}$$

$$\dot{x}_{t+\Delta t} = \dot{x}_t + (1-\gamma)\Delta t \ddot{x}_t + \gamma \Delta t \ddot{x}_{t+\Delta t} \tag{4-25}$$

式中： Δt ——计算时间步长；

x_t、$\dot{x}_t$、$\ddot{x}_t$ ——当前时间步已知的位移、速度和加速度；

$x_{t+\Delta t}$、$\dot{x}_{t+\Delta t}$、$\ddot{x}_{t+\Delta t}$ ——下一个时间步未知的位移、速度和加速度；

φ、γ ——算法参数。

在加速度代数平均值中添加中间时间步的加速度项 $\ddot{x}_{t+\Delta t/2}$，构造一种新的积分式子：

$$x_{t+\Delta t} = x_t + \Delta t \dot{x}_t + a_1 \Delta t^2 \ddot{x}_t + a_2 \Delta t^2 \ddot{x}_{t+\Delta t/2} + a_3 \Delta t^2 \ddot{x}_{t+\Delta t} \tag{4-26}$$

$$\dot{x}_{t+\Delta t} = \dot{x}_t + a_4 \Delta t \ddot{x}_t + a_5 \Delta t \ddot{x}_{t+\Delta t/2} + a_6 \Delta t \ddot{x}_{t+\Delta t} \tag{4-27}$$

式中参数 $a_1 \sim a_6$ 待确定，选取积分式子的代数精度为 3 阶，可以确定参数之间的相关关系，则上述两式可表示为仅含 δ 和 β 两个算法参数的积分式子：

$$x_{t+\Delta t} = x_t + \Delta t \dot{x}_t + \left(\frac{1}{6} + \beta\right)\Delta t^2 \ddot{x}_t + \left(\frac{1}{3} - 2\beta\right)\Delta t^2 \ddot{x}_{t+\Delta t/2} + \beta \Delta t^2 \ddot{x}_{t+\Delta t} \tag{4-28}$$

$$\dot{x}_{t+\Delta t} = \dot{x}_t + \delta \Delta t \ddot{x}_t + (1-2\delta)\Delta t \ddot{x}_{t+\Delta t/2} + \delta \Delta t \ddot{x}_{t+\Delta t} \tag{4-29}$$

(2) 算法的计算步骤

如将推导的积分式子直接用于求解式(4-23)动力方程，在时间 $t+\Delta t/2$ 和 $t+\Delta t$ 上共有 6 个未知数，而已知方程数才 4 个，动力方程难以解答。然而，积分式子可用于校正时间 $t+\Delta t$ 上的位移和速度，而先期在时间 $t+\Delta t/2$ 和 $t+\Delta t$ 上的加速度可用另外的显式方法预测，这样一种新的预测-校正积分方法便形成了。非线性动力方程式中时间 $t+\Delta t/2$ 上的加速度预测方法如下：

$$\tilde{X}_{t+\Delta t/2} = X_t + \frac{1}{2}\Delta t \dot{X}_t + \frac{1}{8}\Delta t^2 \ddot{X}_t \tag{4-30}$$

$$\dot{\tilde{X}}_{t+\Delta t/2} = \dot{X}_t + \frac{1}{2}\Delta t \ddot{X}_t \tag{4-31}$$

$$\ddot{\tilde{X}}_{t+\Delta t/2} = M^{-1}[\tilde{F}_{t+\Delta t/2} - \tilde{R}_{t+\Delta t/2}(\tilde{X}_{t+\Delta t/2}, \dot{\tilde{X}}_{t+\Delta t/2})] \tag{4-32}$$

式中： $\tilde{X}$ ——符号上波浪线表示预测值，$\tilde{R}_{t+\Delta t/2}(\tilde{X}, \dot{\tilde{X}})$ 和 $\tilde{F}_{t+\Delta t/2}$ 分别为预测的内部荷载和外部荷载。类似地，时间 $t+\Delta t$ 的加速度预测可表示为：

$$\tilde{X}_{t+\Delta t} = \tilde{X}_{t+\Delta t/2} + \frac{1}{2}\Delta t \dot{\tilde{X}}_{t+\Delta t/2} + \frac{1}{8}\Delta t^2 \ddot{\tilde{X}}_{t+\Delta t/2} \tag{4-33}$$

$$\dot{\tilde{X}}_{t+\Delta t} = \dot{\tilde{X}}_{t+\Delta t/2} + \frac{1}{2}\Delta t \ddot{\tilde{X}}_{t+\Delta t/2} \tag{4-34}$$

$$\ddot{\tilde{X}}_{t+\Delta t} = M^{-1}[\tilde{F}_{t+\Delta t} - \tilde{R}_{t+\Delta t}(\tilde{X}_{t+\Delta t}, \dot{\tilde{X}}_{t+\Delta t})] \tag{4-35}$$

最后，采用积分式子校正时刻 $t+\Delta t$ 的位移和速度：

$$X_{t+\Delta t} = X_t + \Delta t \dot{X}_t + \left(\frac{1}{6} + \beta\right)\Delta t^2 \ddot{X}_t + \left(\frac{1}{3} - 2\beta\right)\Delta t^2 \ddot{\tilde{X}}_{t+\Delta t/2} + \beta \Delta t^2 \ddot{\tilde{X}}_{t+\Delta t} \tag{4-36}$$

$$\dot{X}_{t+\Delta t} = \dot{X}_t + \delta \Delta t \ddot{X}_t + (1-2\delta)\Delta t \ddot{\tilde{X}}_{t+\Delta t/2} + \delta \Delta t \ddot{\tilde{X}}_{t+\Delta t} \tag{4-37}$$

基于校正的速度和位移，得到 $t+\Delta t$ 的加速度为：

$$\ddot{X}_{t+\Delta t} = M^{-1}[F_{t+\Delta t} - R_{t+\Delta t}(X_{t+\Delta t}, \dot{X}_{t+\Delta t})] \tag{4-38}$$

本书提出的预测-校正方法是一种三阶段显式算法，前两阶段用于预测加速度 $\widetilde{\ddot{X}}_{t+\Delta t/2}$ 和 $\widetilde{\ddot{X}}_{t+\Delta t}$，最后一阶段用于修正 $X_{t+\Delta t}$ 和 $\dot{X}_{t+\Delta t}$，并求解 $\ddot{X}_{t+\Delta t}$。在一个时间步长内的预测和修正过程中，消耗大量计算时间的质量矩阵分解似乎需要进行三次。事实上，可将质量矩阵提前分解并存储在计算机中，在程序循环计算时可直接调用，这样质量矩阵分解在整个计算过程中仅需进行一次。而且，将集中质量矩阵运用于结构动力分析中，只涉及简单的向量运算，使得结构动力计算更加方便。对于常见的非线性动力问题，即使作用在结构上的外部荷载是位移和速度的非线性函数，提出的预测和校正方法同样适用，无须进行迭代和矩阵分解。

(3) 算法的精度和稳定性

算法的精度和稳定仅与放大矩阵有关，而放大矩阵的计算与动力方程的外部荷载无关。单自由度动力方程的外部荷载常被设定为 0。连续的结构体系可分解为 x 阶频率和相应的阵型，通常用频率和阵型来描述结构的动力特征，如果单自由度结构动力方程中的频率对应于多自由度结构中的任意一阶频率，那么积分算法求解多自由度结构动力方程的动力稳定性和精度可简化为对单自由度结构的研究。预测-校正算法求解单自由度结构动力方程的递推关系可表示为：

$$\begin{bmatrix} x_{t+\Delta t} \\ \dot{x}_{t+\Delta t} \\ \ddot{x}_{t+\Delta t} \end{bmatrix} = A_e \begin{bmatrix} x_t \\ \dot{x}_t \\ \ddot{x}_t \end{bmatrix} = \begin{bmatrix} a_{11} & a_{12} & a_{13} \\ a_{21} & a_{22} & a_{23} \\ a_{31} & a_{32} & a_{33} \end{bmatrix} \begin{bmatrix} x_t \\ \dot{x}_t \\ \ddot{x}_t \end{bmatrix} \tag{4-39}$$

式中：A_e——预测-校正显式算法的放大矩阵。

矩阵的特征方程可表示为：

$$p(\lambda) = -\det(A_e - \lambda I) = \lambda^3 - 2A_1\lambda^2 + A_2\lambda = 0 \tag{4-40}$$

式中：I——三阶单位矩阵；

λ——特征值。

其中，参数 A_1 和 A_2 分别为：

$$A_1 = 1 - \xi w \Delta t - \frac{w^2 \Delta t^2}{2} + \xi^2 w^2 \Delta t^2 - \delta \xi^3 w^3 \Delta t^3 + \frac{7\xi w^3 \Delta t^3}{24} + \frac{\delta \xi w^3 \Delta t^3}{2} + \frac{w^4 \Delta t^4}{48} + \frac{\beta w^4 \Delta t^4}{8} +$$

$$\frac{\delta w^4 \Delta t^4}{32} - \frac{\beta \xi^2 w^4 \Delta t^4}{2} - \frac{\delta \xi^2 w^4 \Delta t^4}{4} - \frac{\beta \xi w^5 \Delta t^5}{8} - \frac{\delta \xi w^5 \Delta t^5}{64} - \frac{\beta w^6 \Delta t^6}{128} \tag{4-41}$$

$$A_2 = 1 - 2\xi w \Delta t + 2\xi^2 w^2 \Delta t^2 - \frac{5\xi w^3 \Delta t^3}{12} - 2\delta \xi^3 w^3 \Delta t^3 + \delta \xi w^3 \Delta t^3 + \frac{\beta w^4 \Delta t^4}{4} - \frac{3\delta w^4 \Delta t^4}{16} \tag{4-42}$$

特征方程中含有一个零根，另外两个根可表示为：

$$\lambda_{1,2} = A_1 \pm \sqrt{A_1^2 - A_2} \tag{4-43}$$

通过算法在时间 $t+\Delta t$ 到 $t+2\Delta t$ 间的递推关系，可以得到预测-校正算法的差分方程：

$$x_{t+2\Delta t} - 2A_1 x_{t+\Delta t} + A_2 x_t = 0 \tag{4-44}$$

用精确解 $x(t)$、$x(t+\Delta t)$ 和 $x(t+2\Delta t)$ 代替数值求解的值 x_t、$x_{t+\Delta t}$ 和 $x_{t+2\Delta t}$，可定义算法的局部截断误差 lte_a 为：

$$lte_a = \frac{1}{(\Delta t)^2}[x(t+2\Delta t) - 2A_1 x(t+\Delta t) + A_2 x(t)] \tag{4-45}$$

对精确解 $x(t+\Delta t)$ 和 $x(t+2\Delta t)$ 在 $x(t)$ 处进行泰勒级数展开,算法的局部截断误差可进一步表示为:

$$lte_a = \left(\frac{w^4}{24}x_t - \frac{7}{12}x_t^{(4)} - \frac{w^2}{2}\ddot{x}_t + \frac{\delta w^4}{4}x_t + \xi^2 w^2 \ddot{x}_t - \frac{\xi w}{3}x_t^{(3)} + \frac{7\xi w^3}{12}\dot{x}_t + \right.$$
$$\left. \delta\xi w^3 \dot{x}_t - \delta\xi^2 w^4 x_t - 2\delta\xi^3 w^3 \dot{x}_t \right)\Delta t^2 + O(\Delta t^3) \quad (4\text{-}46)$$

式中:$O(\Delta t^3)$——局部误差项。

无论结构的阻尼和频率选取何值,本书提出的预测-校正算法总能取到二阶精度。

算法的数值稳定性往往取决于谱半径。如果算法在求解结构动力方程中能够顺利进行逐步积分,那么算法谱半径应满足 $\rho \leq 1$。预测-修正显式算法的谱半径为:

$$\rho = \max(|\lambda_1|, |\lambda_2|) \quad (4\text{-}47)$$

在本算法中,参数 β 和 δ 的取值范围设定为 0～1。在不考虑物理阻尼的情况下,为保证本算法在允许的时间步长内满足数值稳定性,对特征方程采用劳斯-赫尔维茨(Routh-Hurwitz)稳定性判据。相应地,算法参数 β 和 δ 应满足如下关系:

$$\beta \leq 0.75\delta \quad (4\text{-}48)$$

图 4-9 给出了在阻尼比 $\xi=0$ 和 $\xi=0.05$ 情况下,该预测-校正算法和几种经典算法的谱半径。图 4-9 中曲线一方面反映了谱半径随结构特定周期对应的计算时间步长增长的变化情况。另一方面,它也反映了在保持结构动力计算稳定性之下,时间步长可考虑的周期范围。与 Kim 方法算法相比,预测-修正显式算法的谱半径能取得更小值,这种优势在数值阻尼方面也能得到体现。调整算法参数 β 和 δ 可以改变谱半径的大小。随着 β 的减小或 δ 的增大,谱半径减小。而结构自身阻尼总是能减小算法的谱半径。

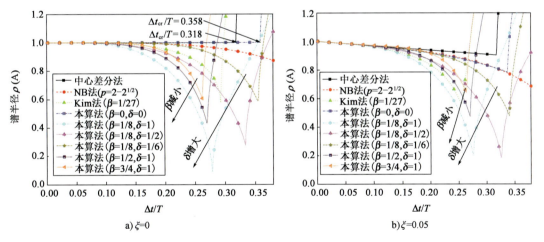

图 4-9 不同算法的谱半径

(4) 算法误差

引入振幅衰减(AD)和周期延长(PE)两个指标来对算法的计算误差进行定量分析。预测-校正算法的振幅衰减和周期延长可分别表示为:

$$AD = 1 - \exp(-2\pi\bar{\xi}) \quad (4\text{-}49)$$

$$\text{PE} = \frac{\overline{T} - T}{T} = \frac{2\pi \Delta t}{\overline{T\Omega}} - 1 \tag{4-50}$$

式中：$\overline{T}$——数值求解的周期。当参数 δ、β 和 ξ 已知时，算法的振幅衰减和周期延长仅与 $\Delta t/T$ 相关。

预测-校正算法和几种显式算法在 $\xi=0$ 情况下的振幅衰减和周期延长如图 4-10 所示。从图 4-10 中可以看出，与 Central Diff 算法相比，本算法的周期误差要小；与 Kim 算法相比，本算法在低频部分具有更高的精度，在高频部分有更大的数值阻尼；与 Noh and Bathe 算法相比，本算法同样在低频部分具有更高的精度，并且在动力计算中加速度响应计算结果更精确。

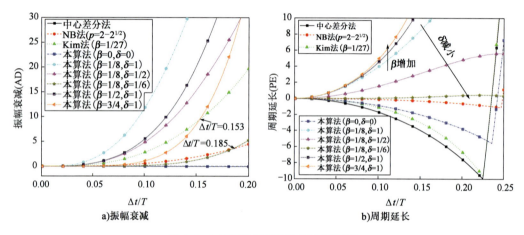

图 4-10 不同算法的振幅衰减和周期延长

采用一个无阻尼单自由度的动力方程作为算例：

$$\ddot{x}_t + w^2 x_t = 0 \tag{4-51}$$

式中：x_t、$\ddot{x}_t$——分别表示物体在 t 时刻的位移和加速度；

w——角频率，取 2π。

图 4-11 给出了不同算法的位移计算误差（$d_t - x_t$）的时程曲线。从图 4-11 中可知，各算法的误差均随着计算时间的增加而增长，但增长最慢的是本书提出的预测-校正算法。

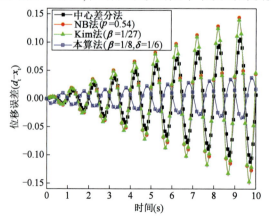

图 4-11 位移误差时程曲线

4.2.6.2 隐式积分算法

显式积分算法的计算时间步长必须小于极限时间步长才能保证计算稳定,而隐式积分算法能够无条件稳定,不会因为时间步长过大而发散。结构动力数值计算中,运用最广泛的隐式积分算法有 Houbolt 方法、Wilson 方法和 Newmark 方法。Houbolt 方法能够满足动力计算无条件稳定,但数值耗散较严重,在低频响应部分也存在数值阻尼。基于 Bathe 方法,本书提出了一种新的隐式积分算法,以期算法的数值耗散能得到有效控制。该算法在 Bathe 积分式子的基础上,分别增加了 t 时刻的速度项和加速度项,得到新算法子步,可表示为:

$$\dot{x}_{t+\Delta t} = \frac{3\alpha+1}{\Delta t}x_t - \frac{4\alpha+4}{\Delta t}x_{t+\Delta t/2} + \frac{\alpha+3}{\Delta t}x_{t+\Delta t} + \alpha\dot{x}_t \tag{4-52}$$

$$\ddot{x}_{t+\Delta t} = \frac{3\alpha+1}{\Delta t}\dot{x}_t - \frac{4\alpha+4}{\Delta t}\dot{x}_{t+\Delta t/2} + \frac{\alpha+3}{\Delta t}\dot{x}_{t+\Delta t} + \alpha\ddot{x}_t \tag{4-53}$$

当 $\alpha=0$ 时,新算法即为 Bathe 方法。本算法和几种典型隐式算法在 $\xi=0$ 情况下的振幅衰减和周期延长如图 4-12 所示。

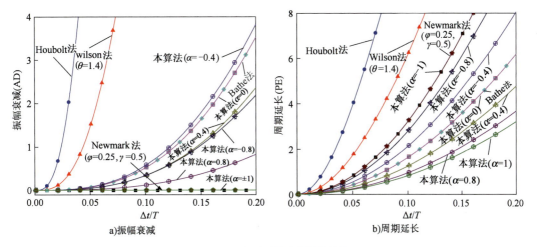

图 4-12 不同隐式算法的计算误差

Wilson 方法的参数 θ 取为常用值 1.4,Newmark 方法选采用常加速度形式。Wilson 方法在 $\Delta t/T$ 为 0.1 时,数值阻尼分别达到了 5.5% 和 1.4%。在这种情况下,如想获取精确的响应结果,计算时间步长必须小于周期的 1/10。Newmark 方法周期衰减总是为 0,无任何数值耗散,这样结构动力计算结果中会存在虚假的高频响应。本书的隐式方法数值阻尼可通过参数 α 进行有效地调整。算法参数 α 为 0 时,其数值耗散情况和 Bathe 方法一样,α 继续变化到 1 时,算法的阻尼逐渐减小到 0。另一方面,α 从 0 变化到 -1 时,算法阻尼最开始会大于 Bathe 算法阻尼,然后才逐渐减小到 0。在周期延长的对比情况中,Houbolt 方法的误差最大,其次依次是 Wilson 方法、Newmark 方法和 Bathe 方法。当 α 从 -1 增大到 1 时,本书隐式算法的周期延长误差逐渐减小。当 $\alpha=-1$ 或 0 时,本书的隐式算法周期延长误差分别与 Newmark 方法和 Bathe 方法一样。

综合而言,误差分析表明提出的隐式算法对 Bathe 方法进行了改进。通过调整算法参数 α,可以人为地有效调整振幅衰减和周期延长。本书的隐式方法既可以保持低频响应的计算精度和高频响应足够的数值阻尼,又可以实现无数值耗散的情况。当 $\alpha=1$ 时,本书的隐式方法无任何数值耗散,其周期误差还比 Newmark 方法小。

4.2.7 耦合振动方程的求解流程

为了进一步提高求解效率,本节以子结构法为基础,提出了列车-桥梁-土层-盾构隧道一体化系统动力分析方法。将整个模型分解为两个子系统:列车-轨道-桥梁子系统和基础-土层-盾构隧道子系统,如图 4-13 所示。每个子系统可以分别用各自的优化算法进行分析,从而提高求解速度。将本书提出的预测-校正显式积分算法用于求解列车的状态振动方程,隐式积分算法用于求解桥梁、土层-盾构隧道的振动方程。

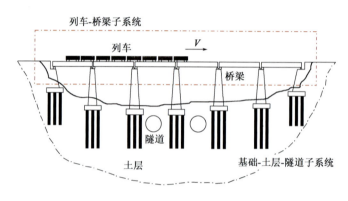

图 4-13　列车-桥梁-土层-盾构隧道系统

需要指出的是,这种方法与将整个系统分为地上和地下两个独立部分进行研究有本质区别,子结构法中各子系统是实时交互的。在每个时间步内,分别计算列车-桥梁子系统和基础-土层-盾构隧道子系统的动力响应,再将它们作为下一次迭代的激励。这个过程将重复执行,直至满足收敛条件,然后进行下一个时间步的计算。

耦合系统的振动方程考虑了车辆结构的动力方程、轨道-桥梁系统、土层-盾构隧道系统的振动方程和轨道不平顺。基于该振动方程,在数据输入文件更新后,程序能够自动读入数据,并进行耦合系统的振动仿真分析。在程序建模过程中,采用了通用化思想,可任意设置车辆编组的数量,也可任意设置列车的初始行驶位置。

整个迭代方法的计算流程为:

步骤一:开始。

步骤二:迭代准备:

①输入车辆、轨道、桥梁、土层和隧道等参数,形成耦合系统的初始质量矩阵、刚度矩阵和阻尼矩阵;

②调入轨道不平顺子程序,读写轨道不平顺数据;

③读写相关计算参数,确定系统的初始位置,设置为 $t=0$。

步骤三:迭代:

①将上一时刻响应作为各子系统的初始响应;

②求解新状态下各子系统响应;

③检查收敛性,重复迭代至满足收敛要求;
④时间增加 Δt。

步骤四:当车辆运行时间大于预设时间时,运行结束。

其中收敛准则由子系统的位移给出,表示为:

$$\| u^i - u^{i-1} \| \leq E \cdot \| u^{i-1} \| \tag{4-54}$$

式中: E——允许相对误差;
i、$i-1$——分别表示迭代中的当前步骤和上一步。

4.2.8 理论模型的验证

为了验证整体耦合系统理论模型的可靠性,开展了盾构下穿高铁桥梁施工过程中土层及基础变形监测、高速列车通过桥梁时梁体及地表动力响应监测(详细监测方案及结果见第7章)。

选取左、右线盾构隧道先后施工到离桥墩附近7个位置处(盾构刀盘位置分别位于 $z/b =$ -2.5、-1.5、-0.5、0、0.5、1.5、2.5,b 为承台沿隧道开挖方向的尺寸,即 9m)的墩顶沉降进行分析,相应数值计算结果与现场监测数据的对比如图4-14所示。

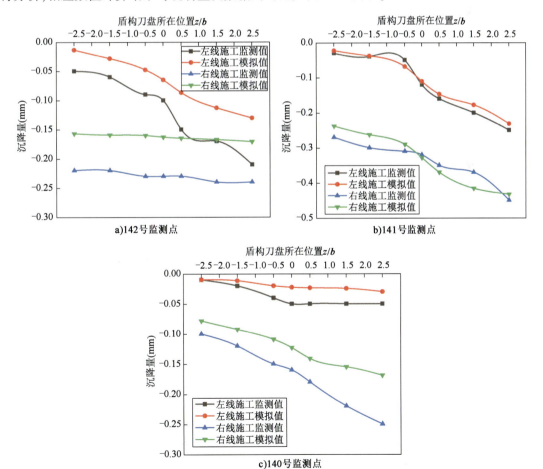

图 4-14 监测点累计沉降现场监测值及模拟计算值的对比

从图 4-14 中可以看出：

（1）隧道施工时，仅直接相邻的两个桥墩会产生 0.2~0.3mm 的阶段变形，而相对较远的桥墩仅产生 0~0.1mm 的阶段变形。由于中间桥墩离两侧隧道均较近，故中间桥墩在两侧隧道施工完成后沉降变形最大，141 号墩顶监测点处模拟计算值为 0.43mm。

（2）隧道施工时，当盾构刀盘前行到桥梁纵轴中心线附近位置时，桥墩累计变形值的增长幅度会更显著一些，亦表明盾构离桥墩位置越近时对桥墩变形的影响越大。

（3）数值计算值与现场实测数据基本吻合，数值模拟能较好地反映大直径盾构下穿施工对邻近高铁桥墩变形的实际影响。

墩顶振动加速度仿真计算结果与现场监测数据的对比见表 4-4，可知：各墩的竖向振动加速度的理论计算结果与现场监测数据吻合良好。

墩顶振动加速度仿真计算结果与现场监测数据的对比　　表 4-4

对比项目	仿真计算结果	现场监测值
墩顶竖向加速度(m/s²)	0.049~0.064	0.040~0.049
墩顶横向加速度(m/s²)	0.078~0.085	0.024~0.040

4.3　盾构下穿施工对高速列车运行安全的影响分析

4.3.1　车辆行车的安全性、舒适性评价标准

在评估车辆行车的安全性时，通常采用脱轨系数、轮重减载率等指标来评价车辆的运行安全性，而车辆的振动性能和行车的舒适性一般通过车体振动加速度、斯佩林(Sperling)等指标来评价。依据《铁路桥涵设计规范》(TB 10002—2017)，在评定列车行车的安全性和舒适性时，脱轨系数、轮重减载率、轮轴横向力、车体加速度、Sperling 指标等主要参数标准选取如下：

（1）安全性指标

轮重减载率：

$$\Delta P / \overline{P} \leqslant 0.6 \tag{4-55}$$

脱轨系数：

$$Q/P \leqslant 0.8 \tag{4-56}$$

轮轴横向力：

$$Q \leqslant 10 + P_0/3 \tag{4-57}$$

式中：P、Q——分别为轮轨垂向力和轮轨横向力；

　　　ΔP——轮轨垂向力的减载量；

　　　P_0——静轴重。

本书中列车动车和拖车的静轴重分别为 156.96kN 和 143.23kN，相应允许横向力分别为 62.32kN 和 45.81kN。

（2）车体加速度指标

参考《高速铁路设计规范》(TB 10621—2014)中要求的车体加速度限值，本书相应的车体

加速度评价标准为:

$$\begin{cases} a_z \leqslant 1.3\mathrm{m/s^2} \\ a_y \leqslant 1.0\mathrm{m/s^2} \end{cases} \quad (4\text{-}58)$$

式中:a_z——车体竖向加速度;

a_y——车体横向加速度,取列车车体形心处加速度作为车体加速度。

(3)Sperling 指标

舒适度指标主要用于评定行车过程中乘客的疲劳状况,目前常用的有 ISO2631 指标和 Sperling 指标。其中,Sperling 指标在国内使用较为广泛,其评定等级如下:

$$\begin{cases} W \leqslant 2.50 & (\text{优秀}) \\ 2.50 < W \leqslant 2.75 & (\text{良好}) \\ 2.75 < W \leqslant 3.00 & (\text{合格}) \\ W > 3.00 & (\text{不合格}) \end{cases} \quad (4\text{-}59)$$

4.3.2 盾构下穿高铁桥梁的列车运行安全分析与评价

从上一小节的分析中可知,桥梁基础变形的最大值发生在左、右线两隧道全部开挖完成后,即左、右线两隧道全部开挖完成后是列车运行的最不利阶段。基于提出的高速列车-轨道-桥梁-土体-盾构隧道耦合动力分析理论,对在整体加固体系保护措施之下,盾构下穿高铁桥梁时系统的动力响应进行仿真计算。计算工况取为左、右线隧道全部开挖完成后、列车运行速度范围为 150~350km/h,按每隔 50km/h 为 1 个工况进行计算。

以车速为 150km/h、350km/h 为例,列车选取首节动车首轮对响应、桥梁选取 139 号墩—143 号墩这 4 跨的跨中处响应,列车各动力响应指标的时程曲线展示如图 4-15~图 4-19 所示。

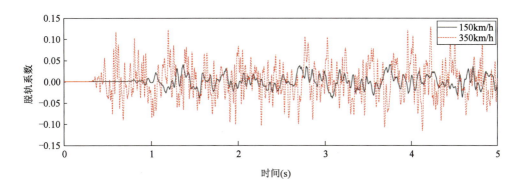

图 4-15 列车脱轨系数时程曲线

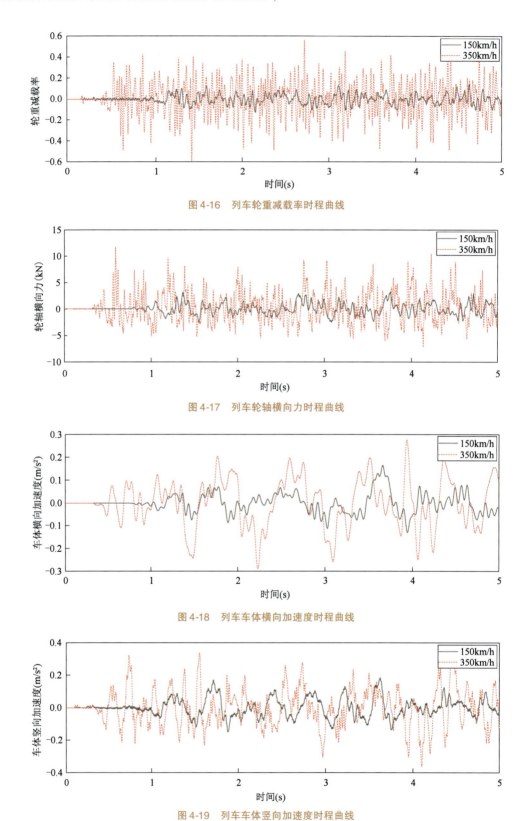

图 4-16 列车轮重减载率时程曲线

图 4-17 列车轮轴横向力时程曲线

图 4-18 列车车体横向加速度时程曲线

图 4-19 列车车体竖向加速度时程曲线

分析列车脱轨系数、轮重减载率、轮轴横向力、车体竖向加速度等动力响应指标时程曲线，可知：

（1）列车轮对动力响应具有随机且高频的特征。车速对脱轨系数、轮重减载率、轮轴横向力三个动力响应指标的影响显著。车速越大，脱轨系数、轮重减载率、轮轴横向力等三个动力响应指标振幅越大，说明车速会影响列车的各项安全性指标，在盾构下穿施工时需要注意控制车速。

（2）列车的横向加速度和竖向加速度均会随车速发生较大变化。列车车速越大，列车加速度就越大，车速对列车横向与竖向动力响应均有较明显的影响。

不同车速下动车车辆、拖车车辆和桥梁的动力响应最大值统计结果如表4-5～表4-8所示。

不同车速下动车最大响应　　表4-5

列车车速（km/h）	脱轨系数	轮重减载率	轮轴横向力（kN）	车体加速度（m/s²）		Sperling指标	
				横向	竖向	横向	竖向
150	0.051	0.147	3.955	0.232	0.143	1.560	1.629
200	0.068	0.215	5.971	0.278	0.175	1.692	1.788
250	0.092	0.271	8.208	0.298	0.196	1.787	1.895
300	0.108	0.376	10.044	0.314	0.228	1.856	2.000
350	0.126	0.410	11.163	0.314	0.264	1.944	2.121

不同车速下拖车最大响应　　表4-6

列车车速（km/h）	脱轨系数	轮重减载率	轮轴横向力（kN）	车体加速度（m/s²）		Sperling指标	
				横向	竖向	横向	竖向
150	0.046	0.163	2.906	0.255	0.160	1.562	1.756
200	0.069	0.225	5.464	0.288	0.199	1.662	1.893
250	0.098	0.278	7.949	0.320	0.205	1.766	1.970
300	0.114	0.396	9.670	0.339	0.231	1.834	2.015
350	0.123	0.438	10.240	0.355	0.258	1.939	2.119

不同车速下桥梁跨中动位移（mm）　　表4-7

列车车速（km/h）	1跨		2跨		3跨		4跨	
	竖向	横向	竖向	横向	竖向	横向	竖向	横向
150	1.131	0.026	1.109	0.030	1.143	0.028	1.149	0.022
200	1.167	0.026	1.147	0.029	1.163	0.029	1.171	0.023
250	1.274	0.028	1.293	0.027	1.284	0.027	1.295	0.023
300	1.392	0.034	1.379	0.025	1.379	0.027	1.396	0.027
350	1.452	0.051	1.436	0.032	1.450	0.045	1.477	0.050

不同车速下桥梁跨中振动加速度（m/s²）　　　　　表 4-8

列车车速 （km/h）	1 跨		2 跨		3 跨		4 跨	
	竖向	横向	竖向	横向	竖向	横向	竖向	横向
150	0.568	0.181	0.552	0.196	0.570	0.197	0.515	0.184
200	0.870	0.283	0.852	0.299	0.881	0.295	0.789	0.274
250	1.172	0.271	0.875	0.305	1.099	0.300	0.935	0.237
300	1.011	0.390	1.116	0.331	1.234	0.336	1.518	0.328
350	1.158	0.463	1.027	0.420	0.979	0.483	1.201	0.752

耦合系统振动各振动指标的值随着列车车速的变化关系如图 4-20～图 4-25 所示。

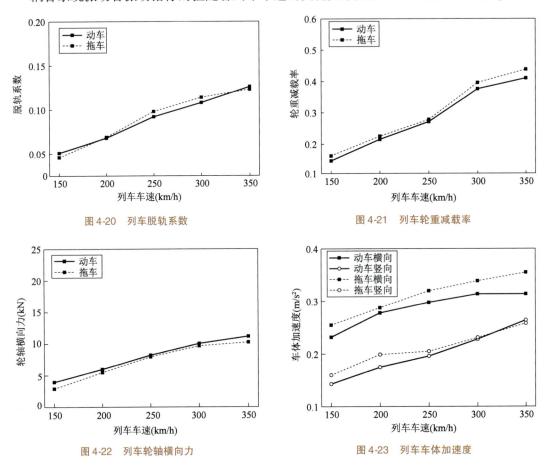

图 4-20　列车脱轨系数　　　　　图 4-21　列车轮重减载率

图 4-22　列车轮轴横向力　　　　图 4-23　列车车体加速度

对以上结果分析可知：

（1）列车的脱轨系数、轮重减载率、轮轴横向力均随着车速的增大而增大，其最大值分别为 0.126kN、0.438kN、11.163kN，均小于各自的安全限值。

（2）列车的车体加速度总体上随车速增大而增大。动、拖车的横向加速度均大于其竖向加速度。动车的横向加速度最大值为 0.314m/s²，竖向加速度最大值为 0.264m/s²；拖车的横向加速度最大值为 0.355m/s²，竖向加速度最大值为 0.258m/s²，均小于安全限值。

（3）Sperling 指标随车速增大而增大，在车速为 350km/h 时达到最大值，且均小于 2.5，评级为优秀。

（4）主梁跨中横向位移随车速变化较小，而竖向位移随车速变化总体呈上升趋势。

综上分析，当列车以 150km/h～350km/h 车速运行时，动、拖车的脱轨系数最大值小于脱轨系数限值 0.8，列车轮重减载率、轮轴横向力均在规定的限值内，动、拖车的横、竖向加速度均未超过限制，而且 Sperling 指标小于 2.50，评定为优秀等级。这说明，在整体加固体系措施保护之下，桐泾北路大直径盾构下穿沪宁高铁苏州西特大桥施工能满足桥上列车正常通行的行车安全性和舒适性的要求，进一步证明了整体加固保护方案的有效性和可靠性。

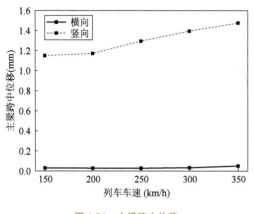

图 4-24　主梁跨中位移

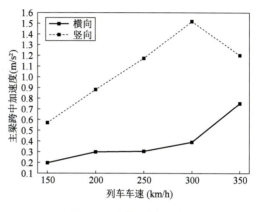

图 4-25　主梁跨中加速度

4.4　基于高速列车运行安全的桥墩变形阈值研究

盾构引起的桥墩变形是造成高速列车运营时振动加剧，使列车安全、平稳性指标变差的重要原因之一。通过设定不同墩底强制位移来模拟分析不同桥墩变形时车桥耦合系统的动力响应，探讨桥墩变形对高速列车运行安全的影响，明确桥墩沉降和横向变形的安全阈值，为后续施工变形控制与监测提供科学依据。

4.4.1　单独桥墩沉降的影响

设定中间墩（141 号墩）沉降值分别为 5mm、10mm、20mm、30mm、40mm，计算高速列车以 350km/h 通过 4 跨 32.7m 简支箱梁桥的空间动力响应。为便于分析桥墩沉降对列车动力响应的影响规律，将有、无桥墩沉降时的列车动力响应的时程相减，得到各列车动力响应变化量的时程曲线。轮轨垂向力变化量和车体竖向加速度变化量随车体质心里程变化曲线分别如图 4-26、图 4-27 所示。

分析可知：

（1）轮轨垂向力在轮对行进至沉降墩及其相邻墩里程时变化非常显著，在轮对行进至每跨主梁跨中里程时变化较小，轮轨垂向力变化量在沉降墩里程处最大，且随着桥墩沉降值的增大而增大。

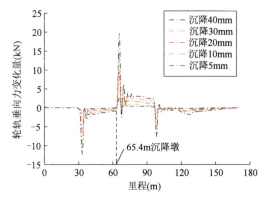
图4-26 轮轨垂向力变化量时程曲线

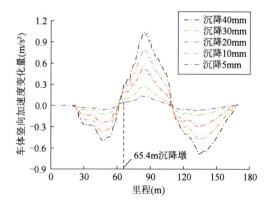
图4-27 车体竖向加速度变化量时程曲线

（2）车体竖向加速度变化量随桥墩变形值的增大而增大，并在车体质心经过沉降墩约0.2s后才达到最大值。究其原因在于：列车轮轨垂向力对轨道不平顺的高频部分更敏感，主要受轨道不平顺样本二阶导数的影响。桥墩沉降引起的钢轨附加变形曲线的二阶导数如图4-28所示，在沉降墩和其相邻墩中心线位置具有较大的二阶导数，其他位置迅速衰减为0。故轮轨垂向力只在列车经过沉降墩及其相邻墩处时变化明显。列车悬挂系统是车体与轨道之间的减振传力装置，使车体的振动响应滞后于不平顺激励改变的时间。所以，车体加速度变化量最大值发生在车体质心经过沉降墩之后。

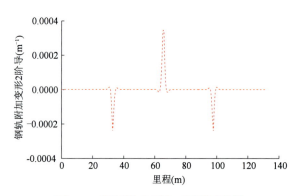
图4-28 钢轨附加变形的2阶导数曲线图

列车轮重减载率、脱轨系数、车体竖向加速度及竖向Sperling指标随桥墩沉降值的变化曲线如图4-29所示。

分析可知：

（1）随着桥墩沉降值的增大，车体各动力响应指标均显著增大，其中轮重减载率、车体竖向加速度近似成线性增长。

（2）当桥墩沉降在40mm以下时，除轮重减载率外，脱轨系数、车体竖向加速度、竖向Sperling等指标均在安全范围内。

（3）根据轮重减载率变化曲线插值可得桥墩竖向变形的安全阈值为20.8mm。

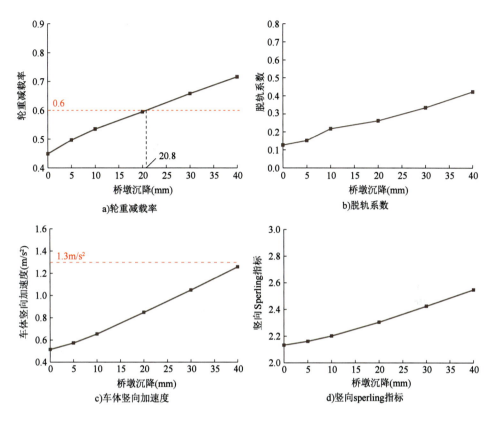

图 4-29 不同桥墩沉降值下列车的动力响应

4.4.2 单独桥墩横向变形的影响

列车轮重减载率、脱轨系数、车体横向加速度及横向 Sperling 指标等随桥墩横向变形的变化曲线如图 4-30 所示。

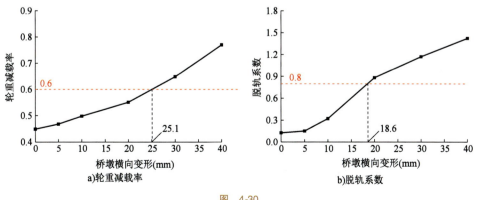

图 4-30

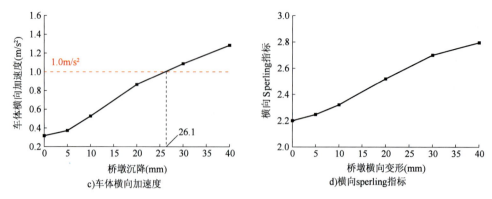

图 4-30 不同桥墩横向变形值下列车的动力响应

计算结果表明：

(1) 车体各动力响应指标随着桥墩横向变形值的增大而增大。

(2) 当桥墩横向变形达到 40mm 时,仅横向 Sperling 指标在安全范围。

(3) 脱轨系数对桥墩横向变形起控制作用。根据脱轨系数变化曲线插值,可确定桥墩横向变形的安全阈值为 18.6mm。

4.4.3 桥墩双向变形的影响

在实际工程中,桥墩往往会同时产生竖向沉降和横向变形,有必要研究桥墩产生双向变形时的情况。设定中间墩(141 号墩)沉降值分别为 0、10mm、20mm、30mm,同时横向变形分别为 5mm、10mm、20mm、30mm,列车运行速度 350km/h,计算得到的列车安全性指标变化曲线如图 4-31 所示。

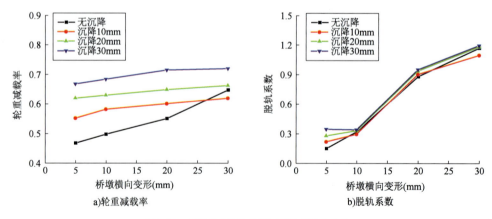

图 4-31 桥墩发生双向变形时列车的动力响应

计算结果表明：

(1) 当桥墩发生双向变形时,列车的动力响应比桥墩单向变形时有所增大,应考虑桥墩双向变形对列车运行的耦合影响。

(2) 桥墩双向变形对列车运行安全控制指标的影响略有不同,脱轨系数主要取决于桥墩横向变形,受桥墩沉降影响相对较小;轮重减载率主要取决于桥墩沉降,受横向变形影响相对较小。

为定量评估桥墩双向变形时列车动力响应比桥墩单向变形时的增大程度,引入列车响应(包括轮重减载率,脱轨系数等)的放大系数 β:

$$\beta = \frac{D_{\mu,v} - \max(D_\mu, D_v)}{\max(D_\mu, D_v)} \times 100\%$$

式中:D_μ、D_v、$D_{\mu,v}$——桥墩单独沉降 μ 值、单独横向变形 v 值、同时沉降 μ 值和横向变形 v 值时对应的列车动力响应。

根据上述桥墩单向变形及双向变形时的列车动力响应,计算得到了不同工况下轮重减载率和脱轨系数的放大系数,见表4-9。

桥墩同时发生沉降和横向变形时对列车响应的放大系数　　表4-9

桥墩变形值	沉降 10mm		沉降 20mm		沉降 30mm	
	轮重减载率	脱轨系数	轮重减载率	脱轨系数	轮重减载率	脱轨系数
横向 5mm	3.18%	0.46%	4.03%	5.73%	1.52%	3.28%
横向 10mm	8.79%	-7.79%	5.71%	2.49%	3.95%	1.79%
横向 20mm	9.07%	2.49%	8.92%	6.12%	8.66%	7.94%
横向 30mm	-4.32%	-6.32%	2.16%	0.85%	9.42%	2.13%

从表4-9 可以看出,列车轮重减载率和脱轨系数放大系数的最大值分别为 9.42% 和 7.94%,即桥墩发生双向变形时的列车动力响应可能要比桥墩仅产生单向变形时的增大 9.42%。一般情况下轮重减载率限值为 0.6,考虑到桥墩双向变形对列车动力响应的增大效应,轮重减载率限值标准应降低为 $0.6/(1+9.42\%)=0.548$。根据轮重减载率与桥墩单向变形的关系曲线,确定桥墩沉降和横向变形安全阈值分别为 12.2mm 和 19.4mm。同理,脱轨系数限值标准应降低为 0.741。根据脱轨系数与桥墩单向变形的关系曲线,桥墩沉降安全阈值不受脱轨系数控制,桥梁横向变形安全阈值为 17.5mm。由此,多跨32m 简支箱梁桥墩沉降和横向变形的安全阈值分别为 12.2mm 和 17.5mm,远大于《公路与市政工程下穿高速铁路技术规程》(TB 10182—2017)中变形控制标准(桥墩顺桥向水平位移、横桥向水平位移、纵向水平位移和竖向位移均按 2mm 限值控制)。

第 5 章

低净空条件下全套管灌注桩微扰动施工装备研发与试桩试验

5.1 引言

根据前面关于盾构下穿施工对运营高铁桥梁及高速列车行车安全的影响分析,需要在沪宁高铁桥梁受盾构施工影响的区段设置隔离桩,以降低盾构下穿施工对运营高铁桥梁的影响,保证行车安全。在桥下低净空处,隔离桩采用全套管钻孔灌注桩,桩径设计为1m,桩长为30m,桥下可施工的净空高度仅有3.6m。然而,调研结果表明,目前尚无适用于这一低净空环境的钻孔灌注桩施工装备。传统常规的全套管钻机设备不仅价格昂贵,而且体型较大,套管要从钻机上方安放和连接,设备高度＋套管高度需要较大的施工净空高度,无法适应3.6m低净空施工条件。此外,常规的钻孔方式容易造成塌孔,成桩施工对桩周土层扰动较大。在本工程下穿段,桥桩下部地层条件差,地下水位高,隔离桩与桥桩的净距小,这对桩机装备在成桩施工扰动方面提出了更高要求。因此,低净空条件下全套管灌注桩微扰动施工的可实施性是整个工程的关键。

基于此,本章将着力于低净空条件下全套管灌注桩微扰动施工装备及成套技术的研发,详细介绍桩机装备的主要构造、主要技术参数,施工工艺和质量控制技术;为验证装备和技术的可行性,开展现场试桩试验,对成桩质量、成桩施工对周边环境的扰动影响以及成桩施工过程中振动影响等进行分析评估,验证装备和技术的可行性;归纳分析隔离桩施工期间和盾构下穿期间的监测数据,检验低净空全套管灌注施工装备的应用效果和隔离桩的实施效果。最终解决净空受限条件下常规钻孔灌注桩无法施工的难题,为类似工程问题提供创新思路和解决方法。

5.2 低净空全套管灌注桩装备研发

针对桥下仅3.6m的施工净空高度、工程地质条件复杂等不利情况,以解决全回转成桩工艺的施工空间受限、施工安全、变形控制等问题为导向,从钻进方式和取土方式上创新,试图降低整机高度和施工净空高度,研制出适用范围广、场地应用灵活、施工扰动小的低净空全套管灌注桩机装备。

5.2.1 桩机装备主要构造

通过广泛调研,参考现有全套管灌注桩设备,并结合工程需求以及全套管灌注桩的技术要求,本书作者团队研发了集送管、定位、回转、钻沉、减阻和分段旋挖装置等为一体的低净空全套管灌注桩成套施工装备,装备结构示意图如图5-1所示。

低净空全套管灌注桩机主要由机架、回转转盘动力系统、同步液压夹持套管回转下沉系统、套管接管转移安放系统、套管内土体旋挖系统、升降行走控制系统及电控系统等组成。通过低置回转转盘、单节套管侧向水平置入焊接、六等分水平液压夹持套管回转下沉、套管内土体分段旋挖,实现套管逐节下沉、套管内分段取土至桩底设计高程,从而降低了设备高度及施工净空高度。

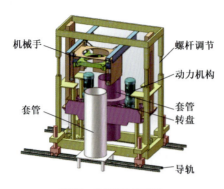 

a) 机架、走行及钻进系统　　　　b) 取土系统

图 5-1　低净空全套管钻机的立体结构示意

低净空全套管灌注桩机所采用的结构及能实现的关键功能如下:

(1) 机架高度调整:机架高度采取伸缩方式。为了最大化使用有限的空间高度,机架设计高度可以根据实际工况进行适量调整,尽可能增大单节套管长度。机架示意见图 5-2。

(2) 对中调平:利用升降行走控制系统四个垂直液压缸进行系统水平调整,由安装在机架上的万象水平仪准确读出水平度。

(3) 转盘回转驱动:回转转速采用变频调速。两台对称布置的电动减速装置同时驱动齿轮箱,带动回转转盘。转盘回转驱动系统如图 5-3 所示。

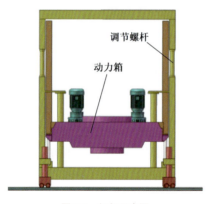 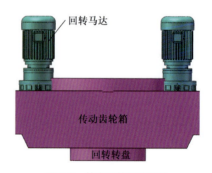

图 5-2　机架示意图　　　　　图 5-3　转盘回转驱动系统

(4) 转盘夹持:在回转转盘上安装 6 只向心液压缸,且 6 等分对称同步液压夹持,夹持力 1200kN,夹持直径 500~1100mm,并设置同步装置。转盘夹持机构如图 5-4 所示。

(5) 转盘升降:转盘采用对称双缸液压升降,投影方向四个角位置设置导向杆,导向杆兼备提供回转反力作用,最大顶升力 1200kN,升降速度 0~1.2m/min。转盘升降机构如图 5-5 所示。

(6) 套管转移、安放及接管:由于在低净空环境中,常规的其他工程机械无法使用,人力又无法完成单接管的转移和安放,在转盘正上方设置机械手进行单接套管的垂直和水平转移,并能平稳准确地将单节套管安放于焊接位置。套管运移机构如图 5-6 所示。

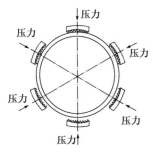 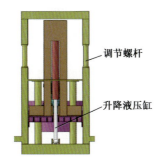 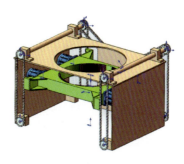

图 5-4　转盘夹持机构　　　图 5-5　转盘升降机构　　　图 5-6　套管运移机构

(7) 桩机移机：对称步履式行走，采用 4 个垂直液压缸，两个水平液压缸。

(8) 注浆润滑：考虑到下部地层较硬，需要对套管进行润滑以减小管壁摩阻力，设置回转下沉过程同步注入泥浆。

(9) 套管内土的旋挖：套管下沉到设计深度，对管内土进行分段旋挖。套管内取土系统如图 5-7 所示。

旋挖系统包含：
①升降装置：旋挖器在套管内升降。
②锁紧装置：旋挖器通过升降装置下至管内挖掘面，通过液压控制系统将旋挖器动力箱体和套管内壁锁紧，从而提供旋挖时的回转反力。
③旋挖动力箱：两台对称分布的液压回转马达驱动等边内六角回转轴。

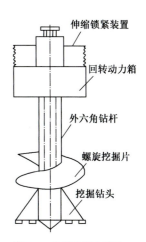

图 5-7　套管内取土系统

④挖掘螺杆：挖掘螺杆上端为等边外六角，插入回转轴等边内六角内，回转轴回转可以驱动螺杆转动实现挖掘动作，螺杆长度范围进入土体后表示分段挖掘完毕，松开锁紧装置，启动升降装置将挖掘器连同挖掘出的土提升至管外，再依次分段挖掘，直至挖掘至套管底部。

5.2.2　桩机装备主要技术参数

低净空全套管灌注桩机的主要技术参数如下：

总功率：140kW；

施工净空高度：3.6～4.1m；

施工管径：0.5～1.1m；

回转扭矩：1300～2080kN·m；

工作转速：0.5～8.0r/min；

最深钻孔深度：60m；

设备占地面积：2.2m×5.5m；

主机质量：35t；

适应地层：软黏土、粉土、粉质黏土、粒径较小的砂砾层地层；

适用工况：地下空间、既有营业线旁、桥下、高压线旁、厂房内等净空受限工况。

研发的低净空全套管灌注桩机设备与国内外同类桩机设备的主要技术参数对比见表 5-1。对比分析可知，研发桩机的钻孔深度、回转扭矩、自重和工作转速等主要技术参数均优于同类型产品，并满足了低净空的需求。

全套管灌注桩桩机技术参数　　　　　　　　　　　　表 5-1

性能指标	盾安 DRT1505H	地科院 QHZ-2000	日本 RT-200A	三和机材 RB-200HC-3	日立住友 CD-2000	德国 Leffer RDM-2000	研发桩机
钻孔直径(mm)	800-1500	1000-2000	1000-2000	1000-2000	1000-2000	1000-2000	500-1100
钻孔深度(m)	80	40	—	—	—	—	60
回转扭矩(kN·m)	1500/975/600	2000	2030/1167	1800/1350/900	2060	2900	2080~1300
工作转速(r/min)	1.60/2.46/4.00	0.9/1.2/2.8	1.2/2.0	1.1/1.6/2.2	1.1/1.2	0-1.0	0.5~8.0
套管上拔力(kN)	2444	3100	2600	2540	2720	2400	1200
功率(kW)	194	260	235	190	190	220	140
质量(t)	31	45	32	38	32	65	35

5.3　低净空全套管灌注桩装备配套施工关键技术

低净空全套管灌注桩施工工艺流程如图 5-8 所示，主要包括施工准备、钢套管钻进、套管内取土、混凝土灌注等过程。其主要施工步骤示意如图 5-9 所示。

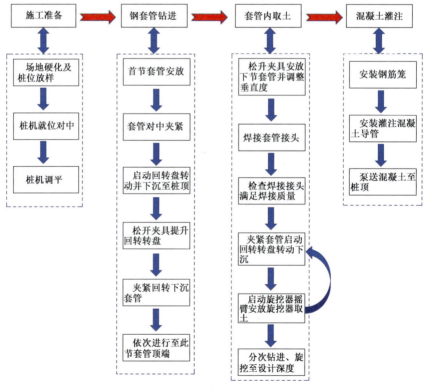

图 5-8　低净空全套筒灌注桩施工工艺流程

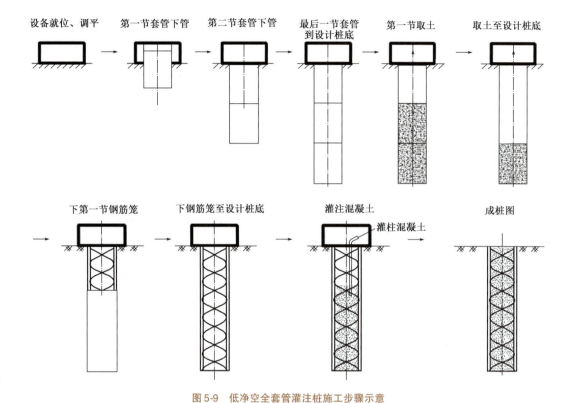

图 5-9 低净空全套管灌注桩施工步骤示意

5.3.1 钢套管钻进工艺

钢套管钻进工艺流程如图 5-10 所示,具体步骤如下:

(1) 测量放样。根据设计桩位坐标和控制网,把需要钻桩的位置测出,打入小木桩或钢筋桩。把钻孔位置场地整平、硬化,便于安放钻机。

(2) 钻机安装。钻机进场后先在场地内安装完成,调试钻机的电力和液压系统,确保钻机运转正常,如发现问题及时维修。

(3) 钻机就位。启动钻机步履,行进至需要钻桩位置,钻机中心对准已经放样的桩位,调节钻机液压支腿,使钻机完全水平状态。

(4) 搅拌泥浆。泥浆是在钻进钢套管时,用于润滑孔壁,减少钻进过程中的侧壁摩阻力。泥浆采用专用膨润土和水拌和。用泥浆搅拌机拌和,润滑泥浆拌和好以后转入储浆桶中。

(5) 安装第一节钢套管(第一节钢套管下面有合金齿块钻头)。用叉车把第一节钢套管竖直叉起,运输至钻机上,安装在钻机的钢套管驱动转盘上,开动转盘液压系统。张开钢套管夹紧装置,把钢套管放进转盘里面,调节钢套管垂直度。用收紧钢套管夹紧装置,夹紧钢套管。

(6) 钻进第一节钢套管。启动机架上的液压系统,把钢套管转盘顶升至最高位,再次测量钢套管垂直度,垂直度无误后启动主机架底盘上的 2 台 55kW 的转盘转动电机,钻进钢套管。

钻进时调节顶升转盘的液压系统,使钢套管一直处于垂直受压状态,利于钻进。每次钻进行程为80cm,钻完一个行程后顶升转盘,进行下一个钻进行程。一节钢套管长2.2m,需要3个循环行程可完成一节钢套管钻进。

(7)焊接泥浆管接头。泥浆管设置在钢套管外侧,接头用钢密封内管连接。在安装下节钢套管前,先在上一节钢套管的泥浆管顶焊接泥浆管接头,焊接密封。

(8)安装第二节钢套管。第二节以后的钢套管性状相同,均无钻进齿块。第一节钢套管钻进完成后,用叉车把第二节钢套管运送至钻机内,放置在第一节钢套管正上方,转动下面的第一节钢套管,使第一节和第二节钢套管的泥浆管对准,把第二节钢套管插入第一节钢套管的焊接外圈内,同时把泥浆管接头插入并压紧。

(9)焊接第二节钢套管。调节第二节钢套管垂直度。垂直度符合要求后,把第二节钢套管与第一节钢套管的外套管焊接,要用二氧化碳保护焊全面焊接,焊接要严密,不能漏水。

(10)安装泥浆管。在第二节钢套管顶部的泥浆管头,把注浆管分接器接在上面,启动注浆泵,把储浆桶中泥浆注入钢套管的泥浆管中。

(11)钻进第二节钢套管。钻进方法与第一节相同。

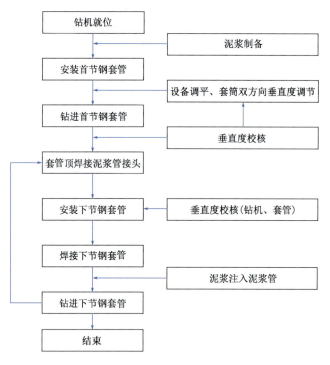

图5-10 钢套管钻进工艺流程图

5.3.2 套管内取土工艺

套管内分段取土工艺如图5-11所示,主要步骤如下:

(1)取土设备安装调试。用吊车把龙门吊放置套管口,依次安装卷扬机(钢丝绳和油压管)并调试。

(2)安装钻头。用叉车等辅助机械把钻头移动至孔位上方,将钻头吊装在龙门吊机架顶的钢丝绳卷扬机挂钩上。然后,连接钻头传动液压管,把钻头液压系统与油压管卷扬机连接,并同时安装在机架的液压油泵及控制系统上。

(3)放下钻头,至孔底处。一边下钻头,一边把液压油管放进入钻孔中(操作时,钢丝绳卷扬机与油压线卷扬机同时启动,边放边下)。

(4)打开钻头上横向顶紧液压系统,把钻头和钢套管壁顶紧,形成旋挖系统的固定装置。

(5)打开钻头旋转液压系统,钻头开始钻进,钻进5~15min(不同的地质情况,钻进时间不同),钻至渣土到钻头叶片上面。

(6)松开钻头上的横向顶紧液压系统,放松钻头。

(7)打开机架顶部卷扬机,提升钻头至孔口上方。

(8)把放在叉车端部的接泥板推进至钻头下面,清理钻头上的渣泥。

(9)清理完毕后,用叉车拉出接泥板,把渣泥运走。

(10)再次下放钻头,进行钻进作业。

(11)一直钻至设计孔底高程。

(12)取土作业完成,进行下一道工序。

图5-11 套管内分离式取土工艺流程图

现场套管内分离式取土见图 5-12。

图 5-12　现场套管内分离式取土照片

5.3.3　混凝土灌注工艺

钻机移走后,把钢筋笼吊装到钻孔桩孔口,按设计要求安装钢筋笼,焊接固定在钢套管上面。混凝土用专门的 2m 节短导管灌注,灌注方法与普通钻孔桩相同,此处不做赘述。

5.3.4　钢套管下沉技术

将套管管节焊接连接,防止管壁接口漏水。

在钢套管外壁紧贴设置泥浆管,泥浆通过泥浆管注入套管外壁,润滑套管外壁,大幅度减小钢套管钻进阻力。这种方法被称为套管外壁泥浆减阻技术。

5.3.5　垂直度控制技术

本工程低净空隔离桩桩长 30m,桩间净距仅为 0.2m,大直径盾构与隔离桩之间最小距离只有 0.7m。因此,要求隔离桩的垂直度允许偏差小于 3‰。但低净空条件下由于管节长度受限,套管拼接就多达 10 余次,这给垂直度控制带来了难度。为确保垂直度,采取了步履基础限位、钢套管精加工、套管箍圈限位、焊接精度质量控制、水平尺测量、经纬仪观测,以及施工过程动态调整等控制技术。孔口限位和套管精加工分别如图 5-13 和图 5-14 所示。

图 5-13　孔口限位

图 5-14　套管精加工

5.3.6 对周边影响控制技术

采用步履基础、跳桩施工、施工监测等手段,将施工过程对周边环境的影响降至最低,将既有高铁桥墩的变形控制在1mm范围内。

(1)步履基础:现场整体浇筑钢筋混凝土步履基础,在步履基础中浇筑一定量的轻质混凝土,既能减轻基础重量,又能有效分散设备自身产生的附加应力。

(2)采用跳桩施工,减小相邻桩之间施工的挤压效应。

(3)设定地下、地表和高铁桥墩全空间范围内变形预警值,对施工过程全面监测,实时反馈施工对周边的影响,通过预警合理调整施工组织,以降低对周边环境的影响。

5.4 现场试桩试验

5.4.1 试桩试验目的

为节约研发成本和时间,本次试桩试验将设备调试和工程试桩合二为一,试桩试验的主要目的如下:

(1)调试设备,磨合设备各系统的协调性,现场解决各系统的功能缺陷,确保设备达到设计工况条件下的正常功能。

(2)对操作人员进行现场操作培训,让各工种人员熟练操作设备并完成分工职责内的工作。

(3)确定施工工艺、工法,为正式施工提出可行的施工参数,完成施工作业指导书,完善设备操作手册。

(4)在可能的条件下,对设备施工过程中出现的问题及时进行现场处理,对不影响正常施工且现场无法马上解决的问题,在试桩完成后回厂进行改造升级。

(5)通过各项工艺控制措施,检验成桩质量。

(6)监测成桩施工扰动的影响范围及规律,并对成桩施工扰动对既有桥基础的影响做出评价。

5.4.2 现场试桩试验场地

待建盾构隧道下穿沪宁高铁的位置为苏州西特大桥,由于下穿区域周边环境复杂、尚不具备试桩施工条件故选在附近地层相似场地开展试桩试验,具体位置选定为城北路与广济路交叉口西侧150m城北路改造工程S05标施工场地。该场地位于桐泾北路盾构下穿沪宁高铁苏州西特大桥工点位置的东北方向,直线距离约2.3km,如图5-15所示。

待建桐泾北路盾构隧道下穿沪宁高铁的场地属于冲湖积平原地区。在65m深度范围内,地基土除表层填土和河道附近处可能存在淤泥质黏土外,其余均为第四纪滨海、河泛、河湖等相沉积物,主要由黏性土、粉土、砂土组成,地基承载力在100~150kPa。

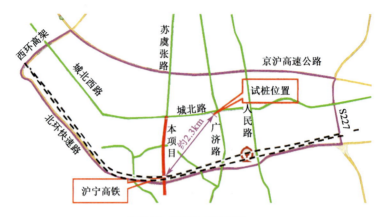

图5-15 试桩场地位置图

选择的试验场地与拟建盾构隧道下穿沪宁城际工点的场地同属冲湖积平原区。根据收集到的工程地质剖面图和钻孔数据,试验场地在65m深度范围内的地层岩性主要为第四系粉质黏土、粉土、粉砂。

试验场地与桐泾北路盾构下穿沪宁高铁工点场地的工程地质剖面对照如图5-16所示。

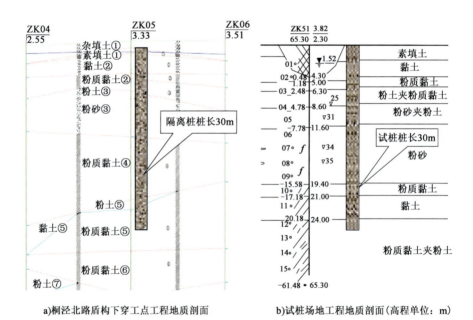

a)桐泾北路盾构下穿工点工程地质剖面　　b)试桩场地工程地质剖面(高程单位：m)

图5-16 工程地质剖面对照图

比对场地的地貌单元、地层岩性及成因、地下水位等工程地质条件,可知:两场地所处地貌单元及成因相同,均属于冲湖积平原地区;地层岩性及层序基本一致,钻孔揭示65m深度范围内主要为第四系粉质黏土、粉土、粉砂等;水文地质条件一致,地下水位均较高。两场地仅在各地层的层厚上存在差异。可认为两场地工程地质条件基本一致,在所选的试桩场地进行试桩试验,可为后期实际工程施工提供可靠的施工参数,而且有助于及时发现潜在问题,为正式施工的顺利进行提供坚实的保障。

5.4.3 试桩施工方案

本次试桩共2根,分别为Ⅰ型桩、Ⅱ型桩,桩径均为1000mm,桩身为C30微膨胀混凝土,桩长30m。桩头2.5m范围内设置钢筋笼并预留0.5m长冠梁连接筋,配筋为ϕ22mm纵筋22根、ϕ8mm@200mm箍筋、ϕ12mm@200mm加强筋。

Ⅰ型桩套管壁厚16mm,Ⅱ型桩套管壁厚20mm,每节套管长2.2m,套管连接采用焊接,每节套管顶端在工厂里安装焊接插套管接头,接头高度为200mm,内径与套管外径相同,材质及壁厚和套管一致。

Ⅰ型桩施工顺序:下沉钢套管→旋挖筒内土体→焊接并下沉钢套管→直至各节钢套管下沉及旋挖筒内土体至设计桩底高程→下放钢筋笼→灌注混凝土。

Ⅱ型桩施工顺序:下沉钢套管→接头焊接、下沉套管至设计桩底高程→旋挖筒内土体至设计桩底高程→下放钢筋笼→灌注混凝土。

试桩施工前在桩周提前布设监测元件,并静置至稳定。试桩试验现场照片如图5-17所示。

图5-17 试桩试验现场

5.4.4 试桩效果分析

(1)整机性能检测

整机性能达到了设计目标,具体测试结果:套管分节循环夹持回转下沉方式,单节套管长度2.0~2.3m;单节套管下沉时间2min;套管对接时间3min;系统整平时间3min;夹持力通过系统压力反算为1100kN,管径变形2mm;地层深度7.2m时电流值15A,转速8.2r/min,推算扭矩18kN·m;单次管内挖土进尺1.8m,单次耗时3min。

(2)成孔质量检测

主要为孔深检测和垂直度检测,孔深采用测绳进行检测,垂直度采用常规探笼检测。根据检测结果,目前的设备及工艺可满足30m成孔深度的要求,垂直度检测合格,无缩孔。

(3) 焊缝质量检测

二氧化碳保护焊机两台同时作业,焊接时间 8min,焊缝宽 22mm;施工过程中对焊缝质量进行超声波无损探伤检测,检测焊缝共 2 条,未发现超标缺陷,评定等级为二级,符合设计等级要求。

(4) 成桩质量检测

包括混凝土质量检测及桩身完整性检测,桩身混凝土采用商品混凝土,在施工过程中进行坍落度测试,并制作标准试块进行抗压强度测试,28d 抗压强度 $R_{28}=47\text{MPa}$;灌桩完成后 14d 进行低应变测试桩身完整性,经检测 2 根试桩均为 I 类桩。

5.5 试桩施工扰动的影响评价

为准确评估低净空全套管灌注桩施工对周围地层、邻近建筑物的扰动及影响范围,以稳定刚性桩模拟既有桥梁桩基础,在距离试桩中心两侧各 3.0m、6.0m 处分别布设两组观测孔,孔内分别布设测斜管、孔压计,对试桩过程中的孔隙水压力、深层水平位移、地表沉降和地下水位进行监测。监测点布置如图 5-18 所示。

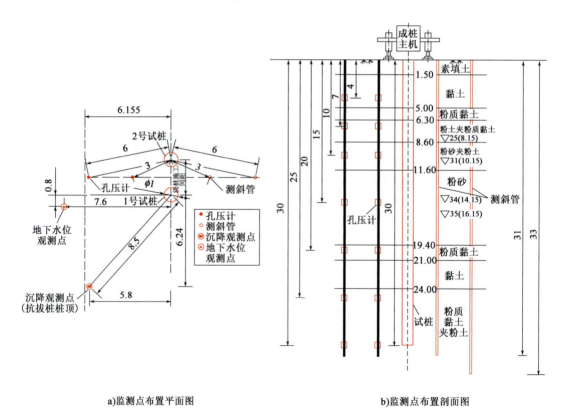

a) 监测点布置平面图　　b) 监测点布置剖面图

图 5-18　现场监测点布置示意(尺寸单位:m;高程单位:m)

参考建筑行业和国家相关规范,下面将主要从挤土效应、超静孔隙水压力、地下水位变化、桩机荷载和自振频率等方面进行试桩施工影响的评价分析。

5.5.1 挤土效应

在试桩过程中,测得模拟桥桩位置处的沉降值为0.84mm,小于2mm限值。将桩周地层的深层水平位移实测值作为数值模型边界条件,由此推算的墩顶水平位移为0.62mm,竖向位移为0.85mm,也均小于2mm限值,满足规范要求。实测结果表明,桩基施工扰动对高铁桥梁形变及轨道平顺性的影响在可以接收的范围内,不会对高铁的运营安全产生不利影响。

5.5.2 超静孔隙水压力

由全套管灌注桩施工产生的超静孔隙水压力较小,为12~30kPa,超静孔隙水压与距离成反比,且消散迅速。这说明桩周受扰动土层能够在短时间内重新恢复土体强度,并使得桩周土层的侧向抗力迅速增强。

5.5.3 地下水位变化

埋深24m处黏土层和粉质黏土夹粉土地层的涌水在桩底附近产生较小负压。待管内外水压平衡后(实测为24h),超静孔压基本恢复到涌水前大小,并保持稳定。1号试桩套管内涌水后进行了抽水试验,结果导致套管底部负压继续增加,同时沉降监测点产生了-0.6mm的短时沉降。试桩工地附近的基坑降水引起试桩周围水位观测孔内地下水位的波动,因降水较浅且水位波动幅值较小,所以在既有桥桩附近产生的负摩阻力较小,对沉降影响较小。建议在后续工程桩施工时,对涌水地层采用潜水筒式取土器进行作业,禁止在套管内外进行抽水作业和在附近进行基坑降水作业,始终保持隔离桩施工过程中地下水位的稳定。

5.5.4 桩机自身影响

桩机自身影响主要包括桩机集中荷载和自振频率。桩机在混凝土地坪外的14d集中荷载试验表明,作用在桥桩周围的长时荷载3d内会产生约-0.2mm的短时沉降,之后沉降缓慢增加到约-0.5mm,并保持稳定直到外部荷载移除。这表明在低净空全套管灌注桩机施工过程中,桥桩附近应避免长时间的设备集中荷载或者其他堆载作用,且应设置混凝土地坪分担施工过程中的设备集中荷载。现场低净空桩机振动测试表明,低净空全套管灌注桩机打桩过程中的主振动频率为25Hz。

综上所述,低净空全套管灌注桩属于弱挤土桩,不会引起地层损失和水位变化,施工扰动较小;试桩施工对模拟桥桩测点的沉降及变形影响很小。根据试桩实测数据及其推演结果,可以判定隔离桩施工基本不会影响既有高铁桥梁结构的稳定与安全。在现有施工工艺条件下,各项监测指标变化范围都满足设计要求。试桩结果为苏州桐泾北路大直径盾构隧道下穿沪宁高铁桥梁工程中隔离桩施工提供了重要参考依据。

5.6 试桩施工振动的影响评价

低净空全套管灌注桩机的施工振动可能会引发高铁桥梁共振,带来潜在危险。因此,在进行加固桩规模化施工之前,有必要对低净空全套管灌注桩机与高铁桥墩产生共振的可能性作出预测及评估。

因此,在隔离桩试桩过程中,针对低净空全套管灌注桩机的振动频率和沪宁高铁桥梁自振频率进行现场专项测试。测试方法和依据参见《铁路桥梁检定规范》(铁运函〔2004〕120 号)和《城市区域环境振动测量方法》(GB 10071—1988)等。

5.6.1 测试设备

测试仪器采用东方振动和噪声研究所 INV306U 动态数据采集仪和 891-2 传感器,相关参数分别见表 5-2 和表 5-3。

INV306U 动态应变仪相关参数　　　　　　表 5-2

型号	INV306U
最高采样频率	1.024MHz/实际采样通道数
并行通道一致性	幅值 0.05dB,相位 0.2 度
通道间串扰	−100dB
A/D 分辨率	16 位
外观尺寸	302mm×235mm×57mm

891-2 传感器相关参数　　　　　　表 5-3

型号	891-2
灵敏度	100mv/(m/s^2)
频率范围	0.5~80Hz
量程	40m/s^2
质量	1000g
外观尺寸	ϕ60mm×80mm

5.6.2 测点布置

在距离低净空全套管灌注桩试桩孔边缘 2m 位置布置振动测点,同时测 X、Y、Z 三个方向的振动加速度。X 代表水平横向方向,Y 代表水平远离桩孔方向,Z 代表竖向。在 141 号桥墩的墩顶设置 1 个测点,测试桥墩的横向振动。

5.6.3 测试结果分析

Ⅰ型桩和Ⅱ型桩低净空全套管灌注桩机的振动测试结果如图 5-19 所示。列车通过时桥墩的振动测试结果如图 5-20 所示。

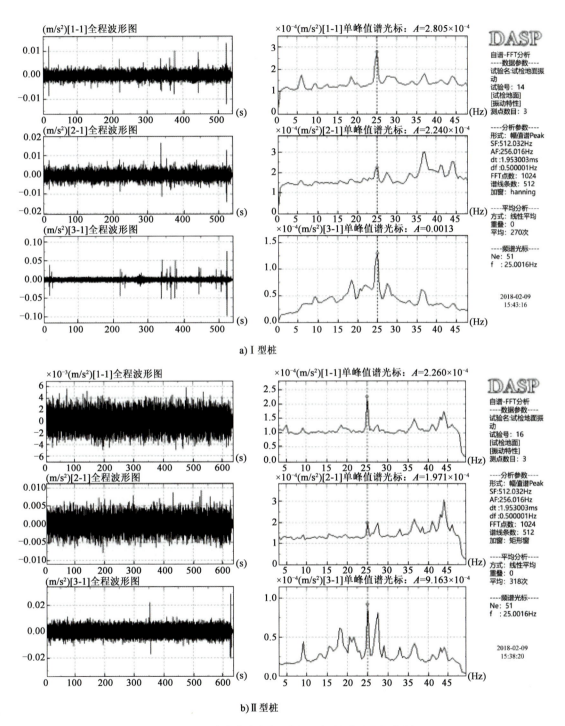

a) Ⅰ型桩

b) Ⅱ型桩

图 5-19 低净空全套管灌注桩机的加速度时程曲线及频谱分析图

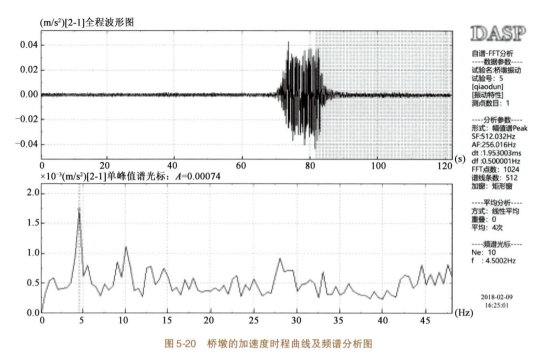

图 5-20 桥墩的加速度时程曲线及频谱分析图

本次测试通过余振法测试桥墩的横向固有频率。振动测试数据的频谱分析结果表明,在隔离桩试桩过程中,低净空全套管灌注桩机打桩施工的主振动频率为 25Hz,而沪宁城高铁苏州西特大桥桥墩的自振频率为 4.5Hz。低净空全套管灌注桩机打桩振动与桥墩产生共振的可能性较小。

5.7 低净空全套管灌注隔离桩实施效果

5.7.1 现场施工情况

苏州桐泾北路盾构隧道工程低净空全套管灌注隔离桩施工场地位于既有沪宁高铁苏州西特大桥 142 号墩(运营里程 K86+207.415)、141 号墩(运营里程 K86+174.655)和 140 号墩(运营里程 K86+141.895)之间。施工场地南侧 30m 为京沪普速铁路,且场区内分布有高铁通信、防灾光缆、电缆及其他铁路相关设施、设备,施工场地条件复杂。根据设计要求,在盾构隧道下穿既有沪宁高铁影响区段(既有铁路中心线两侧各 20m)内,采用洞外隔离桩+MJS 法加固+地表纵横梁的防护措施。其中,沪宁高铁苏州西特大桥桥梁翼缘板投影下方,因施工净空低,设置 4 排低净空全套管回旋灌注隔离桩(桩径 1m,桩间距 1.2m,桩长 30m),每排 18 根,总计 72 根;在大桥桥梁翼缘板投影外侧,设置 8 排普通钻孔灌注隔离桩(桩径 1m,桩间距 1.2m,桩长 30m),每排 11 根,总计 88 根。加固施工需在盾构下穿前 1 个月完成。

低净空全套管回旋灌注隔离桩的施工自 2019 年 12 月开始,至 2020 年 6 月和 2021 年 1 月分别完成了左、右线共 72 根低净空全套管回旋灌注隔离桩的施工作业。

设备实现了 3.6m 低净空条件下的套管钻进和取土。对于直径 1m、长度 2.2m 的管节,钻进时间约 1h,包括就位整平、焊接、下沉。套管内取土,单次取土进程为 40~50cm。低净空全套管灌注桩机高铁桥下作业现场照片如图 5-21 所示。

a)全套管灌注桩机

b)钢套管内取土

c)全套管施工

d)隔离桩完成

图 5-21 低净空全套管灌注桩机高铁桥下作业现场照片

5.7.2 实施效果检验

为评价低净空全套管灌注隔离桩施工对周边环境和高铁桥梁桩基的影响,检验隔离桩的防护效果,在低净空全套管灌注隔离桩施工过程中对周围地层、隔离桩自身以及桥梁实施了监测,监测内容包括:孔隙水压力、地下水位、土体深层水平位移(测斜)、隔离桩体变形(测斜)、地表变形(水平位移、沉降)以及桥墩、梁体变形等。在盾构下穿期间和下穿完成至通过影响区期间,持续对地表沉降、土体深层水平位移(测斜)、隔离桩体变形(测斜)、桥墩变形进行了监测。隔离桩正常施工期间、隔离桩施作后盾构下穿沪宁高铁期间以及盾构下穿完成后的监测统计结果分别见表 5-4~表 5-6。其中,隔离桩施工期间典型监测变量的时程曲线如图 5-22~图5-27 所示;盾构下穿通过高铁桥梁影响区段期间典型监测变量的时程曲线参见第 7 章内容。

隔离桩施工期间监测数据统计　　　　　　　　　　　表5-4

监测项目		单次最大变化量	速率控制指标	最大累计量	累计控制
地表沉降		2.86mm	±5mm/d	3.24mm	±30mm
地表水平位移		0.50mm	±5mm/d	2.90mm	±30mm
孔隙水压力		9.90kPa	—	24.61kPa	40kPa
地下水位		185mm	±200mm/d	-399.99mm	±500mm
土体测斜		4.99mm	±5mm/d	38.33mm	±40mm
桩体测斜		1.62mm	±2mm/d	-7.41mm	±10mm
高铁桥墩变形	沉降	0.3mm	±0.8mm/d	0.7mm	±2.0mm/d
	横向水平位移	-0.3mm	±0.8mm/d	0.7mm	±2.0mm/d
	顺向水平位移	0.3mm	±0.8mm/d	-0.7mm	±2.0mm/d

盾构下穿期间监测数据统计　　　　　　　　　　　表5-5

监测项目		单次最大变化量	速率控制指标	最大累计量	累计控制
地表沉降		1.60mm	±5mm/d	2.18mm	±30mm
土体测斜		-4.00mm	±5mm/d	12.88mm	±40mm
桩体测斜		1.88mm	±2mm/d	-7.43mm	±10mm
高铁桥墩变形	沉降	0.4mm	±0.8mm/d	0.7mm	±2.0mm/d
	横向水平位移	-0.4mm	±0.8mm/d	-0.7mm	±2.0mm/d
	顺向水平位移	-0.4mm	±0.8mm/d	-0.6mm	±2.0mm/d

盾构下穿过后监测数据统计　　　　　　　　　　　表5-6

监测项目		单次最大变化量	速率控制指标	最大累计量	累计控制
地表沉降		0.43mm	±5mm/d	2.81mm	±30mm
土体测斜		0.6mm	±5mm/d	13.07mm	±40mm
桩体测斜		-0.68mm	±2mm/d	-6.49mm	±10mm
高铁桥墩变形	沉降	0.4mm	±0.8mm/d	0.6mm	±2.0mm/d
	横向水平位移	0.4mm	±0.8mm/d	0.6mm	±2.0mm/d
	顺向水平位移	-0.4mm	±0.8mm/d	0.6mm	±2.0mm/d

注：1. 上述表中沉降"＋"代表隆起，"－"代表沉降。
　　2. 横桥向水平位移"＋"代表垂直于铁路向北位移，"－"代表垂直于铁路向南位移。
　　3. 顺桥向水平位移"＋"代表垂直于铁路向东位移，"－"代表垂直于铁路向西位移。

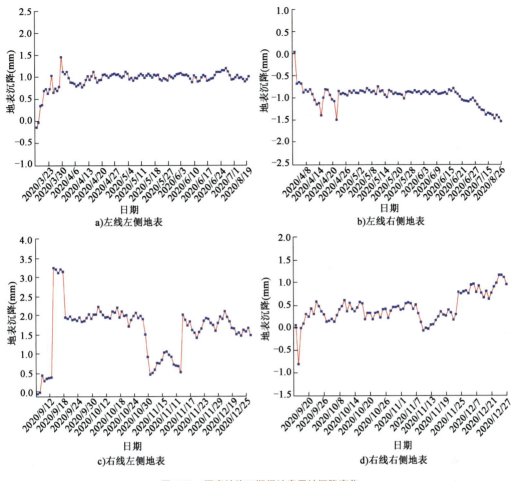

图 5-22 隔离桩施工期间地表累计沉降变化

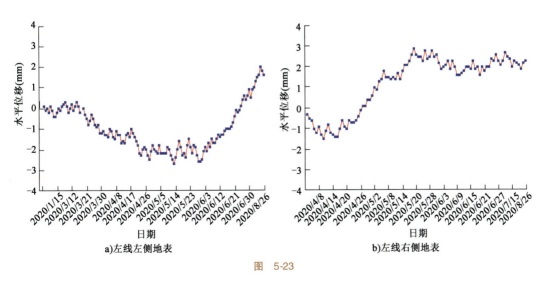

图 5-23

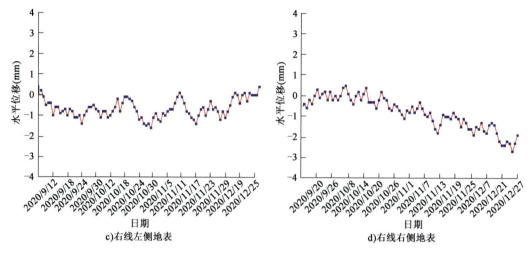

c) 右线左侧地表　　　　　　　　d) 右线右侧地表

图 5-23　隔离桩施工期间地表累计水平位移变化

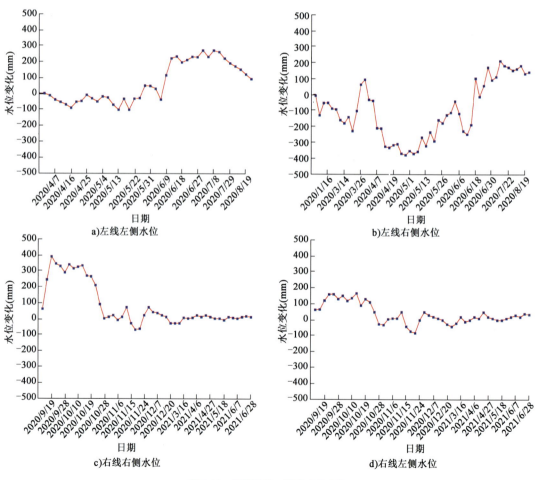

a) 左线左侧水位　　　　　　　　b) 左线右侧水位

c) 右线右侧水位　　　　　　　　d) 右线左侧水位

图 5-24　隔离桩施工期间水位变化

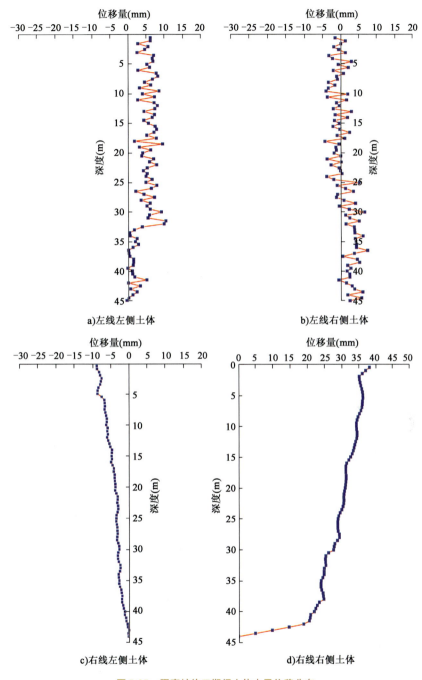

图 5-25 隔离桩施工期间土体水平位移分布

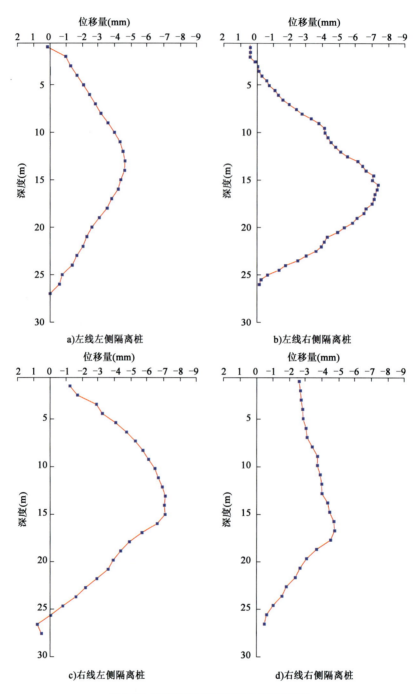

图 5-26 隔离桩施工期间桩体水平位移分布

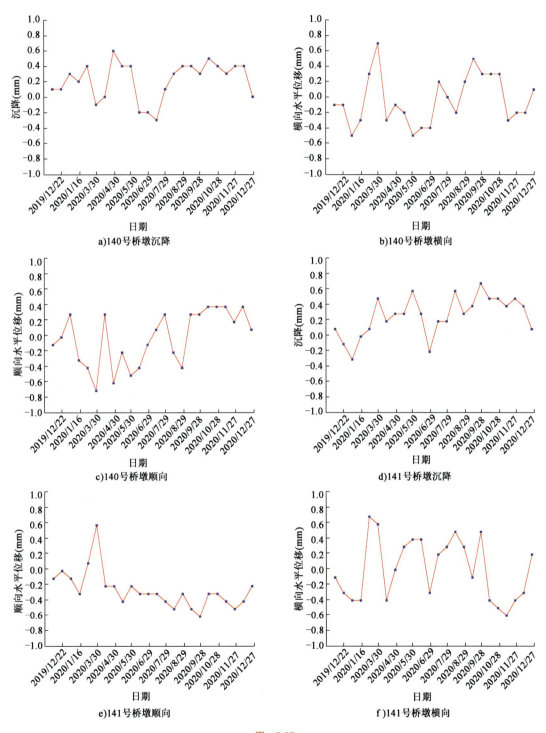

图 5-27

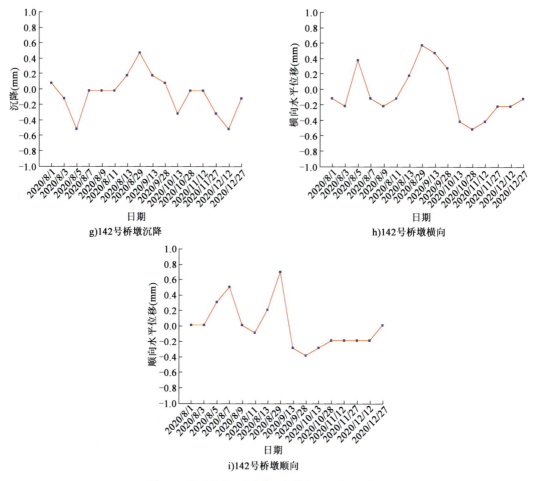

图 5-27 隔离桩施工期间邻近桥墩各向累计位移变化

在隔离桩施工期间,两隧道之间的地表沉降变形波动幅度较隧道旁侧地表剧烈。两隧道旁侧地表的累计沉降主要呈现为隆起现象,而两隧道之间的地表累计沉降相对复杂,既有沉降,又有隆起。整个过程中,隧道周边的地表累计沉降幅度普遍较小,其中最大累计隆起量为 3.24mm,远低于累计隆起量的控制值(30mm),出现在右线隧道左侧。最大累计沉降量为 −1.54mm,也远低于累计沉降量的控制值(−30mm),出现在左线隧道右侧。地表沉降的单日最大变化量为 2.86mm,亦低于其日变化率的限值(5mm/d)。在隔离桩施工过程中,两隧道周边地表的沉降被有效控制在安全范围内。

在隔离桩施工期间,两隧道周边地表的累计水平位移较小,最大累计水平位移为 2.9mm,显著低于地表累计水平位移的控制值(30mm),出现在左线隧道右侧。地表水平位移的单日最大变化量仅为 0.5mm,远低于其日变化率的限值(5mm/d)。这说明,在隔离桩施工过程中,地表的水平位移得到了有效控制,未对周边环境造成显著影响。

在隔离桩施工期间,两隧道附近的水位发生了不同程度的波动变化。其中水位累计上升最大值达到 389.99mm,出现在右线隧道右侧,低于水位累计上升量的控制值(500mm)。水位累计下降最大为-381.0mm,出现在左线隧道右侧,也低于水位累计下降量的控制值(-500mm)。水位单日最大变化量为185mm,低于其日变化率的限值(200mm/d)。在隔离桩施工过程中,隧道周围地层的水位变化维持在安全可控范围内。

在隔离桩施工期间,两隧道周边土体发生了一定程度的水平位移。除了左线隧道右侧土体之外,土体水平位移基本随土体深度而减小,而且左线隧道两侧土体的水平位移相比于右线隧道要小。整个过程中,土体水平位移的最大值为38.33mm,出现在右线隧道右侧,低于土体水平位移的控制值(40mm)。但值得注意的是,其土体水平位移的单日最大变化量达到了4.99mm,逼近日变化率的限值(5mm/d)。综合其他监测指标,隧道周围土体水平位移仍处于安全可控范围。

在隔离桩施工期间,隔离桩自身也发生了一定的水平位移变形。隧道两侧的隔离桩表现出一致的变形规律,即隔离桩水平位移沿桩身呈现两端小、中间大的弓形分布。其中,隔离桩产生的最大水平位移为-7.41mm,方向为偏离隧道,出现在左线隧道右侧桩体约15m深度处,低于隔离桩水平位移的控制值(-10mm)。隔离桩水平位移的单日最大变化量为1.62mm,也低于其日变化率的限值(2mm/d)。在隔离桩施工过程中,隔离桩自身的变形被控制在安全允许范围内。

在隔离桩施工期间,紧邻两隧道的140号、141号和142号桥墩均发生了竖向沉降以及横桥向、顺桥向水平位移。由于高铁桥墩对变形高度敏感,变形控制要求严苛,设定的变形限值小,因此桥墩各向变形曲线显现出较大波动。但在整个过程中,桥墩的最大累计沉降为0.7mm,出现在两隧道中间的141号桥墩,低于高铁桥梁沉降累计量的控制值(2mm)。桥墩产生的最大横桥向、顺桥向水平位移均发生在140号桥墩上,大小分别为0.7mm和-0.7mm,处于桥墩水平位移的控制值(±2mm)之下。而且,在隔离桩施工的后期阶段,桥墩各向变形趋于回落。此外,桥墩三个方向变形的日变化量最大为0.3mm/d,低于其日变化率的限值(0.8mm/d)。在隔离桩施工过程中,邻近桥墩的各向变形均保持在较小范围内,处于安全可控状态,说明隔离桩施工扰动未对高铁桥梁的正常运营造成影响。

在盾构下穿过程中和下穿完成之后,地表累计沉降最大值分别为2.18mm和2.81mm,远低于累计沉降量的控制值(30mm)。地表沉降的单日最大变化量分别为1.6mm和0.43mm,均在其日变化率限值(5mm/d)之下。盾构下穿完成后,地表沉降的变化率有所下降,累计沉降趋于稳定,相较于下穿期仅略有小幅增长。土体水平位移的最大值在下穿期和下穿完成后分别为12.88mm和13.07mm,均低于土体水平位移的控制值(40mm)。相应的单日最大变化量分别为-4mm和0.6mm,均在土体水平位移日变化率控制范围内(±5mm/d)。同样,盾构下穿完成后,土体水平位移虽有增长,但增幅有限。隔离桩的水平位移在下穿期和下穿完成后的最大值分别为-7.43mm和-6.49mm,均在其控制值(-40mm)以下。相应的单日最大变化量分别为1.88mm和-0.68mm,在土体水平位移日变化率控制范围内(±2mm/d)。盾构下穿完成后,桩体水平位移变化率明显下降,而且相较于盾构下穿期,隔离桩水平位移有所回调。至于桥墩变形,在下穿期和下穿完成后的最大值分别0.7mm和0.6mm,处于桥墩变形的控制值(±2mm)范围内,而且单日最大变化量为4mm,也在日变化率控制范围内(±0.8mm/d),表明盾构下穿施工对高铁桥梁的影响安全可控,隔离桩起到了防护作用。

综上所述,在隔离桩施工和盾构下穿高铁至完全通过影响区的全过程中,地表、土体、隔离桩和高铁桥墩等各项监测指标均维持在允许的控制范围内,现场始终处于安全可控状态,且未发生任何异常或事故。现场良好的实施效果表明,所提出的加固方案是切实可行的,研发的低净空全套管灌注桩微扰动施工装备及其配套施工技术也显示出极高的安全性和可靠性,不仅隔离桩自身的施工扰动未对高铁桥梁的正常运营造成影响,而且有效阻隔了盾构下穿施工扰动对桥墩的不利影响,发挥了预期的防护效果。这一成果充分证实了低净空全套管灌注桩施工技术在高风险环境下的适用性,为我国高铁桥梁下穿既有隧道施工提供了宝贵的经验和技术支撑。

第 6 章

下穿运营高铁桥梁大直径盾构掘进施工变形精准控制技术

6.1 引言

盾构下穿施工过程实际上是一个打破原始应力场平衡,经应力传递、重分配,再建立新的应力场平衡的复杂过程。这一应力变化过程也是产生变形的过程。变形的根源在于应力场的不平衡。因此,施工变形控制的关键在于减少这种不平衡的程度和不平衡状态的持续时间。大直径盾构隧道下穿运营高铁桥梁工程对施工变形的控制要求比一般工程更高。变形控制不仅关乎隧道结构自身安全,也关系到周边环境和高铁运营的安全。除了采取恰当的加固防护措施来阻隔变形向桥桩传递之外,控制下穿施工过程中的开挖扰动程度和扰动时间同样至关重要。如果开挖扰动过大或扰动时间过长,可能会导致隔离桩防护功能失效,变形失控,进而将变形传递给桥桩,危及桥上列车的行车安全。

盾构掘进施工变形的精准控制依赖于掘进设备的选型、施工参数的合理设定以及先进的控制技术等。本章基于广泛的工程调研,将开展盾构选型设计、大直径盾构开挖面稳定机理以及关键参数控制等研究,明确适用于本工程的盾构机型、盾构开挖面稳定性的主要影响因素以及关键的掘进参数。依据大直径泥水盾构的工作原理和相关工程经验,并结合试验段盾构掘进数据,提出具体的控制措施,形成一套大直径盾构下穿运营高铁桥梁的施工变形精准控制技术体系,以实现大盾构安全穿越和运营高铁桥梁毫米级控制的目标。

6.2 盾构机选型与设计

6.2.1 盾构机选型

盾构机选型是盾构法施工的关键环节,直接影响盾构隧道施工工艺及施工成本。不同类型的盾构机对地层有一定的适用范围,盾构机选型需考虑的主要因素包括掘进土层颗粒大小、组成和地层渗透系数等。根据工程地质、水文地质及工程特点,适用于本工程的盾构类型主要有土压平衡盾构机和泥水平衡盾构机。

从土层颗粒大小和组成分析,土压平衡盾构一般适用于粉粒、黏粒含量较高的细粒土地层,从这种类型地层切削的渣土易获得塑性流动性和不透水性,土压力能均匀作用于工作面,有利于保持开挖面的稳定。相反,泥水平衡盾构一般适用于较粗颗粒地层,尤其是砂砾、砂土地层,泥水压力作用于工作面,易形成泥膜以防止地下水喷出。工程中,盾构机将主要穿越饱和粉土、粉砂和粉质黏土地层,要求在易发生流砂的地层中能稳定开挖面,并将地层损失率控制到最低程度,以保证盾构隧道施工安全和沿线邻近建筑物及公用设施不受损坏。在此特定情况下,泥水平衡盾构机更适用于粉砂地层,特别是在穿越沪宁高铁桥梁、京沪铁路、山塘街段时具有明显优势。

从地层渗透性分析,当地层渗透系数小于 1×10^{-7} m/s 时,一般宜选择土压平衡盾构;当地层的渗透系数在 $1\times10^{-7}\sim1\times10^{-4}$ m/s 之间时,可以灵活选择土压平衡盾构或泥水平衡盾构;当地层的渗透系数大于 1×10^{-4} m/s 时,一般宜选择泥水平衡盾构。本工程隧道穿越地层的最大渗透系数约为$1×10^{-2}$m/s，因此应优先考虑采用泥水平衡盾构。

从场地、设备条件等分析，泥浆处理需要较大的施工场地，占地约5000m^2，对周边环境影响较大，且泥浆处理费用昂贵，隧道每延米的综合造价相对较高。但鉴于本工程盾构区间较短，单洞施工保守估计只需4个月。同时，北侧盾构工作井已有一定面积已拆迁或待拆迁的场地，南侧盾构工作井附近为苏州市公共交通有限公司停车场，周边房屋也有拆迁规划，场地条件满足布置泥浆处理场地的需要。此外，经过广泛的市场调查，在现有大断面盾构设备中，泥水平衡盾构占绝大多数，采用泥水平衡盾构便于对现有设备进行升级改造，使其能够适应本工程的具体需求。因此，本工程具备采用泥水平衡盾构的场地条件和设备条件。

综合以上分析，本工程适于采用泥水平衡盾构机。

6.2.2 盾构机设计

泥水平衡盾构机由刀盘系统、主机和后配套设备组成，在功能上包括掘进系统、拼装系统、同步注浆系统、泥水输送系统、导向系统、数据采集与管理系统、综合管理系统、集中润滑系统、泥水分离系统等。

(1) 刀盘系统

刀盘是盾构机开挖土体的关键组件，其结构形式、刀具类型及布置方式与工程地质密切相关。不同地质情况应采用与之匹配的刀盘结构和刀具布置形式，以保证刀盘和刀具能适应地质条件，避免发生非正常磨损而导致掘进受阻。

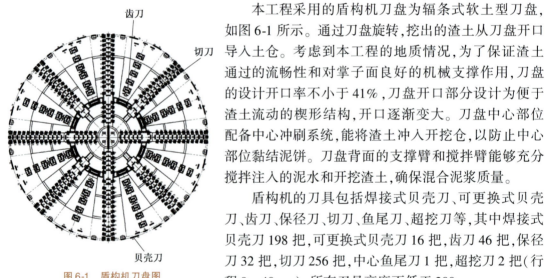

图6-1 盾构机刀盘图

本工程采用的盾构机刀盘为辐条式软土型刀盘，如图6-1所示。通过刀盘旋转，挖出的渣土从刀盘开口导入土仓。考虑到本工程的地质情况，为了保证渣土通过的流畅性和对掌子面良好的机械支撑作用，刀盘的设计开口率不小于41%，刀盘开口部分设计为便于渣土流动的楔形结构，开口逐渐变大。刀盘中心部位配备中心冲刷系统，能将渣土冲入开挖仓，以防止中心部位黏结泥饼。刀盘背面的支撑臂和搅拌臂能够充分搅拌注入的泥水和开挖渣土，确保混合泥浆质量。

盾构机的刀具包括焊接式贝壳刀、可更换式贝壳刀、齿刀、保径刀、切刀、鱼尾刀、超挖刀等，其中焊接式贝壳刀198把，可更换式贝壳刀16把，齿刀46把，保径刀32把，切刀256把，中心鱼尾刀1把，超挖刀2把(行程0~40mm)，所有刀具高度不低于200mm。

(2) 盾壳结构

盾壳由盾体和盾尾构成，采用钢板焊接制造。盾体遮罩刀盘后部、主驱动、人舱、推进液压缸并支承管片安装机。盾尾用于保证管片周边的密封性，确保盾构隧道的防水性。盾壳结构设计需满足承受1MPa静态和0.75MPa动态流体压力的要求。

盾体钢结构应保证能够承受水土压力和其他叠加荷载的工作压力，按最不利荷载条件进行计算、设计。盾体采用分块设计(盾体后部边缘有与盾尾连接的坡口)，盾体各个部分通过螺栓连接,所有法兰盘都经过机械加工以保证精度,每个法兰盘均设有密封槽,材料为Q345B 16MnR/S355J2G3。盾体各部分设计厚度如下:盾体前体厚度90mm,盾体中体厚度60mm,盾尾厚度110mm(三明治结构),末端厚度为90mm,盾尾间隙为45mm。

为了提高盾尾的止水性,盾尾采用4道钢丝刷和一道钢板束、止浆板密封(图6-2),其中4道钢丝刷密封是焊接固定的。盾尾区域设有6根注浆管,当注浆压力过大时,盾尾后的止浆板可阻挡砂浆进入。

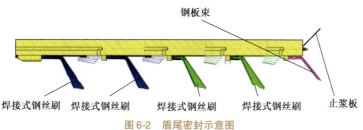

图6-2 盾尾密封示意图

在盾尾区域,每个油脂腔设有18根油脂注入管。在掘进期间,油脂注入是持续不断的。油脂分配阀通过时间和压力控制循环动作,时间可在控制面板上通过自动控制系统(PLC系统)预先设置。压力优先于时间,也就是说,一旦达到预设的压力值,即刻转向下一个阀动作,不论预设时间是否到达。除此之外,当时间到达预设值时,即刻转向下一个阀动作。润滑系统由控制室控制,分为自动控制和人工控制两种模式。在正常施工中,一般采取自动控制模式。在长时间停机及其他特殊情况下,由盾构机操作手根据需要切换到人工控制模式,主动控制盾尾密封油脂的注入。

(3)主驱动系统

主驱动系统包括主轴承、变频电机、减速箱和安装在后配套拖车上的变频控制柜。刀盘的法兰通过螺栓与主轴承的内齿圈连接,主驱动系统通过变频电机驱动主轴承的内齿圈带动刀盘旋转。主驱动结构如图6-3所示。

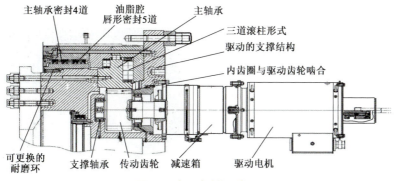

图6-3 主驱动结构示意图

主轴承设有内、外两套密封系统,其密封工作压力为0.75MPa。外层密封负责开挖仓方向的密封,内层密封则负责盾体内部常压一边的密封,如图6-4所示。其中外层密封采用大直径轴密封结构和5道唇形密封形式,将主轴承与外面承压的开挖仓隔开。内层密封采用优化设计,配备了2道唇形密封,与传统设计不同的是,它并非在开挖仓内直接面对土压力,而是缩回到盾构机内部,与刀盘中心空腔相接触,极大提高了内层密封的安全性。该密封系统还附带连续油脂润滑和泄漏监测系统,具备自动润滑、自动密封、自动检测密封的功能。

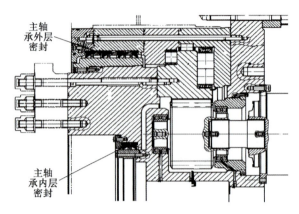

图6-4 主轴承密封示意图

(4)推进系统

推进系统为盾构机提供向前推进的动力,由68根(34组)推进液压缸和相应的液压泵站组成。推进液压缸的后端顶在管片上,提供盾构前进的反力。这些推进液压缸按照在圆周上的区域分为6组,每组液压缸均可单独进行压力调整。为保证盾构机沿着正确方向开挖掘进,操作手可以独立调整这6组液压缸的压力和行程,对盾构机进行纠偏和调向。6组推进液压缸配备了行程测量检测器,推进速度可通过主控室的控制按钮进行调整。管片安装过程中,正在安装管片的对应液压缸缩回,其他液压缸的撑靴保持压紧状态,以足够的推力与管片接触,防止盾构机后退。

本工程盾构机还增加了碎石机,以提高大块混凝块进入土仓后的破碎能力,防止刀盘卡死,降低高压进仓概率,如图6-5所示。碎石机的主要作用是通过转动板、颚板组件在不同模式下的夹紧、摆动等动作实现对泥水仓内大块石、泥团的破碎和搅拌,确保泥水平衡盾构环流系统的通畅。

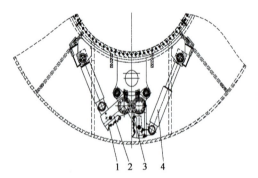 

图6-5 碎石机
1-颚板;2-转动架;3-中心座;4-液压缸

(5)管片拼装系统

管片拼装系统主要由管片吊机、喂片机、管片安装机等组成,用来吊运、平移和拼装管片(图6-6)。该系统采用真空吸盘式管片吊机和管片安装机,管片安装机由两个主要部件组成,分别是支撑管片抓取装置的固定框架和支撑旋转、提升装置的转动体。其中,转动体由齿轮式液压马达和小齿轮驱动,在固定于拼装机定子的托梁上转动。

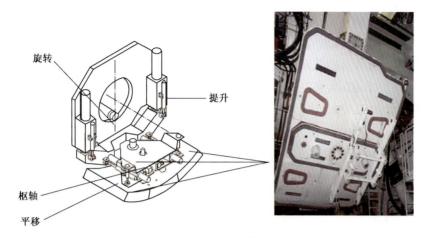

图 6-6　真空吸盘式管片安装器

管片拼装机所有运动均采用液压驱动和无线控制。所有运动都是按比例控制的,富裕的动力储备使操作迅速、精确,尤其是单独控制的径向伸缩液压缸可以保证最佳的管片安装效果。拼装机顶部配备一个工作平台,通过该平台来靠近楔形块管片的螺栓。必要的供应管路(电气和压缩空气)也安装在工作平台上,所有从后配套设备到盾体的管线均穿过安装机中部的空间。

（6）后配套设备

后配套设备配备有液压泵站和液压油箱。液压泵站由具有推进液压缸,拼装机伸缩、往复运动,前闸门开闭以及泥水管路的球阀开闭、搅拌机等功能的液压油泵组成,并包含过滤和冷却油泵、应急油泵。液压设施的工作压力在 5～35MPa。液压设备如图 6-7 所示。

此外,盾构机上还配备了 5 台空压机,其中 4 台 90kW、17.1m³/min、1.2MPa 的空压机用以给盾构机气垫仓供气,1 台 55kW、10m³/min、1.2MPa 的空压机用以给盾构机附属气动元件供气,如盾尾密封油脂的分配阀、气动隔膜泵等,如图 6-8 所示。

图 6-7　液压设备

图 6-8　压缩空气设备

(7)同步注浆系统

盾尾同步注浆系统的主要目的是控制地面沉降,防止地下水或地层裂隙水向管片内泄漏,使土压力作用均匀并使管片衬砌环及早稳定,从而有效保证隧道施工质量和防止地面下沉。根据类似工程施工经验及本工程地质情况,选择采用单液浆注浆系统。

在盾构掘进过程中,砂浆通过盾尾的8根注浆管被连续、自动注入管片与隧道之间的环缝中。后配套拖车上搭载有砂浆罐和3台双活塞注浆泵,每台注浆泵设有2个出口,出口直接连接到盾尾注入点上,由电-液动力单元驱动,砂浆注入速度通过控制液压油流量来实现。双活塞注浆泵如图6-9所示。

图6-9 双活塞注浆泵

(8)泥水输送系统

泥水输送系统具有两个基本功能:一是稳定掌子面,二是通过排浆泵将开挖渣料从泥水仓经排泥管输送到泥水处理设备。掌子面的稳定性取决于泥浆压力和泥浆的流变特性。泥水输送系统由进出浆泵、进出浆管、延伸管线、辅助设备等组成。进浆泵负责将调制好的泥水经由送泥管输送到泥水仓。基于以往施工经验和本工程地质特点,本盾构机泥水输送系统共设计了13路进浆口,分别进入气垫仓和开挖仓,覆盖了中心冲刷、格栅冲刷、搅拌机冲刷及前闸门冲刷。排泥泵则将挟带渣土的泥水排出,经由排泥管输送到地面的泥水处理设备进行分离。

在根据盾构机切削断面、送泥相对密度、掘进速度和排泥相对密度等参数计算出送排泥流量后,选择合适的排泥管径至关重要。排泥管径取决于输送的渣土块大小及排出土砂的沉积临界流速。本工程施工中,排泥泵的流量不低于$2400m^3/h$,送排泥管选用$\phi 450mm$的输送管。

据以往施工经验,输送管道中弯头容易出现磨损,尤其是回泥管路上的弯头及变径部位,磨损更为严重。为避免发生泥浆管道磨穿现象,保证施工连续性,本盾构机泥浆管路弯头及变径部位采用了加厚设计,并且全部进行了耐磨处理。泥水输送系统的送泥泵P1.1固定于地面上,主排浆泵站P2.1安装于盾构机后配套拖车上,随盾构推进而前进。

(9)克泥效设备

克泥效搅拌注入一体设备参数为:设备尺寸为$4.0m \times 0.8m \times 1.8m$(长×宽×高),质量为1~2t,电机功率为A泵电机5.5kW、B泵电机1.5kW、搅拌机电机$4.0kW \times 2$。克泥效设备如图6-10所示。

图 6-10　克泥效设备

(10) 数据采集与管理系统

数据采集与管理系统具备数据采集处理和故障自动显示的功能，能够采集、处理、储存、显示、评估盾构机操作全过程的所有参数。所有测量数据通过盾构机自动控制系统（PLC 系统）的通用数字传输接口，传输到单独的数据记录电脑上进行存储，并可通过专用软件将所记录的测量值以图形的形式显示在数据采集系统的监测器上。

由于盾构机操作员需要在隧道内远程操控地面的泥水供给泵和隧道内的泥水中继泵，从泥水处理场至盾构机之间由线缆连接形成了一个远程的自动控制系统（PLC 系统），数据记录可以通过通用信号线数据接口读取；也可以在地面上设置一个监控工作室，直接接入泥水处理场或旁通站中的 PLC 模块读取数据，从而实现实时的远程监控。项目技术管理人员在地面即可获得盾构机当前的参数状况，这为项目部及时了解施工现场情况、快速做出决策提供了第一手资料。

6.3　大直径盾构开挖面稳定机理

泥水平衡盾构开挖面的稳定主要是依靠密封仓的泥水压力（即切口压力）来实现的。当泥水渗入土壤中，形成渗透性非常小的一层泥膜，泥水压力通过泥膜有效地作用于开挖面，从而防止开挖面出现较大变形和崩塌，确保开挖面的稳定。

从力学的角度而言，盾构开挖面的稳定问题实际上涉及开挖面上的支护压力与土压力的平衡，以及土体的极限挤出变形的问题。接下来，将采用有限元数值分析的方法，从极限支护力、挤出变形等角度分析大直径盾构开挖面稳定条件及影响开挖面稳定的因素。

6.3.1　计算模型

选取盾构下穿高铁桥梁段地层进行建模分析，地层由上到下依次为黏土、粉砂、黏土以及粉质黏土。模型中，土层和管片均采用实体单元模拟，土层被视为弹塑性材料，本构关系服从莫尔-库仑准则（Mohr-Coulomb 准则）。衬砌管片外径为 13.25m，内径为 12.05m，被视为弹性材料，并通过引入折减系数来考虑接头对管片环刚度的降低。设刚度折减系数为 η，折减之后

整个圆环刚度变为 ηEI，根据工程经验取 $\eta = 0.8$。计算模型尺寸为：隧道横断面水平 X 方向取 100m，隧道开挖掘进 Y 方向取 50m，隧道横断面竖直 Z 方向取 60m，隧道埋深取 10.375m。模型顶部为自由面，底部施加固定约束，前后、左右边界面施加法向约束。整体计算模型示意见图6-11。

泥水平衡盾构在掘进过程中，泥水仓会对开挖面形成一定的支护压力来保证开挖面的稳定。数值模拟计算中，盾构机施加在开挖面上的泥水仓压力采用均布荷载模拟。取开挖面中点处的静止土压力为初始支护应力 q_0。根据工程地质资料，计算得出 $q_0 = 160$ kPa。为便于后续分析说明，定义开挖面支护应力 q 与初始支护应力 q_0 的比值为支护应力比 λ，使用支护应力比 λ 来表征盾构掘进过程中开挖面支护应力的大小，并以此来研究开挖面极限支护压力的大小。图6-12为开挖面泥水仓压力均布荷载示意图。

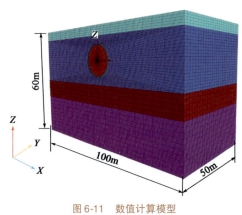

图6-11　数值计算模型

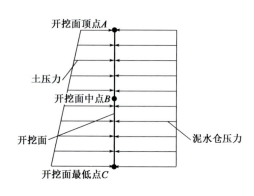

图6-12　均布荷载示意图

6.3.2　开挖面失稳判别方法

泥水平衡盾构施工时，开挖面失稳主要是因为掘进时支护力不足，开挖面挤出变形过大所致。一些专家和学者指出，当支护应力略微减小时，开挖面挤出位移就会发生明显变化。此时，可以推断开挖面周围地层产生了滑移，开挖面随之因产生显著位移而发生失稳破坏。因此，可以通过监测开挖面挤出变形来判别开挖面是否失稳。具体判别方法如下：

（1）获得开挖面上顶部点 A、中心点 B 和底部点 C 三个代表测点（图6-12）分别在不同支护应力下的挤出变形。

（2）绘制开挖面顶部点 A、中心点 B 和底部点 C 三个代表测点挤出变形与支护应力的变化曲线。

（3）根据绘制的挤出变形曲线，找出每条曲线中支护应力变化较小而挤出变形剧增的临界点（通过拟合曲线方程求导确定）。

（4）比较三条曲线中挤出变形剧增临界点对应的支护应力大小，取支护应力最大者作为开挖面极限支护压力。

（5）当支护应力≥开挖面极限支护压力时，开挖面即可维持稳定。

6.3.3　挤出位移形态分析

盾构隧道掘进施工会对周围地层造成扰动，引起开挖面的位移变化。为了解开挖面挤出变形情况，在隧道开挖面中心轴线上布置了13个监测点，相邻监测点间距1m，其中 A、B、C 分别为开挖面顶部、中部和底部代表测点，如图 6-13 所示。

选取盾构掘进至 $y = 26$m 处的数据进行分析。支护应力比 $\lambda = 0$（即不施加支护应力）和支护应力比 $\lambda = 1$ 时的挤出位移云图如图 6-14 所示。可以看出，盾构掘进在不施加支护应力时，开挖面整体挤出变形大，最大挤出位移高达1329.5mm，处于开挖面中心以上靠顶部的位置；最小挤出变形为100mm，处于开挖面底部位置。当支护应力比 $\lambda = 1$ 时，开挖面整体挤出变形极小，最大挤出位移不到0.02mm，其分布规律与 $\lambda = 0$ 时相反。

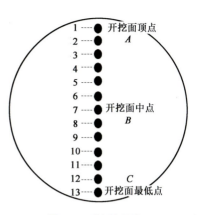

图 6-13 监测点示意

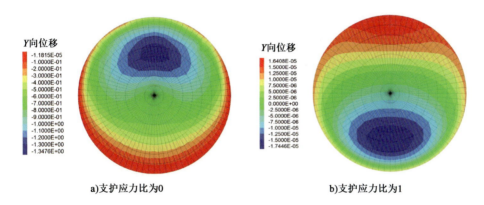

图 6-14 开挖面挤出位移云图（单位：m）

为了更加清晰地反映开挖面不同部位的挤出变形情况，将开挖面中轴线上13个监测点的挤出变形量由上到下依次连接绘制成点线图，得到不同支护应力比的开挖面中轴线挤出位移曲线，如图 6-15 所示。

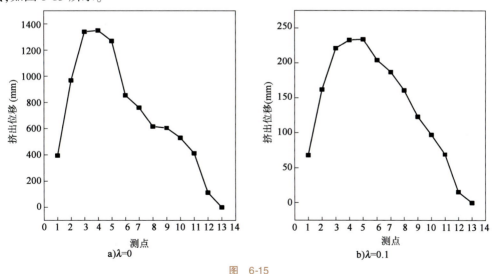

图 6-15

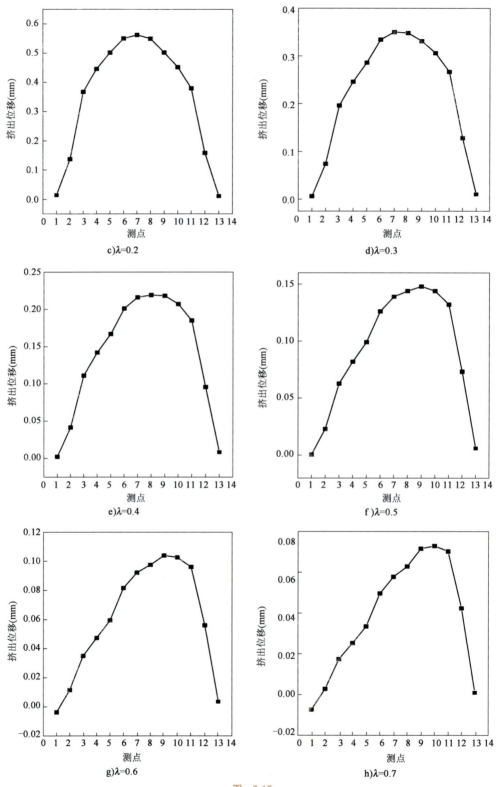

图 6-15

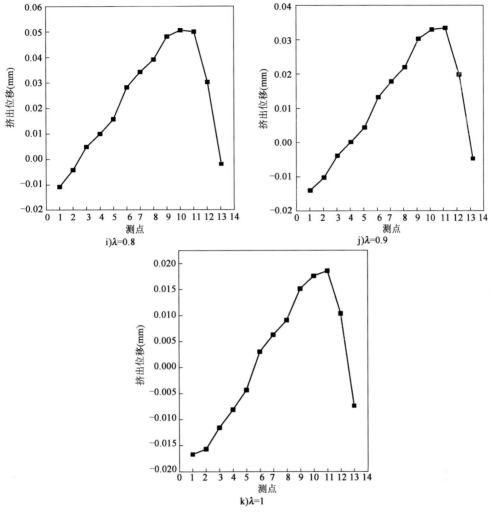

图 6-15 开挖面挤出位移点线图

由图 6-15 可知：

（1）不同支护应力比下，开挖面中心轴线挤出位移均呈现两端小、中间大的分布特点。这是由于洞周受盾壳等夹持约束作用，开挖面顶、底部的挤出变形量较小，而远离洞周的开挖面中部无盾壳的夹持约束，挤出变形相对较大。

（2）开挖面挤出位移量随着支护应力的增大而减小，当开挖面支护应力比 $\lambda \leqslant 0.1$ 时，开挖面挤出位移量比较大，高达 250mm 以上。当开挖面支护应力比 $\lambda \geqslant 0.2$ 时，开挖面挤出位移发展被快速抑制，最大挤出位移量不到 0.6mm。

（3）随着支护应力比的增大，开挖面挤出位移最大值出现位置逐步从开挖面中部靠上往中部靠下偏移；当支护应力比 $\lambda = 0.2 \sim 0.3$ 时，最大挤出位移位置基本位于开挖面正中心处。

6.3.4 极限支护压力确定

开挖面上顶部 A、中心 B 和底部 C 三个代表测点的支护应力比 λ 与掌子面挤出位移关系曲线如图 6-16 所示。

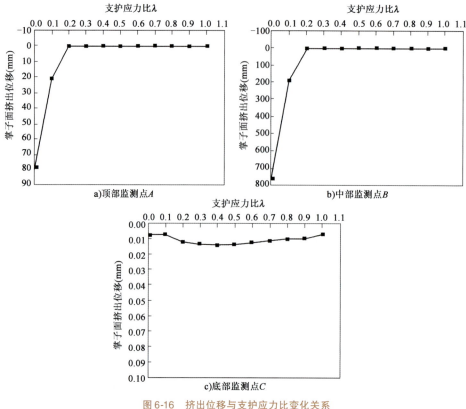

图 6-16 挤出位移与支护应力比变化关系

由图 6-16 可知:开挖面顶部和中部的挤出位移随支护应力比的变化趋势相似。当支护应力比 λ 从 0 增大到 0.2 时,开挖面顶、中部挤出位移基本呈线性降低。当支护应力比 λ 继续不断增大时,顶、中部挤出位移的变化极小。开挖面底部的挤出位移随支护应力比的变化始终较小。

分析开挖面顶部和中部挤出位移与支护应力比的变化曲线,根据开挖面失稳判定依据可以判定开挖面极限支护应力比为 0.2,对应本工程的极限支护应力约为 32kPa,即为掘进时泥水仓泥水压力的最小控制值。因此,为保证盾构掘进过程中开挖面的稳定,泥水平衡盾构机的泥水仓压力应大于 32kPa。

6.3.5 极限支护压力影响因素分析

在盾构掘进过程中,挤出位移量主要受到开挖面大小、地质条件和盾构掘进参数等因素的影响。在本次分析中,我们将重点讨论盾构直径 D(开挖面大小)和地质条件中的剪切强度指标黏聚力 c、内摩擦角 φ 这三个因素对开挖面极限支护压力的影响。分析中,黏聚力 c、内摩擦角 φ 变化范围主要针对本工程盾构穿越地层,根据地质勘察报告确定。

6.3.5.1 盾构直径

不同盾构直径开挖面的挤出位移分布如图 6-17 所示($c = 10$kPa,$\varphi = 15°$)。按照前述方法,分别确定不同盾构直径开挖面的极限支护压力,由此可以得到极限支护压力与盾构直径的变化曲线,如图 6-18 所示。

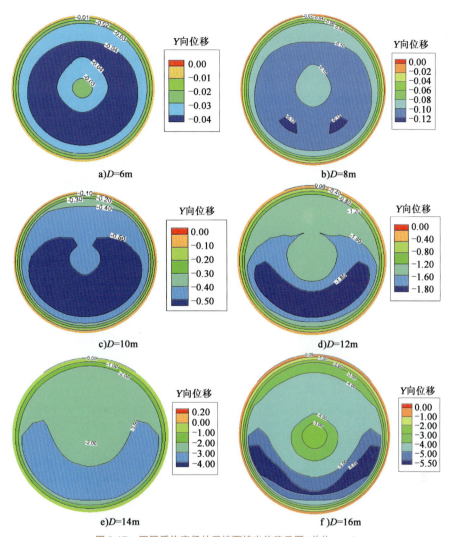

图 6-17 不同盾构直径的开挖面挤出位移云图（单位：mm）

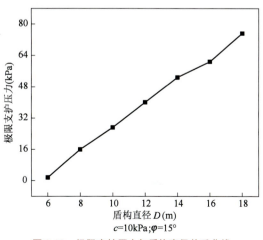

图 6-18 极限支护压力与盾构直径关系曲线

经过分析可知:

开挖面极限支护压力与盾构直径大致呈现出线性正相关的关系,即维持开挖面稳定所需的最小支护压力随盾构直径几乎线性增长。盾构直径对开挖面的极限支护压力影响显著。

随着盾构直径的增大,开挖面挤出位移分布越来越不均衡,最大挤出位移位置逐渐向开挖面底部偏移,失稳的风险越来越大。

直径6m级盾构开挖面的极限支护压力非常小。与之相比,直径10m级以上盾构的极限支护压力大很多,这也说明大直径盾构施工面临的失稳风险更大。

不同黏聚力条件下开挖面的挤出位移分布如图6-19所示($\varphi = 15°$, $D = 14\text{m}$)。按照前述方法,分别确定不同黏聚力条件下开挖面的极限支护压力,由此可以得到极限支护压力与黏聚力的变化曲线,如图6-20所示。

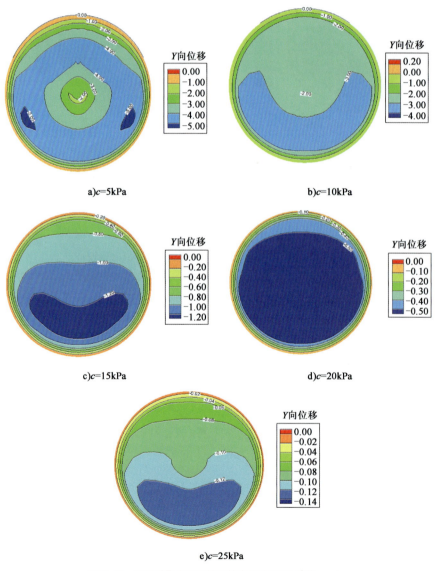

a) $c=5\text{kPa}$　　　　　　　　　　b) $c=10\text{kPa}$

c) $c=15\text{kPa}$　　　　　　　　　　d) $c=20\text{kPa}$

e) $c=25\text{kPa}$

图6-19　不同黏聚力下开挖面挤出位移云图(单位:mm)

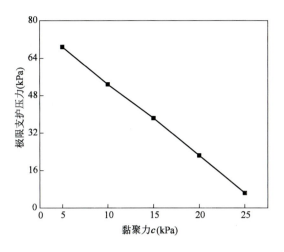

图 6-20　极限支护压力与黏聚力变化曲线（$D=14\text{m}$）

经过分析可知：

（1）开挖面极限支护压力与地层剪切强度指标黏聚力 c（5~25kPa）大致呈线性负相关关系。地层黏聚力越大，土体颗粒间连接越强，意味着围岩抵抗挤出变形的能力越强，需要盾构提供的泥水仓压力越小。

（2）地层剪切强度指标黏聚力 c（5~25kPa）对开挖面的极限支护压力影响显著。对于盾构可能穿越粉土、粉砂、粉质黏土等较差地层情况，在地质勘察阶段仔细调查、准确测定黏聚力 c 尤为重要。

6.3.5.2　地层内摩擦角

不同内摩擦角下开挖面的挤出位移分布如图 6-21 所示（$c=10\text{kPa}$, $D=14\text{m}$）。按照前述方法，分别确定不同内摩擦角条件下开挖面的极限支护压力，由此可以得到极限支护压力与内摩擦角的变化曲线，如图 6-22 所示。

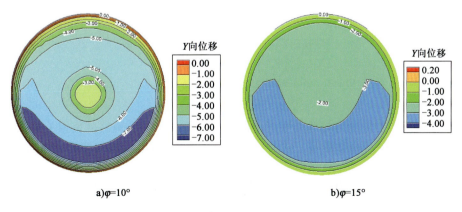

a) $\varphi=10°$　　　　b) $\varphi=15°$

图 6-21

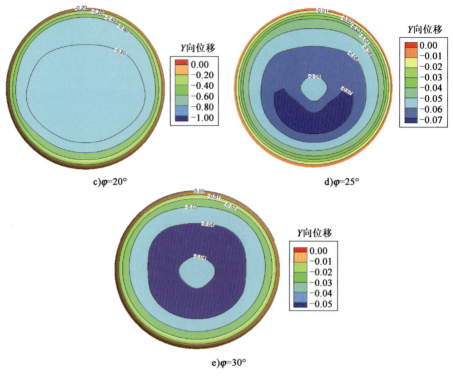

图 6-21 不同内摩擦角下开挖面挤出位移云图（单位：mm）

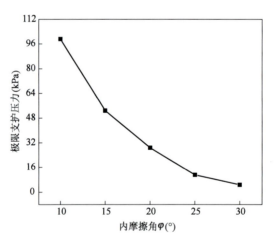

图 6-22 极限支护压力与内摩擦角关系曲线（$D=14$m）

经过分析可知：

(1) 开挖面极限支护压力与地层强度指标内摩擦角 φ（10°~30°）呈负相关关系。地层内摩擦角越大，土体颗粒间的摩擦阻力越大，意味着围岩抵抗挤出位移的能力越强，需要盾构提供的泥水仓压力越小。

(2) 地层剪切强度指标内摩擦角 φ（10°~30°）对开挖面的极限支护压力影响较显著。对于盾构可能穿越粉土、粉砂、粉质黏土等较差地层情况，在地质勘察阶段仔细调查、准确测定内摩擦角 φ 同样很重要。

6.4 大直径泥水盾构掘进精准控制技术

6.4.1 掘进参数试验

(1)试验段选取

为确保盾构下穿施工的安全性和效率,精准掌握掘进参数对地层变形的影响至关重要。因此,在盾构正式下穿前设置了一定范围的试验段进行试掘进。试验段试掘进的主要目的是分析切口压力、推进速度、出土量、注浆量和注浆压力等参数与地面沉降之间的对应关系,掌握盾构在此段区域推进时的土体沉降变化规律,探明区域地层的工程性质情况,以便正确设定下穿高铁桥梁的施工参数,确保盾构隧道穿越过程中不停机且各项参数最优,从而保障上部既有高铁桥梁的安全。

根据工程实际情况,在盾构距离既有沪宁城际铁路前100m位置,左右线各设置一处试验段,具体里程分别为K1+421.4~K1+521.4和K1+422.8~K1+522.8。选择此位置作为试验段,是因为其线路埋深、地质情况与下穿铁路段相似,有利于更准确预测在下穿段地质条件下的地层反应,可为盾构下穿段掘进参数的设定提供更加精确、可靠的参考依据。

(2)试验段掘进参数

掘进试验段主要关注切口压力、总推力、掘进速度、刀盘转速、刀盘扭矩、注浆压力等施工参数,并按照下穿段的地表隆沉变形控制标准进行控制。

①切口压力

桐泾北路盾构隧道主要穿越粉砂层及粉质黏土层。试验段掘进的初始切口压力按静止土压力和主动土压力的平均值进行控制。根据理论计算结果,下穿沪宁城际铁路时的理论切口压力为0.12~0.18MPa。借鉴上海、苏州地区盾构穿越粉砂层及粉质黏土层的施工经验,试验段掘进初始切口压力设定为0.15MPa。试掘进过程中将根据现场监测数据以及隧道埋深变化,对切口压力进行动态调整,并分析切口压力对沉降的影响,为后续下穿施工提供依据。

②推进速度

泥水平衡盾构推进速度不但与盾构机自身掘进能力(总推力、扭矩)有关,还与同步注浆能力、泥水循环系统的能力有关。因此,推进速度必须在确保注浆质量、泥水系统畅通的前提下,合理控制推进速度,使盾构匀速缓慢施工,减少盾构对土体的扰动,达到控制地面变形的目的。在试验段掘进施工过程中,盾构掘进速度控制在1~2cm/min。

③泥浆指标调控

试验段掘进采用膨润土、化学处理剂、水配制泥浆。在试验段掘进前,将泥浆调试到理想状态,保证泥浆能充分进入盾构开挖面前方的土体中,形成良好的泥模。试验段掘进期间,泥浆指标的控制目标包括:确保推进过程中泥浆比重、黏度基本稳定;黏度、相对密度、pH值等指标最优,地层适应性强,有利于下穿施工;泥水压滤系统工作可靠,可以及时调节泥浆性能。

④切削量控制

根据理论计算,当掘进速度为2cm/min时,理论出土量为2.84m^3/min。结合地区经验,将实际出土量控制在理论出土量的97%~100%之间为宜。在试验段掘进中,切削量将根据地质条件,并综合考虑最优刀盘转速、排泥总量和送泥总量等实时调节。

⑤二次注浆

二次注浆压力根据地层条件确定,试验段掘进时控制在0.3MPa左右。二次注浆浆液采用结石率高、稳定性好、抗压强度高的水泥-水玻璃双液浆。

试验段各项掘进参数见表6-1。

试验段各项掘进参数表　　　　表6-1

参数	切口压力（MPa）	总推力（kN）	掘进速度（cm/min）	刀盘扭矩（kN·m）	刀盘转速（r/min）	注浆压力（MPa）
数值	0.15~0.2	61053~66150	1~2	2000~3000	1.0~1.2	0.2~0.3

6.4.2 盾构下穿前期准备

(1) 施工参数优化

在盾构穿越铁路之前的施工过程中,应及时了解盾构所穿越土层的地质条件,掌握这种地质条件下泥水平衡盾构推进施工的方法,确定盾构推进施工参数和同步注浆量,并且通过实践不断地对其进行优化。

在此阶段监测数据最能够准确地反映盾构推进的各项参数,故组织测量人员在推进期间24h值班监测,每环监测两次,开始推进时测一次,推进结束时测一次。监测数据应及时上报推进人员,推进技术人员根据监测数据及时调整推进参数,以求盾构以最合理的施工参数穿越铁路。

(2) 机械设备及检查

为确保该区间顺利施工,在盾构始发前应对盾构机密封系统、注浆系统、刀盘、刀具等进行详细的检查,确保盾构机性能良好。

在盾构进入铁路群影响范围之前,应对盾构机进行机械设备和注浆管路的检查和维护,对于存在故障和故障隐患的机械一律进行维修,对注浆管路进行一次彻底的清洗,保证穿越铁路群过程中不发生机械故障和注浆管路堵塞的情况。

对于液压油封、高压油管、继电器等易损件,要准备备用件,以备损坏时能够及时更换,确保不因设备故障导致施工中断。

(3) 与铁路部门沟通

在穿越施工前,与中国铁路上海局集团有限公司(简称集团公司)提前联系,并取得管理部门和相关站段的支持,了解铁路与隧道的相对关系;在地面轨道沉降超标时,能够及时通知铁路管理部门,并配合采取相应措施。穿越施工过程中,按照集团公司要求及时报送监测报表和施工进度等施工资料。与集团公司建立相关联络和应急协调机制。为确保沪宁高铁的运营安全,做到万无一失,除了采取地表加固、隔离措施外,还需严格控制盾构施工参数、施工过程等方面,以减少地层损失,减小盾构掘进对铁路的影响。盾构施工参数有泥水仓压力、盾构推进速度、轴线偏差、姿态控制、同步注浆、二次注浆等方面。

(4) 加固区取芯监测

对盾构隧道下穿既有沪宁城际铁路影响区段内的加固桩,进行取芯检测,确保加固效果满足设计要求,并在盾构穿越前将检测结果上报相关部门。

6.4.3 盾构下穿掘进参数控制

(1)切口压力控制

盾构隧道在下穿高铁桥梁处主要穿越粉砂层及粉质黏土层。通过分析试验段切口压力与地表沉降关系,并根据监测数据经过多次优化,盾构进入加固区内18m后的切口压力按0.01~0.12MPa控制,盾构机出加固区后的切口压力按0.11~0.19MPa控制。当地面最大沉降量过大时,将切口压力上调0.02MPa。

(2)推进速度控制

由于盾构区间覆土浅,掘进范围以粉砂、粉质黏土、黏土为主,盾构机需连续、匀速推进,并根据监测数据及时调整推进速度。经现场试验,盾构掘进速度应控制在1~2cm/min,确保盾构均衡、匀速地下穿高铁桥梁,以减少对周边土体的扰动影响。

(3)泥水指标控制

通过分析试验段现场泥水指标监测数据,施工现场主要通过调整泥水黏度和进泥密度这两项泥水指标,以适应地层变化、穿越浅覆土和建筑物等各种复杂条件。在实际施工过程中,需要根据盾构推进区段及时调整泥水指标。特别是在盾构由加固区过渡到非加固区时,需要加强对各项指标的控制。对于浅覆土、不利地层和穿越建筑物等特殊区段,应采用高密度的泥浆进行推进,以维持开挖面的稳定和控制地层变形。

①密度

泥水密度是泥水质量的关键控制指标。在掘进过程中,进泥密度不宜过高或过低。过高将影响泥水的输送能力,降低掘进速度;过低则不利于维持开挖面的稳定。

泥水密度的范围应控制在$1.15 \sim 1.30 \text{g/cm}^3$,下限为$1.15 \text{g/cm}^3$,上限根据施工的特殊要求确定。在砂性土中施工或盾构穿越重要建筑物时,必要时可选取1.25g/cm^3。针对特定的局部时段,可根据监测结果考虑选取1.30g/cm^3。

②黏度

泥水黏度是另一个关键的控制指标。考虑到土颗粒的悬浮性要求和泥水处理系统的配套情况,要求泥水的胶凝强度(静切力)适中。同时也要保持一定的流动性,避免黏度过高。鉴于泥水处理系统的自造浆能力,随着推进环数的增加,泥浆浓度逐渐增加,泥水密度呈直线上升趋势,相应的漏斗黏度也会随之增加,但这并不表示泥浆质量越来越高。若在砂性土中施工,黏度甚至会下降。因此,泥水黏度的范围应保持在20~35s。考虑到黏度的调整有一个过程,在泥浆黏度为22s时(调整槽黏度),即可逐渐添加羧甲基纤维素钠(CMC),具体添加量视黏度下降趋势而定。

③含砂量

含砂量是泥水处理中的一个重要指标。泥膜的形成与泥浆含砂量、砂的粒径密切相关。泥水处理的目的在于保留有用的黏土颗粒,同时去除大部分砂粒(粒径大于$74\mu m$)和部分粉土颗粒(粒径大于$45\mu m$)。这样可以形成适当的固相颗粒级配,有利于在开挖面形成泥膜。含砂量可通过筛分装置或砂量仪来测定。

一般情况下,泥水的主要指标选取可以根据土体渗透系数参考表6-2取值。

泥水主要指标的选取参考　　　　　　　　　　　　　表 6-2

土质	渗透系数（cm/s）	含砂量（%）	密度（g/cm³）	黏度(s) 地下水影响小	黏度(s) 地下水影响大
淤泥质黏土、黏土	$1\times(10^{-9}\sim10^{-7})$	5～15	1.025～1.075	18～21	18～21
黏土、粉砂	$1\times(10^{-7}\sim10^{-5})$	15～25	1.075～1.125	18～20	18～22
粉砂、砂	$1\times(10^{-5}\sim10^{-3})$	25～35	1.125～1.175	18～20	18～22
砂、砾石	$1\times(10^{-3}\sim10^{-1})$	35～45	1.175～1.225	18～22	18～25

需要强调的是，泥水指标控制是一个动态过程。在施工过程中，现场须配备泥水土工实验室。每一环推进前，应测试、调整槽内工作泥浆的指标，直至满足施工要求为止，并做好详细记录。持续推进 5 环后，可以得出泥水指标的变化趋势。当确保开挖面稳定、流体输送状态及地面沉降等得到控制，需要关注泥水指标的变化趋势，使之稳定在特定区域内。

（4）同步注浆控制

在盾构穿越高铁桥桩施工过程中，优化同步注浆配比及注浆量，严格控制同步注浆及时性，保证砂浆填充的均匀、饱满，以控制地层变形、稳定管片结构、控制盾构掘进方向，提高隧道结构自防水能力。同步注浆采用盾构机自带的 4 台双活塞注浆泵在盾尾分 8 路同时注入。

①注浆材料

同步注浆采用水泥砂浆，浆液的配比见表 6-3。

同步注浆材料配比表（1m³）　　　　　　　　　　　表 6-3

材料	水泥(kg)	粉煤灰(kg)	膨润土(kg)	砂(kg)	水(kg)	外加剂
用量	80～200	381～241	60～50	600～780	460～600	按需要根据试验加入

②注浆压力

如同步注浆压力过大，隧道结构会被浆液扰动，进而造成后期隧道自身和地层的沉降，并易造成跑浆现象。如注浆压力过小，浆液填充速度过慢，填充不充足，会使地表变形增大，本工程盾构穿越高铁桥梁段同步注浆压力设定为 0.2～0.3MPa，并根据监控量测结果做适当调整。

③注浆量

同步注浆量为建筑间隙的 130%～180%，即 23.08～31.96m³/环。

④注浆模式

盾构机在向前掘进的同时进行同步注浆，注浆采用自动控制方式，即预先设定注浆压力，由控制程序自动调整注浆速度，当注浆压力或注浆量达到设定值时，自行停止注浆。

（5）二次注浆控制

由于同步浆液凝固过程中，浆液体积收缩或浆液流失，造成局部空腔和缝隙产生。为提高同步注浆层的防水性及密实度，并有效填充管片后的环形间隙，解决管片后面填充不密实问题，最大限度地降低地表沉降，采取二次补充注浆。

①注浆材料

浆液采用水泥-水玻璃双液浆，双液浆配比见表 6-4。

双液浆配合比 表6-4

A液(1000L)				B液(100L)	
水泥	膨润土	缓凝剂	水	水玻璃	水
300kg	200kg	5.0kg	800L	70L	30L

②注浆压力

注浆压力为 0.4~0.8MPa，并根据地面监测数据进行调整。

③注入比例

受预制衬砌管片注浆孔位限制以及过铁路区域不得隆起的要求限制等，注浆加固注入率为 0.15。

④注浆模式

根据密实度检测结果，对不密实处随机注浆，采用多点位注浆。注入速率控制在 20~30L/min。

(6) 克泥效控制

由于克泥效凝结时间快，黏稠度高，具有较强的抗沉陷性，对控制盾体上方沉降具有良好的作用。在盾构下穿运营高铁桥梁过程中，通过注浆泵将可承压的克泥效注入盾体中部，及时填充开挖直径和盾体之间的空隙，以此来控制地表沉降。克泥效主要技术指标见表6-5。

克泥效主要技术指标 表6-5

项目	指标
细度(充填材料矿粉)	200目过筛率>180%
相对密度(充填材料矿粉)	2.6
黏性试验(AB液)	300dPa·s
十字板剪切试验(AB液)	0.68kPa
抗水稀释试验(AB液)	12h后，仍未稀释
岩块沉陷试验(AB液)	665g仍未沉陷(1kg的重量则沉陷1/3)

克泥效通过盾构机上的 11 点和 1 点位置的径向孔单点注入，其余点位采用多点注入。控制注入压力和注入量，并同步监测地表沉降，监测频率为 2~3h 时一次，测量范围从盾构机前方 5 环至盾尾后方 10 环。在进行下穿前 15 环时开始注入克泥效，并统计克泥效注入后各项掘进数据。在穿越风险源后，将继续在随后的 10 环内注入克泥效。

6.4.4 盾构姿态控制

由于盾构与地层间摩擦力、开挖面上泥水压力、刀盘切削地层引起的阻力等分布不均，以及不同部位推进千斤顶参数设定偏差等诸多原因，盾构掘进不可能完全按照设计轴线前进，难免会产生一定偏差。当掘进偏差超过一定限界时，会导致盾尾间隙变小，管片局部受力恶化并增大地层损失，从而使地表沉降加大，严重者甚至会侵犯到隔离桩。因此，在盾构施工中必须采取有效技术措施来控制掘进方向，及时纠正掘进偏差。

(1) 盾构掘进控制指标

轴线允许偏差：高程偏差 ±40mm，平面偏差 ±40mm；管片错台 <3mm，管片接缝开口 <

3mm,管片拼装无贯穿裂缝,无大于0.3mm宽的裂缝及剥落现象;水平直径和垂直直径允许偏差<50mm(近似于直径的5‰)。

(2)盾构掘进方向控制措施

①姿态监测:采用DDJ隧道自动导向系统和人工测量辅助进行盾构姿态监测。为保证推进方向的准确性、可靠性,每周进行2次人工测量,以校核自动导向系统的测量数据,并复核盾构机的位置、姿态。

②姿态调整:根据线路分段轴线拟合控制计划、导向系统反映的盾构姿态信息及隧道地层情况,通过分区操作盾构机的推进液压缸来控制掘进方向。在上坡段掘进时,适当加大盾构机下部液压缸的推力;在下坡段掘进时则适当加大上部液压缸的推力;在左转弯曲线段掘进时,则适当加大右侧液压缸推力;在右转弯曲线掘进时,则适当加大左侧液压缸的推力;在直线平坡段掘进时,则应尽量使所有液压缸的推力保持一致。在均质地层中掘进时,保持所有液压缸推力一致;在软硬不均地层中掘进时,则遵循硬地层一侧推进液压缸的推力适当加大,软地层一侧液压缸的推力适当减小的原则来操作。

③滚动纠偏:允许滚动偏差不应大于1.5°,当超过1.5°时,盾构机将报警,此时采用盾构刀盘反转的方法纠正滚动偏差。

④竖直方向纠偏:通过调节盾构机千斤顶单侧推力来实现。当盾构机出现下俯时,加大下侧千斤顶的推力;反之,当盾构机出现上仰时,加大上侧千斤顶的推力来进行纠偏。

⑤水平方向纠偏:与竖直方向的纠偏原理一样,左偏时加大左侧千斤顶的推进压力,右偏时则加大右侧千斤顶的推进压力。

6.4.5 管片上浮控制

(1)推进时将拼装机停留至盾尾后侧,以增加盾尾处重量。

(2)盾构姿态采取"勤纠、少纠"多次微调的方法控制,避免一次性大幅度纠偏,使盾构机姿态与管片及设计轴线相匹配。

(3)控制掘进参数,避免超挖造成较大的建筑空隙。控制同步注浆质量、注浆量、初凝时间,尽早稳定管片。

(4)在盾径中部注入克泥效,阻止同步注浆的浆液窜至开挖仓,确保浆液有效填充管片与开挖轮廓的建筑空隙。

(5)每环管片安装上浮自动监测棱镜,监测频率宜为20min/次,每掘进0.5m记录1次管片上浮数据并进行分析。

(6)当管片上浮的监测数据较大时,在管片完全脱出盾尾后立即进行二次注浆,使脱出盾尾的管片尽快稳定,管片稳定后恢复掘进。

6.4.6 管片拼装控制

(1)在管片拼装期间,机长或机长助理进行旁站,确保整个拼装过程受控。

(2)拼装时,管片拼装机按从下向上次序安装管片。待底部管片就位后,依次拼装两侧的标准管片和邻接管片,最后安装封顶管片。

(3)在真空吸盘抓取管片之前,使用高压水枪清洁管片内弧表面,再用压缩空气将积水吹干,确保管片表面清洁。

(4)管片拼装时,盾尾砂浆、抹布、垫片等杂物必须彻底清除。

(5)在拼装下环管片前,确认上一环已拼装管片的止水条完好无损,如发现有损坏应修复好后方能开始下一环拼装,严禁不按规定修复止水条即拼装。

(6)管片就位后,立即安装并拧紧螺栓,以固定管片位置,控制接缝张角。每环管片拼装成环后再拧紧纵、环向螺栓一次。待成环管片推出盾尾到10环时再复紧一次。隧道贯通后,再次复紧纵、环向螺栓。

(7)在管片拼装前和拼装后均要进行盾尾间隙和盾构姿态的测量,并根据测量结果做适当调整,并严格按照设计图纸要求下达一下环管片拼装指令。

(8)在封顶块安装前,实测两邻接块间的间距,并通过拼装机调整好邻接块间的间距,使之拼装前控制在比设计值大5mm左右,以便顺利安装封顶块。

(9)根据试掘进参数和地质条件,严格控制千斤顶的推力和行程,遵循"拼哪里缩哪里"的原则,即在拼装指定部位的管片时,相应地缩回支撑该部位的千斤顶。严禁一次性松开多个千斤顶,避免造成盾构机后移和工作面的不稳定。

第 7 章

大直径盾构隧道下穿高铁桥梁智能监测与预警系统

7.1 引言

在大直径盾构隧道下穿高铁桥梁施工过程中,现场监测不仅是隧道信息化设计与施工的基础,更是确保高铁桥梁运营安全的重要手段。正如前文所述,由于多重不利因素的叠加,大直径盾构隧道下穿运营高铁桥梁的施工风险极大,对变形控制要求极高。而且,监测数据往往是多源的、海量的,不仅包括隧道结构的变形、内力,还涉及周围环境因素,如土层位移、地表沉降以及既有建筑物的变形、内力等。如何快速、准确测量?如何高效记录、处理、分析海量数据?如何从信息中迅速识别风险并反馈决策?这些问题无论是在精度上还是在及时性、效率上都对监测技术提出了更高要求。以往的传统监测手段,存在监测参数有限、精度受限、实时性不足等问题,显然不能满足本工程的要求。因此针对大直径盾构下穿高铁桥梁建立智能监测与预警系统呼之欲出。

本章将构建一套高精度、全自动、智能化监测与预警系统。详细介绍智能监测系统的构成、工作原理、监测方法、预警机制以及监测实施管理方法;展示并分析盾构下穿期间的监测成果,评价智能化监测与预警系统的有效性。

7.2 高精度智能监测系统

7.2.1 高精度智能监测系统的构建原则

(1)可靠性原则

可靠性原则是监测系统设计中最重要的考虑因素。首先,系统所采用的仪器设备必须具备高度可靠性;其次,监测点必须能得到妥善、可靠保护。此外,必须确保测站位置长期稳定。

(2)多层次原则

监测对象上,以位移、沉降为主,兼顾其他监测项目;监测方法上,以仪器监测为主,并辅以巡检的方法;各监测项目之间应相互印证、补充、校验,以支撑数值计算、故障分析和状态研究,确保提供可靠、连续的监测资料。

(3)重点监测关键区的原则

对线路关键位置应进行重点监测,提高预警和应对突发情况的能力。

(4)方便实用原则

监测系统的安装和测量应力求方便、有效,以减少监测与道路行车之间的干扰。

7.2.2 全自动智能监测系统

全自动化智能监测系统以全自动全站仪为数据采集核心。通过数据采集系统的智能化及一体化测控终端设备将监测数据无线传输到云服务器+监测管理云平台,再通过云平台对外展示和发布数据。该系统实现了数据采集的自动化、数据分析的自动化、数据传输的自动化、以及数据信息管理和发布等的自动化,即"全自动化"。

7.2.2.1 系统特点与优势

全自动智能监测系统的特点包括:

(1)技术先进:实施无人值守、自动监测、无线组网、大数据管理的模式。

(2)系统可靠:传感器稳定可靠,设备安装维护简便易行。

(3)兼容性强:系统兼容性好、可无限扩展,方便大范围推广。

(4)组网便捷:LoRa 无线局域网、云平台数据管理。

(5)联网:融合最新的互联网技术,可极大提升监测系统的效能。

全自动智能监测系统的优势包括:

(1)安全性:该系统采用全自动数据采集技术。在工程开始前,利用天窗点将监测点布置好后,在监测实施过程中,监测人员和防护人员无须进入线路作业,减小了人员作业受伤风险。

(2)实时性:该系统可以全天候、实时、不间断地监测目标体和采集数据,为工程施工提供即时的反馈信息。

(3)真实性:数据自动采集后,通过无线传输到数据平台,工程各参与方可以直接查看原始数据,保证了数据准确、公正、客观。

(4)高精性:采用精度 ±0.5″的全自动全站仪,仪器自动搜索监测点,减少了人为对中引起的误差。

(5)预警性:监测系统具备预警功能,能根据不同监测对象设置特定的预警值和报警值。一旦监测数据达到设定值,系统会通过微信等方式发送警报,及时提醒工程各参与方采取相应的应对措施。

7.2.2.2 系统工作原理

全自动智能监测系统工作原理如图 7-1 所示。

7.2.2.3 系统构成

全自动智能监测系统由全自动全站仪硬件、自动变形监测软件、通信传输系统以及数据发布和报警云平台等构成。全自动全站仪负责实时采集、储存测量数据;自动变形监测软件用于控制全站仪硬件和对监测数据进行分析、处理、展示等;通信传输系统负责将实时数据传送至办公室服务器,并进行计算分析和结果输出。计算机、全站仪、UPS 电源和打印机需要通过接收器和数据线连接起来,形成全自动智能测量系统。

(1)硬件—全自动全站仪

全自动全站仪能自动照准监测目标。在初始化时,只需照准目标的大致方位,全站仪将自动进行瞄准和对焦工作。初始化后,全站仪便能自动持续观测监测目标。本系统采用的是 NET05 自动全站仪,如图 7-2 所示,其技术指标见表 7-1。

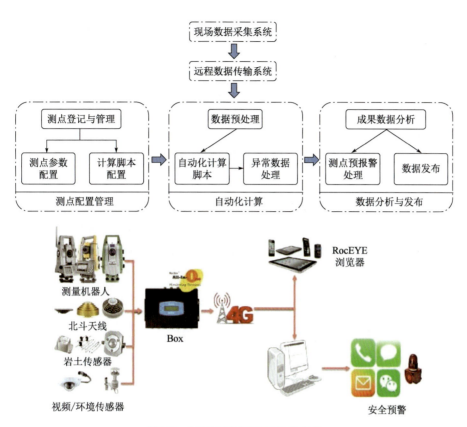

图 7-1　全自动智能监测系统工作原理

图 7-2　NET05 自动全站仪

NET05 全站仪技术指标一览　　　　　　　　　表 7-1

技术特性	NET05
角度测量	$\pm 0.5''$
距离测量(mm)	$\pm(0.8+1\mathrm{ppm}\times D)$($D$ 表示距离)
测量时间(s)	0.9(首次 1.5)
范围(km)	1.3/3.5
放大倍数	30x
激光对点器	本项目实施时采用强制对中,消除了本项误差

(2)软件-AMS 自动变形监测软件

AMS 自动变形监测软件是整个系统的中枢,负责对监测硬件设备进行控制和管理,实现监测数据的自动采集、分析、处理和展示等功能。自动变形监测软件界面如图 7-3 所示。

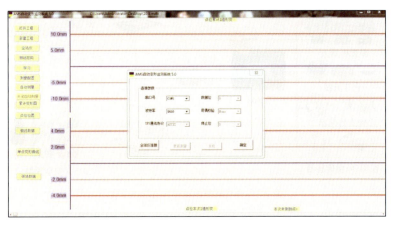

图 7-3　监测软件界面图

(3)通信传输系统

自动监测传感器均安装配套的采集设备,并通过电台和传输设备,采用无线传输通信方式进行数据传输。具体而言,监测现场的数据采集设备通过无线通信连接至数据传输设备,再由数据传输设备将数据发送至监控中心。监控中心通过呼叫连接进行数据采集。系统数据传输线路如图 7-4 所示。

图 7-4　系统数据传输示意图

(4)电源线路

全站仪采用太阳能板配合蓄电池进行供电。计算机、打印机和蓄电池 UPS 由监测控制中心的主电源供电。主电源是测站正常工作的基础,为测站中心照明、空调、计算机和打印机提供电力。主电源分为两路:一路单独连接计算机,为计算机提供电力;另一路 UPS 蓄电池直接连接主电源,打印机再与 UPS 蓄电池输出接口相接。

7.2.2.4 系统的仪器设备配置

该全自动智能监测系统所需的仪器设备配置如表 7-2 所示。

仪器设备配置 表7-2

序号	仪器名称	数量	序号	仪器名称	数量
1	全自动全站仪	3 台	4	计算机	1 台
2	棱镜	80 个	5	打印机	1 台
3	精密温度计	1 台	6	专业调频对讲机	2 对

7.3 监测内容

对盾构下穿影响区内的沪宁高铁苏州西特大桥 139~143 号桥墩和地表沉降进行全自动、实时监控,监测内容包括:
(1)桥墩和梁体竖向位移。
(2)桥墩和梁体横桥向水平位移。
(3)桥墩和梁体顺桥向水平位移。
(4)地表沉降或隆起变形。

7.4 监测点布置

7.4.1 监测点布置

根据监测内容,每个桥墩布置 4 个变形监测点,墩顶两侧 2 个,墩身两侧 2 个,桥跨间梁体两端各布置 1 个梁体变形监测点。此外,在下穿影响区沿掘进轴线确定了 11 个地表沉降监测断面。桥墩及梁体变形监测点布置示意如图 7-5 所示,相应的监测点布置现场照片如图 7-6 所示。地表沉降监测点布置如图 7-7 所示。监测点布置统计见表 7-3。

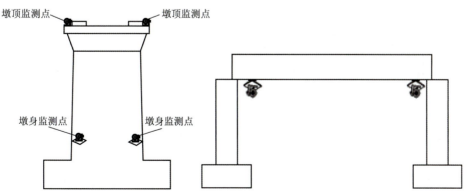

图 7-5 桥墩及梁体变形监测点布置示意图

图 7-6　桥墩及梁体变形监测点布置现场照片

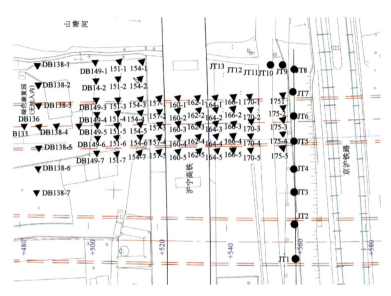

图 7-7　地表沉降监测点布置图

监测点布置统计汇总表　　　　　　表 7-3

序号	监测位置	监测范围(里程)	监测点数量(个)	备注
1	沪宁高铁 139~143 号桥墩	139~143 号桥墩及梁体	28	其中梁体 6 个
2	地表	—	66	—

7.4.2　后视点布置

为保证监测数据的准确性和监测的连续性,在施工影响区域之外设置固定观测墩,实现对既有铁路不间断、实时监测。观测墩设置遵循以下原则:

(1) 固定观测墩尽量远离施工影响区域,并扩大基础,以确保观测墩自身的稳定。
(2) 因全站仪的观测精度与观测距离呈负相关关系,为保证观测精度,全站仪的扫描范围设定为100m左右。
(3) 观测墩顶部安置强制对中盘和雨棚,近地面部分安装防水集线箱。

根据以上设置原则和现场调查情况设置观测墩。观测墩的结构示意和现场照片如图7-8所示。

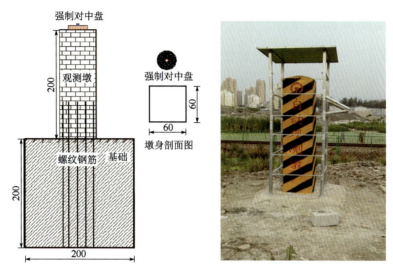

图7-8 观测墩示意图及现场照片(尺寸单位:mm)

在观测墩的后视方向,距离观测墩100m以内且通视良好区域,布设3个棱镜作为后视点,通过该后视点检查测站自身的稳定性。

7.5 监测频率

实施的监测频率详见表7-4。

盾构下穿沪宁高铁施工阶段监测频率   表7-4

盾构穿越阶段	刀盘距铁路 20~50m 范围内	刀盘距铁路 10~20m 范围内	刀盘进入铁路前10m和盾尾脱离铁路20m范围内	盾尾脱离铁路 20~50m 范围内
监测频率	1次/6h	1次/4h	1次/2h	1次/4h

盾构穿越完成后继续监测6个月,第1~2周频次为4次/d,第三周频次为2次/d,第四周频次为1次/d,第二个月1次/周,第三个月1次/15d,第4~6个月1次/月。

监测过程中,若发现监测数据异常、变形速率突然增大,或达到报警值时应立即通知施工单位停止施工,并按照预报警机制启动预报警程序;相关单位应在半小时内进行数据分析,确定数据异常的原因,并加密监测频率为1次/h,直至异常情况解除。

7.6 预警机制

在大直径盾构穿越高铁施工期间,应实时对监测点的稳定性进行分析,并结合变形控制标准,进行预警判断。

7.6.1 监测点稳定判断

(1)在基准点稳定的条件下,通过比较相邻两期的最大变形量与最大测量误差(取两倍中误差)来分析相邻两期监测点的稳定性。当变形量小于最大误差时,可认为该监测点在这两个周期内没有变动或变动不显著。

(2)对多期变形监测成果,当相邻周期变形量小,但多期呈现出明显的变化趋势时,应视为有变动。

7.6.2 监测点预警判断

(1)比较各阶段变形速率、累计变形量与控制标准,判断监测点预警状态。

(2)如数据显示达到警戒标准时,应结合巡视信息,综合分析施工进度、施工措施情况、支护围护结构稳定性、周边环境稳定性状态,进行综合判断。

(3)确认有异常情况时,应及时通知有关各方采取应急预案。

7.6.3 预警值和控制值的确定

(1)高铁桥梁变形预警

参照《上海铁路局工务安全管理办法》(上铁工〔2017〕382号),结合以往加固施工以及盾构下穿铁路变形监测要求和经验,沪宁高铁桥梁监测预警、报警及控制值见表7-5。

沪宁高铁桥梁变形监测预警、报警和控制值(mm)　　　表7-5

监测项目	单次预警值	单次报警值	累计报警值	累计控制值
桥墩、梁体竖向位移	±0.8	±1.0	±1.0	±2.0
桥墩、梁体水平位移	±0.8	±1.0	±1.0	±2.0

(2)地表及盾构隧道变形预警

为确保下穿施工过程中邻近建筑和周边环境安全,除对运营高铁桥梁墩台变形进行预警外,同时对地表沉降和盾构自身的变形也进行监控,并结合相关工程实践经验,制定控制值及报警值,见表7-6和表7-7。

监测项目控制值　　　表7-6

序号	监测项目	速率控制值(mm/d)	控制值(mm)	备注
1	地表沉降	-5	-30	负值为地表下沉控制值,正值为地表隆起控制值
		+5	+30	
2	拱顶下沉	3	30	

续上表

序号	监测项目	速率控制值(mm/d)	控制值(mm)	备注
3	拱底沉降	2	10	
4	净空收敛	3	30	

监测项目报警值　　表 7-7

警情等级	状态描述
黄色预警	$U=(65\%\sim80\%)U_o$ 且 $S=(65\%\sim80\%)S_o$ $U=(80\%\sim100\%)U_o$ 或 $S=(80\%\sim100\%)S_o$
橙色预警	$U=(80\%\sim100\%)U_o$ 且 $S=(80\%\sim100\%)S_o$ $U\geqslant100\%U_o$ 或 $S\geqslant100\%S_o$ $U\geqslant100\%U_o$ 且 $S\geqslant100\%S_o$ 但整体工程尚未出现不稳定迹象
红色预警	$U\geqslant100\%U_o$ 且 $S\geqslant100\%S_o$ 或 $S\geqslant150\%S_o$

注：U-实测位移值；U_o-允许位移值；S-实测速率值；S_o-允许速率值。

7.7　监测实施管理

7.7.1　前期准备工作

监测前期准备工作包括：

(1) 观测点布置：依据监测方案设计的观测点布设位置、数量以及观测点埋设要求，规范完成所有观测点的布设。监测单位应采取醒目的标记和必要的预防措施对每个观测点进行保护，并要求现场施工单位协助，加强对观测点的保护。

(2) 后视点布置：根据后视点布置原则、现场条件，将后视点布置在施工影响范围以外、通视条件较好、牢固可靠区域。

(3) 观测墩砌筑：根据观测墩布置原则，现场确定观测墩位置及高度，完成观测墩制作，并搭设雨棚。

(4) 初始值测定：施工前通过对后视点观测，验证观测墩的稳定性。并对所有监测点进行初始值测定，获取稳定的初始值，保证后续监测数据的可靠性。

7.7.2　数据采集与分析处理

完成初始值采集后，严格按照监测内容和监测频率进行监测，并及时对监测数据进行整理、分析、反馈。这个过程包括监测数据采集、整理、分析、反馈，以及评估和决策等。

(1) 数据采集

通过现场自动化监测系统，辅以人工监测手段，获取和记录监测数据及相关的其他信息，并将监测数据信息传输或录入监控管理系统。

(2)数据整理

每次观测后立即对原始观测数据进行校核和整理,包括原始观测值的检验、计算、图表生产、异常值的剔除、初步分析和整编,并将检验通过的数据输入监控管理系统。

(3)数据分析

采用比较、作图和数学、物理模型等方法,分析监测值大小、变化规律、发展趋势,以便对工程的安全状态进行评估和对采取的措施进行决策。

(4)数据报警

监测过程中,一旦发现监测数据达到报警阈值,首先应立即口头通知施工方暂停施工,同时复核报警数据;在确认报警数据无误后,立即通过电话或微信通知各参建方和设备管理单位,并向监测报警分析小组及其他相关部门提供书面报警数据。根据监测报警分析小组意见实施跟踪监测。

(5)监测信息与行车控制系统的联动

若轨道监测项目超预警值,应立即上报铁路部门,并由工务段利用当天天窗时间进行调查、处理,对轨道进行临时补修,确保补修后的轨道几何尺寸偏差满足作业验收标准;若轨道监测项目超过控制值,也应立即上报铁路部门,并由施工指挥部的工务配合人员立即通知行车调度,对本区间列车做出限速等响应。再由工务段利用当天天窗时间进行调查、处理,对轨道进行临时补修,使补修后的轨道几何尺寸偏差满足作业验收标准。整修后,根据现场情况报请工务处批准,方可恢复列车运行速度。

7.7.3 监测管理

(1)成立一个由项目负责人、项目技术负责人、现场负责人(主管监测)以及若干名监测员组成的专门监测管理组,确保监测工作全面覆盖并高效执行。项目负责人主要负责监测工作的整体协调和决策,项目技术负责人负责监测技术方案的审核,现场负责人负责监测方案的制定和日常监测工作的组织和监督,监测员负责具体监测任务的执行和数据处理。在项目开展初期,编写、制定详细的监测实施大纲,使监测按计划、有步骤地进行。

(2)建立完善的项目组织管理体系和质量责任制度,配备经验丰富且具备专业技能的人员作为组织管理者,确保施工监测的高效率、高质量。

(3)监测仪器必须是正规厂家的合格产品,定期校核、标定,确保仪器的质量、稳定性和可靠性,测试元件要有合格证,保证观测精度满足要求。

(4)对日常使用的监测仪器应定期或不定期进行校核,确保采集的数据真实、可靠,配置一定数量的备用监测仪器、棱镜、对讲机、手电筒等常用设备,当现场仪器出现故障或损坏时能及时调换,保证监测工作的正常进行。

(5)观测前,采用增加观测次数的措施,保证初始值的准确性。

(6)监测项目人员要相对固定,保证数据资料的连续性和一致性。监测仪器采用专人使用、专人保养、专人检校的管理。

(7)若在监测过程中遇到极端恶劣天气而不能进行正常监测,则立即通知施工单位停止施工,并通知相关设备管理单位对设备进行检查,待恢复正常监测时通知相关各方进行正常作业。

(8)各项监测资料应有完整、清晰的原始记录、图表、曲线及文字报告。监测资料的储存、计算、管理均使用计算机系统,并对储存的监测资料做好备份保护,以避免电脑发生故障对监测工作造成影响。

(9)监测数据及时整理分析,按时报送。将建设、监理、施工等相关单位紧急联系方式张贴上墙。在监测过程中,当监测数据达到报警值或变化速率突然增加时,立即进行报警,通知铁路驻站人员和其他相关单位(遇特殊情况先通过建立起来的网络群通知各方,并电话通知确认),并及时提供书面数据和分析意见。

(10)监测工作结束后,提交完整的总结报告。

监测报警上报流程图如图7-9所示,监测的运作机制如图7-10所示。

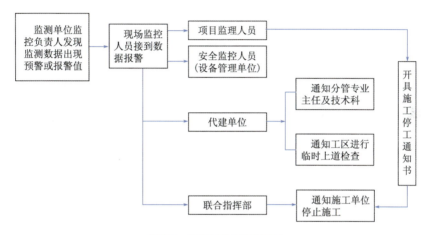

图7-9　监测报警上报流程图

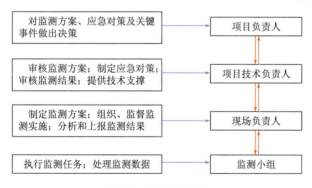

图7-10　监测运作机制

7.8　高精度智能化监测成果及分析

苏州桐泾北路盾构工程左线和右线分别于2021年1月1—9日,以及2021年7月6—15日这两个时间段,下穿了沪宁高铁桥梁。当左、右线推进至142环时,隧道施工进入沪宁高铁桥前30m的下穿影响区内。当左线推进至155环、右线推进至156环时,隧道工程开始进入沪宁高铁桥梁正下方区域。当左线推进至167环、右线推进至168环,即盾尾分别处于162环和163环时,盾构出沪宁高铁桥。当左线推进至182环、右线推进至183环,即盾尾分别处于177环和178环时,盾尾离开沪宁高铁桥30m,完成高铁桥梁下穿。在盾构下穿高铁桥梁期间,通过建立的高精度智能监测系统,对桥墩变形进行实时监测和评价,以确保工程安全。以下将基于盾构下穿至通过影响区期间的监测数据,对高精度智能化监测系统的监测结果进行分析。

7.8.1 高铁桥梁墩台变形监测成果

表7-8~表7-30分别给出了在左线下穿和右线下穿高风险期间,邻近桥墩各向变形的监测数据记录情况。盾构下穿期间以及盾构下穿过后的变形监测结果统计参见表5-5和表5-6。邻近桥墩(140号、141号、142号)在左、右线盾构下穿过程中的沉降、横桥向水平位移和顺桥向水平位移变化时程如图7-11和图7-12所示。其中,沉降"+"代表隆起,"-"代表沉降;横桥向水平位移"+"代表垂直于铁路向北位移,"-"代表垂直于铁路向南位移;顺桥向水平位移"+"代表垂直于铁路向东位移,"-"代表垂直于铁路向西位移。

高铁桥墩沉降变形监测记录表(2021年1月1日) 表7-8

测点编号	沉降量(mm)		横桥向水平位移(mm)		顺桥向水平位移(mm)		分析
	本日	累计	本日	累计	本日	累计	
139号1	0.2	0.2	0.1	0.3	0.0	-0.2	
139号2	0.1	0.2	0.1	0.3	0.1	-0.2	
139号3	0.1	0.3	0.2	0.3	-0.1	-0.3	
139号4	0.2	0.3	-0.4	-0.2	0.3	0.2	
140号1	0.0	-0.2	0.0	0.2	0.0	-0.2	
140号2	0.4	0.3	0.1	-0.2	0.2	0.1	
140号3	0.1	0.4	-0.2	-0.5	0.0	0.0	
140号4	0.2	0.4	-0.3	-0.5	0.4	0.4	左线刀盘位于150环处;高铁桥墩单日沉降变形和累计沉降变形均未达到预警值,安全可控
141号1	0.4	0.2	0.0	-0.4	0.3	0.4	
141号2	0.4	0.3	-0.1	-0.1	0.2	0.2	
141号3	0.4	0.4	-0.2	-0.3	0.4	0.2	
141号4	0.2	0.4	-0.1	-0.1	0.3	0.4	
142号1	0.4	0.3	0.2	-0.3	-0.2	-0.1	
142号2	0.2	-0.2	-0.2	-0.3	0.0	0.1	
142号3	0.2	0.1	-0.2	-0.3	-0.2	-0.2	
142号4	0.0	0.2	-0.1	0.1	0.1	-0.2	
最值情况	0.4	0.4	-0.4	-0.5	0.4	0.4	

高铁桥墩沉降变形监测记录表(2021 年 1 月 2 日)　　　　表 7-9

测点编号	沉降量(mm)		横桥向水平位移(mm)		顺桥向水平位移(mm)		分析
	本日	累计	本日	累计	本日	累计	
139 号 1	0.0	0.2	−0.1	0.2	0.0	−0.2	
139 号 2	−0.1	0.1	−0.1	0.2	0.0	−0.2	
139 号 3	−0.2	0.1	−0.2	0.1	0.0	−0.3	
139 号 4	−0.1	0.2	0.2	0.0	−0.1	0.1	
140 号 1	−0.1	−0.3	−0.3	−0.1	−0.3	−0.5	
140 号 2	0.1	0.4	−0.4	−0.6	−0.3	−0.2	
140 号 3	−0.1	0.3	0.0	−0.5	0.0	0.0	左线刀盘位于 154 环处;高铁桥墩单日沉降变形和累计沉降变形均未达到预警值,安全可控
140 号 4	−0.3	0.1	−0.1	−0.6	−0.2	0.0	
141 号 1	−0.2	0.0	0.0	−0.4	0.0	0.4	
141 号 2	−0.1	0.2	−0.4	−0.5	0.1	0.3	
141 号 3	−0.1	0.3	−0.1	−0.5	0.3	0.5	
141 号 4	−0.2	0.0	0.0	−0.3	−0.1	0.3	
142 号 1	−0.1	0.2	−0.1	0.2	−0.3	−0.4	
142 号 2	0.1	−0.1	0.1	−0.2	0.1	0.2	
142 号 3	0.2	0.3	0.0	0.2	0.0	0.1	
142 号 4	0.0	0.2	0.0	0.1	−0.1	−0.3	
最值情况	−0.3	0.4	−0.4	−0.6	−0.3	−0.5	

高铁桥墩监测记录表(2021 年 1 月 3 日)　　　　表 7-10

测点编号	沉降量(mm)		横桥向水平位移(mm)		顺桥向水平位移(mm)		分析
	本日	累计	本日	累计	本日	累计	
139 号 1	−0.1	0.1	−0.1	0.1	0.0	−0.2	
139 号 2	0.2	0.3	0.0	0.2	−0.1	−0.3	
139 号 3	−0.1	0.0	0.2	0.3	0.1	−0.2	
139 号 4	−0.1	0.1	0.1	0.1	−0.1	0.0	
140 号 1	0.0	−0.3	−0.3	−0.4	0.0	−0.5	
140 号 2	0.0	0.4	0.2	−0.4	−0.2	−0.4	
140 号 3	0.2	0.5	0.0	−0.5	−0.3	−0.3	左线刀盘位于 157 环处;高铁桥墩单日沉降变形和累计沉降变形均未达到预警值,安全可控
140 号 4	0.2	0.3	0.0	−0.6	−0.4	−0.4	
141 号 1	0.2	0.2	−0.2	−0.6	−0.2	0.2	
141 号 2	0.2	0.4	0.0	−0.5	0.0	0.3	
141 号 3	0.2	0.5	0.1	−0.4	−0.1	0.4	
141 号 4	0.3	0.3	0.0	−0.3	0.1	0.4	
142 号 1	0.0	0.2	−0.1	−0.4	0.0	−0.4	
142 号 2	0.0	−0.1	0.0	−0.2	0.0	0.2	
142 号 3	0.0	0.3	0.0	−0.3	0.0	−0.4	
142 号 4	0.1	0.3	0.0	0.1	0.2	−0.1	
最值情况	0.3	0.5	−0.3	−0.6	−0.4	−0.5	

高铁桥墩沉降变形监测记录表（2021年1月4日） 表7-11

测点编号	沉降量（mm）		横桥向水平位移（mm）		顺桥向水平位移（mm）		分析
	本日	累计	本日	累计	本日	累计	
139号1	0.1	0.2	0.0	0.1	0.2	0.0	左线刀盘位于161环处；高铁桥墩单日沉降变形和累计沉降变形均未达到预警值，安全可控
139号2	-0.1	0.2	0.1	0.3	0.1	-0.2	
139号3	0.1	0.1	0.0	0.3	0.0	-0.2	
139号4	0.2	0.3	0.1	0.2	0.1	0.1	
140号1	0.0	-0.3	-0.1	-0.5	0.0	-0.5	
140号2	-0.1	0.3	0.0	-0.4	0.0	-0.4	
140号3	-0.1	0.4	-0.2	-0.7	-0.3	-0.6	
140号4	0.2	0.5	0.0	-0.6	0.2	-0.2	
141号1	0.2	0.4	0.1	-0.5	0.1	0.3	
141号2	0.0	0.4	0.1	-0.4	0.1	0.4	
141号3	0.0	0.5	0.1	-0.3	0.1	0.5	
141号4	0.1	0.4	-0.2	-0.5	0.0	0.4	
142号1	0.0	0.2	-0.1	-0.5	0.1	-0.3	
142号2	0.0	-0.1	-0.1	-0.3	-0.1	0.1	
142号3	0.0	0.3	0.0	-0.3	0.1	0.1	
142号4	0.1	0.4	0.1	0.2	-0.2	-0.3	
最值情况	0.2	0.5	-0.2	-0.7	-0.3	-0.6	

高铁桥墩沉降变形监测记录表（2021年1月5日） 表7-12

测点编号	沉降量（mm）		横桥向水平位移（mm）		顺桥向水平位移（mm）		分析
	本日	累计	本日	累计	本日	累计	
139号1	-0.1	0.1	0.1	0.2	0.1	0.1	左线刀盘位于164环处；高铁桥墩单日沉降变形和累计沉降变形均未达到预警值，安全可控
139号2	-0.2	0.0	-0.1	0.2	0.0	-0.2	
139号3	0.0	0.1	-0.2	0.1	0.2	0.0	
139号4	-0.2	0.1	-0.1	0.1	0.1	0.2	
140号1	0.1	-0.2	0.0	-0.5	0.1	-0.4	
140号2	0.2	0.5	0.1	-0.3	-0.1	-0.5	
140号3	0.0	0.4	0.1	-0.6	0.1	-0.5	
140号4	-0.2	0.3	-0.1	-0.7	-0.2	-0.4	
141号1	0.0	0.4	-0.1	-0.6	0.2	0.5	
141号2	-0.2	0.2	-0.1	-0.5	-0.1	0.3	
141号3	-0.1	0.4	-0.3	-0.6	0.1	0.6	
141号4	-0.2	0.2	0.1	-0.4	0.0	0.4	
142号1	0.0	0.2	-0.1	-0.5	-0.1	-0.4	
142号2	0.0	-0.1	0.0	-0.2	0.1	0.2	
142号3	0.0	0.3	0.0	-0.3	-0.1	-0.4	
142号4	-0.2	0.2	0.0	0.2	0.0	0.1	
最值情况	-0.2	0.5	-0.3	-0.7	-0.2	0.6	

高铁桥墩沉降变形监测记录表(2021年1月6日)　　　　表7-13

测点编号	沉降量(mm)		横桥向水平位移(mm)		顺桥向水平位移(mm)		分析
	本日	累计	本日	累计	本日	累计	
139号1	0.1	0.2	−0.2	0.0	−0.2	−0.1	
139号2	0.3	0.3	−0.1	0.1	−0.1	−0.3	
139号3	0.1	0.2	−0.2	−0.1	0.2	0.2	
139号4	0.0	0.1	−0.1	0.0	0.0	0.2	
140号1	0.1	−0.1	0.1	−0.4	0.0	−0.4	
140号2	−0.1	0.4	0.0	−0.5	0.2	−0.3	
140号3	−0.1	0.3	0.0	−0.6	−0.1	−0.6	左线刀盘位于168环处;高铁桥墩单日沉降变形和累计沉降变形均未达到预警值,安全可控
140号4	0.1	0.2	0.2	−0.5	0.0	−0.4	
141号1	0.2	0.6	−0.1	−0.7	−0.3	0.2	
141号2	0.3	0.5	−0.1	−0.6	−0.2	0.1	
141号3	0.1	0.5	0.2	−0.4	−0.3	0.3	
141号4	0.3	0.5	0.2	−0.2	−0.1	0.3	
142号1	0.1	0.3	0.1	0.1	0.1	−0.2	
142号2	0.1	0.0	0.0	−0.2	0.1	0.3	
142号3	−0.1	0.2	0.1	0.2	0.1	0.1	
142号4	−0.1	0.1	0.1	0.3	−0.1	−0.4	
最值情况	0.3	0.6	−0.2	−0.7	−0.3	−0.6	

高铁桥墩沉降变形监测记录表(2021年1月7日)　　　　表7-14

测点编号	沉降量(mm)		横桥向水平位移(mm)		顺桥向水平位移(mm)		分析
	本日	累计	本日	累计	本日	累计	
139号1	−0.1	0.1	0.2	0.2	−0.1	−0.2	
139号2	−0.1	0.2	0.0	0.1	0.2	−0.1	
139号3	−0.1	0.1	0.4	0.3	0.1	0.3	
139号4	−0.3	−0.2	0.2	0.2	−0.2	0.0	
140号1	−0.2	−0.3	−0.1	−0.5	0.0	−0.4	
140号2	0.2	0.6	−0.1	−0.6	−0.3	−0.6	
140号3	0.1	0.4	−0.1	−0.7	0.0	−0.6	左线刀盘位于172环处;高铁桥墩单日沉降变形和累计沉降变形均未达到预警值,安全可控
140号4	0.1	0.5	−0.1	−0.6	0.0	−0.4	
141号1	−0.1	0.5	0.2	−0.5	0.3	0.5	
141号2	0.1	0.6	0.1	−0.5	0.2	0.3	
141号3	0.2	0.7	0.0	−0.4	0.2	0.5	
141号4	0.1	0.6	−0.3	−0.5	0.0	0.3	
142号1	−0.1	0.2	0.3	−0.1	0.1	−0.2	
142号2	−0.3	−0.3	0.0	−0.2	−0.1	0.2	
142号3	−0.1	0.1	0.3	0.1	0.4	0.1	
142号4	0.0	0.2	0.0	0.3	0.3	−0.1	
最值情况	−0.3	0.7	0.4	−0.7	0.4	−0.6	

高铁桥墩沉降变形监测记录表(2021年1月8日)　　　　　表 7-15

测点编号	沉降量(mm)		横桥向水平位移(mm)		顺桥向水平位移(mm)		分析
	本日	累计	本日	累计	本日	累计	
139 号 1	—	—	—	—	—	—	左线刀盘位于175环处；高铁桥墩单日沉降变形和累计沉降变形均未达到预警值，安全可控
139 号 2	0.1	0.3	0.0	0.1	0.0	-0.1	
139 号 3	—	—	—	—	—	—	
139 号 4	0.0	-0.2	0.0	0.2	-0.2	-0.2	
140 号 1	0.2	-0.1	0.1	-0.4	0.0	-0.4	
140 号 2	-0.2	0.4	0.0	-0.6	0.0	-0.6	
140 号 3	0.1	0.5	0.2	-0.5	0.1	-0.5	
140 号 4	0.0	0.5	0.1	-0.5	-0.1	-0.5	
141 号 1	0.1	0.6	-0.1	-0.6	-0.1	0.4	
141 号 2	-0.2	0.4	0.0	-0.5	0.0	0.3	
141 号 3	-0.2	0.5	-0.1	-0.5	0.0	0.5	
141 号 4	-0.3	0.3	0.1	-0.4	0.1	0.4	
142 号 1	-0.1	0.1	0.2	0.1	0.1	-0.1	
142 号 2	0.1	-0.2	0.0	-0.2	0.0	0.2	
142 号 3	0.1	0.1	0.0	0.2	0.0	0.1	
142 号 4	-0.1	0.1	-0.2	0.1	-0.1	-0.2	
最值情况	-0.3	0.6	-0.2	-0.6	-0.2	-0.6	

高铁桥墩沉降变形监测记录表(2021年1月9日)　　　　　表 7-16

测点编号	沉降量(mm)		横桥向水平位移(mm)		顺桥向水平位移(mm)		分析
	本日	累计	本日	累计	本日	累计	
139 号 1	—	—	—	—	—	—	左线刀盘位于178环处；高铁桥墩单日沉降变形和累计沉降变形均未达到预警值，安全可控
139 号 2	0.0	0.3	0.0	0.1	0.1	0.0	
139 号 3	—	—	—	—	—	—	
139 号 4	0.2	0.0	0.0	0.2	-0.2	-0.4	
140 号 1	0.3	0.2	0.2	-0.3	-0.1	-0.5	
140 号 2	-0.1	0.3	0.2	-0.4	0.1	-0.5	
140 号 3	-0.1	0.4	0.2	-0.4	0.1	-0.4	
140 号 4	0.0	0.5	0.1	-0.5	0.0	-0.5	
141 号 1	-0.1	0.5	0.1	-0.5	0.0	0.4	
141 号 2	0.1	0.5	-0.1	-0.6	0.3	0.6	
141 号 3	-0.2	0.3	0.1	-0.4	-0.1	0.4	
141 号 4	0.1	0.4	0.1	-0.3	-0.1	0.3	
142 号 1	0.0	0.1	0.1	0.2	-0.1	-0.2	
142 号 2	0.0	-0.2	0.0	-0.2	0.2	0.4	
142 号 3	0.2	0.4	0.2	0.4	0.0	0.1	
142 号 4	0.1	0.2	0.1	0.3	-0.1	-0.3	
最值情况	0.3	0.5	0.2	-0.6	0.3	0.6	

高铁桥墩沉降变形监测记录表(2021年1月10日)　　　　表7-17

测点编号	沉降量(mm)		横桥向水平位移(mm)		顺桥向水平位移(mm)		分析
	本日	累计	本日	累计	本日	累计	
139号1	—	—	—	—	—	—	
139号2	−0.1	0.2	0.1	0.2	0.0	0.0	
139号3	—	—	—	—	—	—	
139号4	0.3	0.3	0.0	0.2	0.1	−0.3	
140号1	0.1	0.3	0.2	−0.1	0.2	−0.3	
140号2	−0.1	0.2	0.3	−0.1	0.3	−0.2	
140号3	−0.3	0.1	0.2	−0.2	0.3	−0.1	左线刀盘位于182环处;高铁桥墩单日沉降变形和累计沉降变形均未达到预警值,安全可控
140号4	−0.2	0.3	0.2	−0.3	0.2	−0.3	
141号1	−0.2	0.3	0.1	−0.4	0.0	0.4	
141号2	−0.1	0.4	0.4	−0.2	−0.3	0.2	
141号3	0.0	0.3	0.0	−0.4	−0.1	0.3	
141号4	−0.1	0.3	0.0	−0.3	−0.1	0.2	
142号1	0.0	0.1	0.0	0.2	−0.1	−0.1	
142号2	−0.2	−0.4	0.4	0.0	−0.2	0.1	
142号3	−0.3	0.1	−0.2	0.0	−0.2	0.1	
142号4	−0.1	0.1	−0.1	0.0	0.2	−0.1	
最值情况	0.3	0.4	0.4	−0.4	0.3	0.4	

高铁桥墩沉降变形监测记录表(2021年7月7日)　　　　表7-18

测点编号	沉降量(mm)		横桥向水平位移(mm)		顺桥向水平位移(mm)		分析
	本日	累计	本日	累计	本日	累计	
140号1	0.0	−0.2	−0.2	0.2	−0.1	−0.2	
140号2	−0.3	−0.2	−0.2	−0.4	0.4	0.3	
140号3	−0.2	0.1	0.1	−0.1	0.3	0.1	
140号4	−0.1	0.3	0.3	−0.2	0.3	0.0	
141号1	0.2	0.0	0.0	0.0	0.4	−0.1	
141号2	0.1	0.2	0.2	0.0	0.0	−0.1	
141号3	0.2	−0.2	−0.2	−0.1	0.0	0.3	右线刀盘位于142环处;高铁桥墩单日沉降变形和累计沉降变形均未达到预警值,安全可控
141号4	0.3	0.1	0.1	0.0	−0.1	0.4	
142号1	−0.4	0.1	0.1	0.0	0.0	0.2	
142号2	0.2	0.1	0.1	0.3	0.1	−0.2	
142号3	−0.4	−0.4	−0.4	0.0	0.1	0.0	
142号4	0.3	0.2	0.2	0.1	0.0	−0.2	
143号1	0.3	0.4	0.4	−0.1	−0.1	0.2	
143号2	−0.1	0.2	0.2	0.0	0.0	−0.1	
143号3	−0.1	0.2	0.2	0.0	−0.1	−0.1	
143号4	0.0	−0.1	−0.1	0.1	−0.3	−0.3	
最值情况	−0.4	0.4	0.4	0.4	0.4	0.4	

高铁桥墩沉降变形监测记录表（2021年7月8日）　　　　表7-19

测点编号	沉降量(mm)		横桥向水平位移(mm)		顺桥向水平位移(mm)		分析
	本日	累计	本日	累计	本日	累计	
140号1	-0.2	-0.4	-0.2	0.0	0.0	-0.2	
140号2	0.1	-0.1	0.2	-0.2	-0.3	0.0	
140号3	-0.1	0.0	0.1	0.0	-0.1	0.0	
140号4	-0.1	0.2	0.0	-0.2	-0.1	-0.1	
141号1	-0.3	-0.3	-0.3	-0.3	0.0	-0.1	
141号2	0.1	0.3	-0.1	0.1	0.0	-0.1	
141号3	0.0	-0.2	0.0	-0.1	-0.2	0.1	右线刀盘位于144环处;高铁桥墩单日沉降变形和累计沉降变形均未达到预警值,安全可控
141号4	0.2	0.3	-0.3	-0.3	-0.1	0.3	
142号1	-0.3	-0.2	0.3	0.3	0.3	0.5	
142号2	0.0	0.1	0.1	0.4	0.3	0.1	
142号3	0.1	-0.3	0.2	0.2	0.3	0.3	
142号4	-0.3	-0.1	0.3	0.4	0.4	0.2	
143号1	0.0	0.4	0.4	0.3	0.2	0.4	
143号2	-0.1	0.0	0.0	0.4	0.0	-0.2	
143号3	-0.1	0.1	0.0	0.2	0.1	-0.1	
143号4	-0.3	-0.4	0.1	-0.2	-0.1	-0.4	
最值情况	-0.3	-0.4	0.3	0.4	0.4	0.5	

高铁桥墩沉降变形监测记录表（2021年7月9日）　　　　表7-20

测点编号	沉降量(mm)		横桥向水平位移(mm)		顺桥向水平位移(mm)		分析
	本日	累计	本日	累计	本日	累计	
140号1	0.2	-0.2	-0.3	-0.3	0.1	-0.1	
140号2	-0.2	-0.3	-0.1	-0.3	-0.3	-0.3	
140号3	0.0	0.0	-0.1	-0.1	-0.1	-0.1	
140号4	-0.4	-0.2	0.0	-0.2	-0.1	-0.2	
141号1	0.1	-0.2	-0.1	-0.4	-0.2	-0.3	
141号2	-0.1	0.2	0.1	0.2	-0.1	-0.2	
141号3	-0.3	-0.5	-0.1	-0.2	-0.1	0.0	右线刀盘位于147环处;高铁桥墩单日沉降变形和累计沉降变形均未达到预警值,安全可控
141号4	-0.3	0.0	-0.2	-0.2	-0.3	0.0	
142号1	0.2	0.0	0.2	0.5	-0.2	0.2	
142号2	0.0	0.1	-0.3	0.1	-0.2	-0.1	
142号3	0.1	-0.2	0.2	0.4	0.0	0.0	
142号4	-0.1	-0.2	-0.2	0.2	0.0	-0.2	
143号1	-0.2	0.2	-0.1	0.2	-0.2	0.2	
143号2	0.0	0.0	0.0	0.4	0.0	-0.2	
143号3	-0.3	-0.2	0.0	0.2	0.1	0.0	
143号4	0.1	-0.3	0.1	0.0	0.3	-0.1	
最值情况	-0.4	-0.5	-0.3	0.5	-0.3	-0.3	

高铁桥墩沉降变形监测记录表(2021年7月10日)　　　　　　　表 7-21

测点编号	沉降量(mm)		横桥向水平位移(mm)		顺桥向水平位移(mm)		分析
	本日	累计	本日	累计	本日	累计	
140 号 1	0.3	0.1	0.3	0.0	0.1	0.0	
140 号 2	0.2	−0.1	0.2	−0.1	0.2	−0.1	
140 号 3	0.0	0.0	0.1	0.0	0.2	0.1	
140 号 4	−0.1	−0.3	0.3	0.1	0.3	0.1	
141 号 1	0.0	−0.2	−0.1	−0.5	0.3	0.0	
141 号 2	0.0	0.2	−0.1	0.1	−0.1	−0.3	
141 号 3	0.3	−0.2	0.4	0.2	0.4	0.4	右线刀盘位于150环处;高铁桥墩单日沉降变形和累计沉降变形均未达到预警值,安全可控
141 号 4	−0.3	−0.3	0.1	−0.1	0.0	0.0	
142 号 1	0.2	0.2	−0.2	0.3	0.3	0.5	
142 号 2	0.0	0.1	0.0	0.1	−0.1	−0.2	
142 号 3	0.2	0.0	−0.1	0.3	0.0	0.0	
142 号 4	0.2	0.0	0.0	0.2	0.2	0.2	
143 号 1	0.1	0.3	−0.1	0.2	0.0	0.2	
143 号 2	−0.3	−0.3	−0.1	0.3	0.0	−0.2	
143 号 3	0.1	−0.1	−0.4	−0.2	−0.1	−0.1	
143 号 4	0.2	−0.1	0.0	0.1	−0.1	−0.2	
最值情况	−0.3	−0.3	0.4	−0.5	0.4	0.5	

高铁桥墩沉降变形监测记录表(2021年7月11日)　　　　　　　表 7-22

测点编号	沉降量(mm)		横桥向水平位移(mm)		顺桥向水平位移(mm)		分析
	本日	累计	本日	累计	本日	累计	
140 号 1	0.0	0.1	−0.4	−0.4	0.1	0.1	
140 号 2	0.1	0.0	0.0	−0.1	0.0	−0.1	
140 号 3	0.2	0.2	−0.4	−0.4	0.2	0.3	
140 号 4	0.1	−0.2	−0.2	−0.2	0.0	0.1	
141 号 1	0.5	0.3	0.1	−0.4	−0.4	−0.4	
141 号 2	−0.1	0.1	0.3	0.4	0.1	−0.2	
141 号 3	0.1	−0.1	−0.4	−0.2	−0.1	0.3	
141 号 4	0.5	0.2	−0.1	−0.2	0.0	0.2	右线刀盘位于153环处;高铁桥墩单日沉降变形和累计沉降变形均未达到预警值,安全可控
142 号 1	0.1	0.3	0.1	0.4	0.0	0.5	
142 号 2	−0.4	−0.3	0.5	0.6	−0.1	−0.3	
142 号 3	0.2	0.2	0.0	0.3	0.3	0.3	
142 号 4	0.4	0.4	−0.3	−0.2	−0.4	−0.2	
143 号 1	−0.5	−0.2	−0.2	−0.1	−0.6	−0.4	
143 号 2	−0.3	−0.5	−0.4	−0.2	0.0	0.2	
143 号 3	−0.2	−0.3	−0.1	−0.3	−0.2	−0.3	
143 号 4	0.2	0.1	−0.2	0.1	0.3	0.1	
最值情况	−0.5	−0.5	0.5	0.6	−0.6	0.5	

高铁桥墩沉降变形监测记录表(2021年7月12日)　　　　　表7-23

测点编号	沉降量(mm)		横桥向水平位移(mm)		顺桥向水平位移(mm)		分析
	本日	累计	本日	累计	本日	累计	
140号1	0.1	0.2	0.0	−0.4	−0.1	0.0	
140号2	0.0	0.0	0.0	−0.1	−0.1	−0.2	
140号3	0.1	0.3	0.3	−0.1	−0.4	−0.1	
140号4	0.1	−0.1	0.0	−0.1	0.2	0.3	
141号1	0.1	0.4	0.0	−0.4	0.1	−0.3	
141号2	0.0	0.1	−0.1	0.3	0.0	−0.2	
141号3	−0.2	−0.3	−0.1	−0.3	0.0	0.3	右线刀盘位于156环处;高铁桥墩单日沉降变形和累计沉降变形均未达到预警值,安全可控
141号4	−0.1	0.1	−0.4	−0.6	−0.1	0.1	
142号1	−0.2	0.1	−0.2	0.2	−0.4	0.1	
142号2	0.3	0.0	0.1	0.4	−0.2	−0.5	
142号3	0.2	0.4	0.1	0.4	0.0	0.3	
142号4	0.2	0.6	0.2	0.1	0.0	−0.2	
143号1	0.1	−0.1	0.1	0.0	0.1	−0.3	
143号2	0.0	−0.5	0.1	0.0	0.1	0.3	
143号3	0.0	−0.3	0.2	−0.1	−0.1	−0.4	
143号4	0.0	0.1	0.0	0.3	0.1	0.2	
最值情况	0.3	0.6	−0.4	−0.6	−0.4	−0.5	

高铁桥墩沉降变形监测记录表(2021年7月13日)　　　　　表7-24

测点编号	沉降量(mm)		横桥向水平位移(mm)		顺桥向水平位移(mm)		分析
	本日	累计	本日	累计	本日	累计	
140号1	−0.1	0.1	0.1	−0.3	0.1	0.1	
140号2	−0.3	−0.3	−0.2	−0.3	0.2	0.0	
140号3	−0.2	0.1	0.0	−0.1	−0.3	−0.4	
140号4	0.2	0.1	−0.2	−0.3	0.0	0.3	
141号1	0.1	0.5	0.3	−0.1	−0.2	−0.5	
141号2	0.1	0.2	−0.1	0.2	−0.1	−0.3	
141号3	−0.1	−0.4	0.0	−0.3	0.2	0.5	右线刀盘位于159环处;高铁桥墩单日沉降变形和累计沉降变形均未达到预警值,安全可控
141号4	0.2	0.3	0.2	−0.4	0.1	0.2	
142号1	0.4	0.5	0.1	0.3	0.3	0.4	
142号2	0.5	0.5	−0.1	0.3	−0.1	−0.6	
142号3	0.2	0.6	0.1	0.5	−0.4	−0.1	
142号4	0.0	0.6	0.4	0.5	−0.3	−0.5	
143号1	0.1	0.0	0.0	0.0	0.3	0.0	
143号2	0.2	−0.3	0.4	0.4	−0.2	0.1	
143号3	0.2	−0.1	0.2	0.1	0.3	−0.1	
143号4	0.2	0.3	0.1	0.0	0.2	0.4	
最值情况	0.5	0.6	0.4	0.5	−0.4	−0.6	

高铁桥墩沉降变形监测记录表(2021 年 7 月 14 日)　　　　　　　　　　　表 7-25

测点编号	沉降量(mm)		横桥向水平位移(mm)		顺桥向水平位移(mm)		分析
	本日	累计	本日	累计	本日	累计	
140 号 1	-0.3	-0.2	0.0	-0.3	0.2	0.3	
140 号 2	0.0	-0.3	0.1	-0.2	0.1	0.1	
140 号 3	0.2	0.3	-0.2	-0.3	0.1	-0.3	
140 号 4	0.2	0.3	0.3	0.0	-0.1	0.2	
141 号 1	0.1	0.6	-0.3	-0.4	0.5	0.0	
141 号 2	0.0	0.2	0.3	0.5	0.3	0.1	
141 号 3	-0.2	-0.6	0.4	0.1	0.0	0.5	右线刀盘位于 162 环处;高铁桥墩单日沉降变形和累计沉降变形均未达到预警值,安全可控
141 号 4	0.1	0.4	0.0	-0.4	0.2	0.3	
142 号 1	0.1	0.6	0.2	0.5	-0.1	0.3	
142 号 2	0.0	0.5	-0.3	0.0	0.3	-0.3	
142 号 3	0.0	0.6	-0.1	0.4	-0.5	-0.6	
142 号 4	0.0	0.6	-0.2	0.3	0.0	-0.5	
143 号 1	0.0	0.0	0.0	0.0	0.2	0.2	
143 号 2	0.1	-0.2	-0.3	0.1	0.3	0.4	
143 号 3	0.3	0.2	-0.2	-0.1	0.0	0.1	
143 号 4	-0.5	-0.2	0.4	0.4	-0.4	0.0	
最值情况	-0.5	-0.6	0.4	0.5	-0.5	-0.6	

高铁桥墩沉降变形监测记录表(2021 年 7 月 15 日)　　　　　　　　　　　表 7-26

测点编号	沉降量(mm)		横桥向水平位移(mm)		顺桥向水平位移(mm)		分析
	本日	累计	本日	累计	本日	累计	
140 号 1	0.5	0.3	0.2	-0.1	-0.1	0.2	
140 号 2	0.4	0.1	0.1	-0.1	0.3	0.4	
140 号 3	-0.1	0.2	0.5	0.2	-0.1	-0.4	
140 号 4	-0.1	0.2	0.0	0.0	0.0	0.2	
141 号 1	-0.2	0.4	0.4	0.0	-0.2	-0.2	
141 号 2	-0.2	0.0	-0.4	0.1	-0.5	-0.5	
141 号 3	0.3	-0.3	0.0	0.1	-0.2	0.3	右线刀盘位于 166 环处;高铁桥墩单日沉降变形和累计沉降变形均未达到预警值,安全可控
141 号 4	-0.4	0.0	0.6	0.2	-0.1	0.1	
142 号 1	-0.1	0.5	-0.2	0.3	0.3	0.6	
142 号 2	-0.5	0.0	0.4	0.4	0.0	-0.3	
142 号 3	-0.5	0.1	0.1	0.5	0.2	-0.4	
142 号 4	-0.2	0.4	0.1	0.4	0.0	-0.3	
143 号 1	-0.2	-0.2	0.2	0.2	-0.2	0.0	
143 号 2	0.0	-0.2	0.0	0.1	-0.1	0.3	
143 号 3	0.2	0.4	0.4	0.5	0.3	0.4	
143 号 4	-0.2	-0.4	0.0	0.4	-0.1	0.1	
最值情况	0.5	0.5	0.6	0.5	-0.5	0.6	

高铁桥墩沉降变形监测记录表（2021 年 7 月 16 日）　　表 7-27

测点编号	沉降量(mm)		横桥向水平位移(mm)		顺桥向水平位移(mm)		分析
	本日	累计	本日	累计	本日	累计	
140 号 1	-0.1	0.2	0.3	0.2	-0.1	0.1	
140 号 2	-0.2	-0.1	-0.2	-0.3	-0.1	0.3	
140 号 3	0.1	0.3	0.2	0.4	0.5	0.1	
140 号 4	0.1	0.3	0.1	0.1	0.1	0.3	
141 号 1	0.1	0.5	-0.2	-0.2	-0.2	-0.4	
141 号 2	0.0	0.0	0.4	0.5	0.2	-0.3	
141 号 3	0.4	0.1	0.3	0.4	-0.5	-0.2	右线刀盘位于 170 环处；高铁桥墩单日沉降变形和累计沉降变形均未达到预警值，安全可控
141 号 4	0.1	0.1	0.4	0.6	0.1	0.3	
142 号 1	0.0	0.5	0.0	0.3	-0.2	0.4	
142 号 2	0.2	0.2	0.0	0.4	0.5	0.2	
142 号 3	0.1	0.2	-0.4	0.1	0.4	0.0	
142 号 4	-0.3	0.1	0.0	0.4	0.1	-0.2	
143 号 1	0.2	0.0	-0.1	0.1	-0.3	-0.3	
143 号 2	0.0	-0.2	0.2	0.3	-0.1	0.2	
143 号 3	-0.1	0.3	0.3	0.6	-0.2	0.1	
143 号 4	0.3	-0.1	0.0	0.3	-0.2	-0.1	
最值情况	0.4	0.5	-0.4	0.6	-0.5	-0.4	

高铁桥墩沉降变形监测记录表（2021 年 7 月 17 日）　　表 7-28

测点编号	沉降量(mm)		横桥向水平位移(mm)		顺桥向水平位移(mm)		分析
	本日	累计	本日	累计	本日	累计	
140 号 1	0.0	0.2	0.0	0.2	-0.4	-0.3	
140 号 2	0.1	0.0	0.0	-0.3	0.1	0.4	
140 号 3	-0.1	0.2	-0.2	0.2	0.2	0.3	
140 号 4	0.1	0.4	-0.1	0.0	0.1	0.4	
141 号 1	-0.3	0.2	-0.3	-0.5	0.2	-0.2	
141 号 2	0.3	0.3	-0.4	0.1	0.3	0.0	
141 号 3	0.0	0.1	-0.4	0.0	0.1	-0.1	右线刀盘位于 174 环处；高铁桥墩单日沉降变形和累计沉降变形均未达到预警值，安全可控
141 号 4	0.1	0.2	-0.3	0.3	0.2	0.5	
141 号 1	0.1	0.6	0.3	0.6	0.2	0.6	
142 号 2	-0.1	0.1	-0.3	0.1	0.4	0.6	
142 号 3	-0.2	0.0	0.2	0.3	0.2	0.2	
142 号 4	0.1	0.2	0.1	0.5	0.4	0.2	
143 号 1	0.1	0.1	-0.3	-0.2	0.1	-0.2	
143 号 2	0.3	0.1	0.0	0.3	0.2	0.4	
143 号 3	-0.1	0.2	-0.4	0.2	0.3	0.4	
143 号 4	-0.1	-0.2	0.0	-0.2	-0.1	0.2	
最值情况	0.3	0.6	-0.4	0.6	0.4	0.6	

高铁桥墩沉降变形监测记录表（2021 年 7 月 18 日） 表 7-29

测点编号	沉降量（mm）		横桥向水平位移（mm）		顺桥向水平位移（mm）		分析
	本日	累计	本日	累计	本日	累计	
140 号 1	－0.4	－0.2	－0.1	0.1	0.3	0.0	
140 号 2	0.3	0.3	0.1	－0.2	0.0	0.4	
140 号 3	－0.2	0.0	－0.3	－0.1	0.1	0.4	
140 号 4	－0.1	0.3	－0.5	－0.5	0.0	0.4	
141 号 1	－0.1	0.1	0.4	－0.1	0.1	－0.1	
141 号 2	0.1	0.4	0.0	0.1	0.1	0.1	
141 号 3	－0.5	－0.4	－0.3	－0.3	0.2	0.1	右线刀盘位于 178 环处；高铁桥墩单日沉降变形和累计沉降变形均未达到预警值，安全可控
141 号 4	0.1	0.3	－0.2	0.1	0.1	0.6	
142 号 1	－0.1	0.5	－0.1	0.5	－0.1	0.5	
142 号 2	－0.2	－0.1	0.1	0.2	－0.2	0.4	
142 号 3	0.4	0.4	－0.2	0.1	－0.2	0.0	
142 号 4	－0.3	－0.1	－0.3	0.2	－0.3	－0.1	
143 号 1	－0.2	－0.1	－0.1	－0.3	－0.2	－0.4	
143 号 2	0.2	0.3	0.0	0.3	0.0	0.2	
143 号 3	0.0	0.2	－0.1	0.1	0.0	0.0	
143 号 4	0.1	－0.1	0.0	－0.1	－0.1	－0.3	
最值情况	－0.5	0.5	－0.5	0.5	－0.4	0.6	

高铁桥墩沉降变形监测记录表（2021 年 7 月 19 日） 表 7-30

测点编号	沉降量（mm）		横桥向水平位移（mm）		顺桥向水平位移（mm）		分析
	本日	累计	本日	累计	本日	累计	
140 号 1	0.1	－0.1	－0.2	－0.1	－0.3	－0.3	
140 号 2	0.0	0.3	－0.2	－0.4	－0.3	0.1	
140 号 3	0.3	0.3	0.0	－0.1	－0.1	0.3	
140 号 4	－0.4	－0.1	0.3	－0.2	－0.1	0.3	
141 号 1	0.1	0.2	0.3	0.2	0.0	－0.1	
141 号 2	－0.3	0.1	0.0	0.1	0.0	0.1	
141 号 3	0.4	0.0	0.1	－0.2	0.2	0.3	右线刀盘位于 183 环处；高铁桥墩单日沉降变形和累计沉降变形均未达到预警值，安全可控
141 号 4	－0.4	－0.1	0.3	0.4	－0.3	0.3	
142 号 1	－0.3	0.2	0.0	0.5	－0.1	0.4	
142 号 2	－0.2	－0.3	－0.1	0.1	－0.4	0.0	
142 号 3	0.2	0.1	0.3	0.4	0.1	0.1	
142 号 4	0.3	0.2	0.1	0.3	0.2	0.1	
143 号 1	－0.1	－0.2	－0.1	－0.4	0.4	0.0	
143 号 2	－0.4	－0.1	－0.2	0.1	0.0	0.3	
143 号 3	0.0	0.2	0.0	0.1	0.0	0.0	
143 号 4	0.2	0.1	0.2	－0.2	－0.1	－0.4	
最值情况	0.4	0.3	0.3	0.5	0.4	0.4	

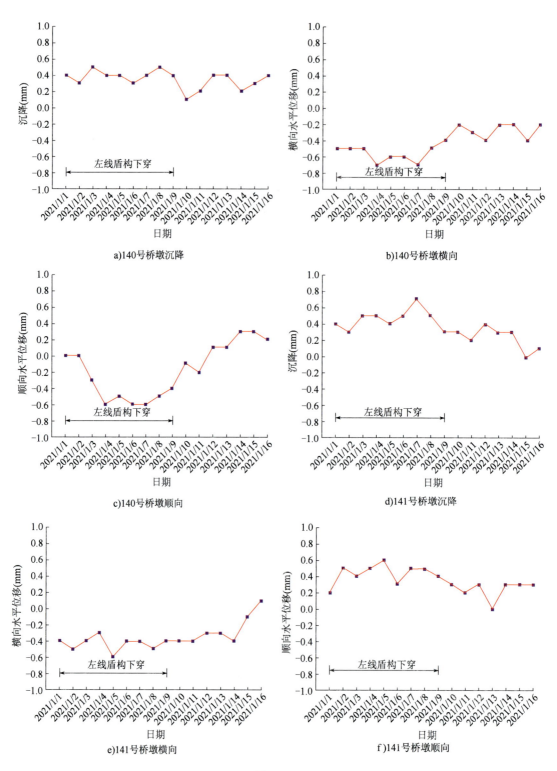

图 7-11

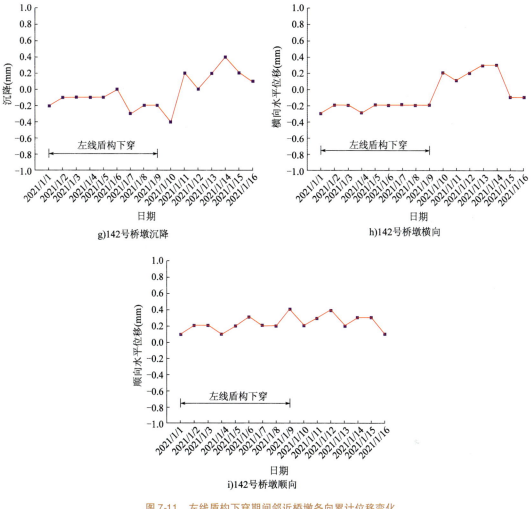

图 7-11 左线盾构下穿期间邻近桥墩各向累计位移变化

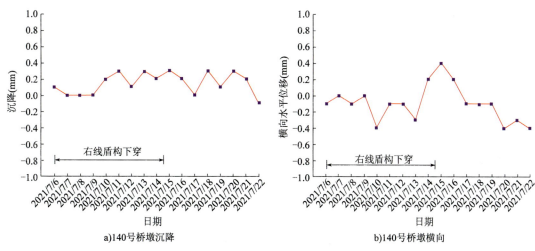

图 7-12

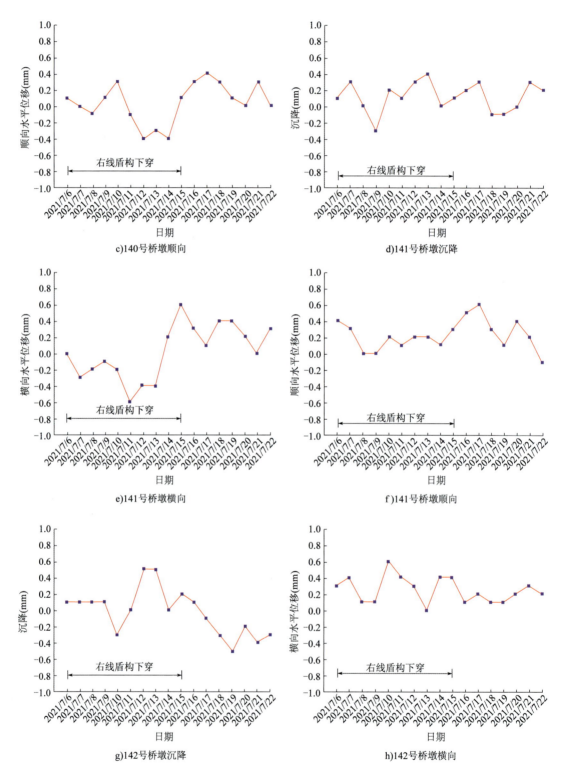

图 7-12

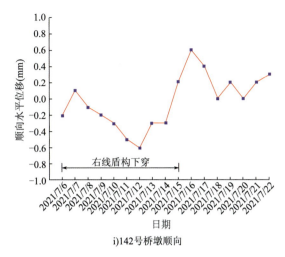

i)142号桥墩顺向

图7-12 右线盾构下穿期间邻近桥墩各向累计位移变化

自动监测数据表明,在盾构下穿沪宁高铁桥梁期间,影响区内桥墩的竖向沉降、横桥向水平位移和顺桥向水平位移发生了一定的波动变化,邻近桥墩最大累计变形主要发生在刀盘开挖面位于桥梁梁体下方时或盾尾出桥梁梁体下方之后。随着开挖面逐步远离桥梁,桥墩变形有所回落,并逐渐平稳。从监测数据统计结果来看,在盾构下穿至盾构出影响区的整个过程中,高铁桥梁墩台三个方向的最大变形在数值上均不超过0.7mm,未达1mm的预警条件,远低于2mm的变形控制值。因此,盾构下穿施工未对高铁桥梁的结构安全和正常运营造成影响。

7.8.2 地表监测成果

在盾构穿越沪宁高铁桥梁期间,对周边地表进行了监测。左线盾构下穿期间左线两侧地表沉降变化曲线如图7-13所示;右线盾构下穿期间右线两侧地表沉降变化曲线如图7-14所示。

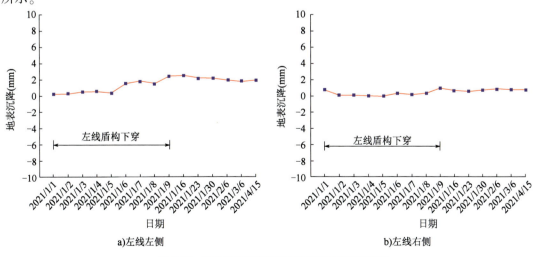

a)左线左侧　　　　　　　　　　　　b)左线右侧

图7-13 左线盾构下穿期间左线两侧地表沉降变化

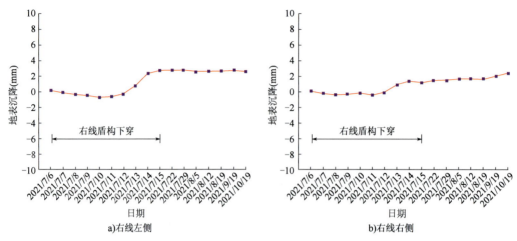

图 7-14　右线盾构下穿期间右线两侧地表沉降变化

地表沉降变化曲线显示,在盾构左线掘进穿越期间,隧道两侧地表发生了轻微隆起,且整体上呈增长趋势,最大值出现在盾尾离开高铁桥影响区时。之后,随着掘进面远离影响区,地表隆起量逐渐回落,并最终趋于稳定。在盾构右线掘进穿越期间,隧道两侧地表经历了先沉降后隆起的变化过程。同样,地表隆起量在盾尾离开高铁桥影响区时达到最大值,然后回落趋稳。这种变化可能是受同步注浆和二次注浆影响所致。整个穿越过程中,隧道上方地表最大沉降为 -0.7mm,最大隆起为 2.81mm,未发生预警,远满足地表变形控制要求(隆起 30mm,沉降 -30mm)。这说明盾构下穿施工对周边地表的影响得到了有效控制。

为了校验和补充桥墩、地表位移变形的全自动智能化监测结果,在盾构下穿高铁桥梁期间,同时对盾构邻近土体和隔离桩的水平位移进行了监测。具有代表性的监测结果如图 7-15、图 7-16 所示。

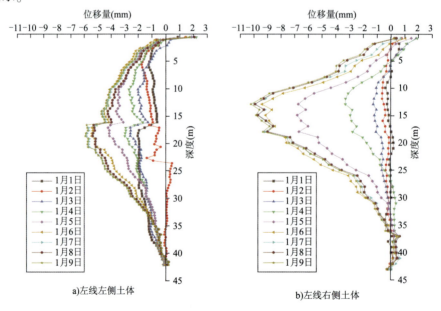

图　7-15

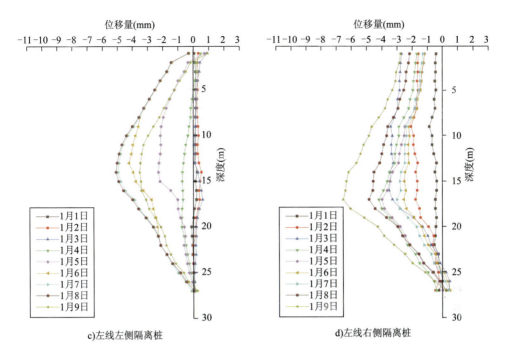

c) 左线左侧隔离桩   d) 左线右侧隔离桩

图 7-15 左线盾构下穿期间邻近土体与隔离桩水平位移变化

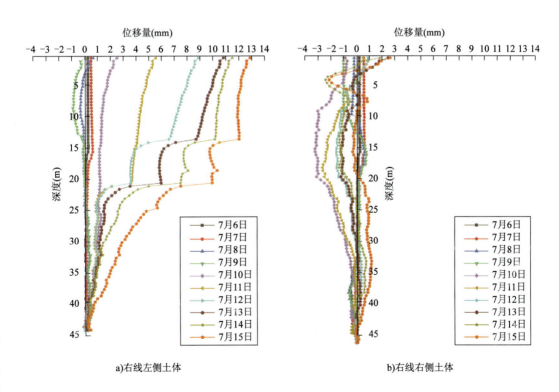

a) 右线左侧土体   b) 右线右侧土体

图 7-16

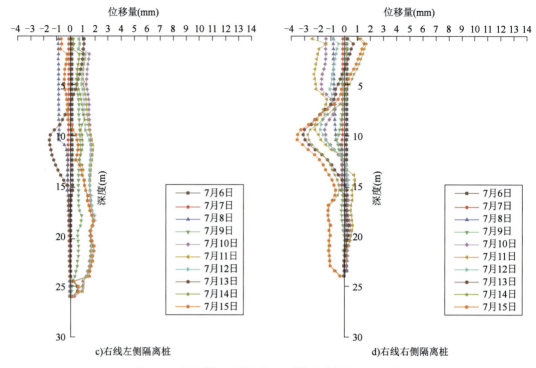

图 7-16 右线盾构下穿期间邻近土体与隔离桩水平位移变化

根据邻近土体和隔离桩水平位移监测数据,隧道邻近土体和隔离桩因盾构施工扰动产生了不同程度的水平位移。总体来看,邻近土体和隔离桩的水平位移随着盾构掘进的扰动而不断累计增长。邻近土体水平位移的分布及变化规律与对应的隔离桩大致具有一致性,尤其是左线隧道两侧的邻近土体和隔离桩,两者水平位移均呈"两端小、中间大"的弓形分布。在盾构下穿施工过程中,隧道邻近土体的和隔离桩产生的最大水平位移分别为 12.88mm 和 7.43mm,均低于邻近土体和隔离桩的变形控制值(40mm 和 10mm)。这表明盾构下穿施工期间,隧道邻近土体位移得到了有效可控,隔离桩结构稳定安全,处于良好的防护状态。

7.8.3 监测成果总结

在左、右线盾构下穿期间以及下穿过后,沪宁高铁桥梁的各向变形(竖向沉降、横桥向水平位移、顺桥向水平位移)单次变量与累计变量均未超过警戒值,监测数据正常,高铁桥梁处于安全状态,列车运营安全。

在盾构下穿高铁期间,特别是当盾构刀盘进入低净空隔离桩区域时,由于开挖扰动,离盾构机外轮廓较近的土体和隔离桩产生了连续的侧向位移,但位移的单次变量和累计变量均在允许变形控制范围内。

同时,盾构下穿施工也引发了高铁桥梁下方地表的变形反应,导致下穿影响区域地表发生轻微隆起。地表隆起量在盾尾离开高铁桥影响区时达到最大值。之后,随着掘进面远离影响区,地表隆起量逐渐回落,并最终趋于稳定。地表沉降或隆起单次变量与累计变量均未超过警戒值,监测数据正常,周边环境处于安全状态。

在整个下穿施工过程中，施工单位根据实时监测数据，及时调整施工参数，并采取了一系列克泥效、调整切口压力、二次注浆、径向注浆等有效措施，确保盾构隧道顺利、安全地穿越了沪宁高铁桥梁。建立的全自动智能监测系统对现场施工指导效果明显，采集的数据准确、可靠且高效，为建设方提供了及时、可靠的信息，使之能够实时掌握周边既有建筑和周边环境的健康状态。监测数据表明，下穿高铁过程中高铁桥梁和周边环境始终处于安全可控状态，再次验证了整体加固方案的可靠性。

第 8 章

大直径盾构隧道下穿施工其他风险控制技术

8.1 引言

苏州市桐泾北路隧道工程总长度490m,具有短(短距离连续穿越多类型高风险源)、浅(超浅覆土,最浅处为0.49倍洞径)、险(风险源地段占比62%)、严(作为国内首条下穿高铁的大直径盾构项目,沉降要求控制在2mm以内)、高(作为苏州首条大直径泥水盾构,关注度高,社会影响大)等特点。在短短308m范围内,依次连续穿越了古河流、控保建筑、运营高铁桥梁、I级国营铁路、快速路高架等多种高风险源地段。这些风险源分布密集,甚至存在某些风险源影响区与相邻风险源影响区的重叠交织。除了下穿沪宁高铁桥梁这一重要风险源外,其他风险源同样不容轻视。不同类型的风险源对地层变形的控制要求各不相同,采取的加固防护措施也会不同,盾构掘进施工参数也需要进行相应调整。对于风险源密集分布的桐泾北路隧道工程而言,前一个风险源的结束可能就是下一个风险源的开始。因此,当前风险源的控制状态直接影响着后续风险源的控制效果。这种错综复杂的一环扣一环的影响关系凸显了了解其他风险源控制技术的重要性。

针对依托工程的特点和难点,本章将对大直径盾构在浅覆土、强富水、软弱地层中长距离掘进技术、下穿文物保护技术、下穿快速公路桥桩控制技术进行系统阐述,以期为类似工程设计与施工提供参考和指导。

8.2 强富水地层超浅覆土大直径盾构掘进安全控制技术

在强富水、超浅覆土条件下,大直径盾构隧道的掘进面临多重挑战。大直径盾构机容易因上下受力不均而姿态上扬,从而增加压坡难度和隧道上浮的风险,使得隧道轴线难以控制。拼装完成的管片环在脱离盾尾之后,由于上部压载和自重无法抵抗地下水的浮力,隧道管片将会上浮。如果不采取有效控制措施,管片易出现开裂、渗漏等问题。此外,盾构内部的土方开挖会引起地基卸载,拼装好的隧道管片可能因地基回弹作用而向上偏离中心轴线。在浮力和地基回弹力共同作用下,隧道上部的覆土层会隆起,如不加以控制,覆土层可能被顶裂,形成透水裂缝。一旦上部水流沿透水裂缝涌入盾尾,就会严重影响隧道和隧道施工的安全。因此,有必要针对富水地层超浅覆土大直径盾构掘进安全控制技术进行研究。

8.2.1 强富水地层超浅覆土大直径盾构管片上浮原因分析

(1)在管片脱出盾尾后,浅覆土或易压缩的软弱地层对成型管片的约束力、管片自重和砂浆抵抗力不足以抵抗管片在地层和同步注浆浆液共同作用下所受的浮力。

(2)在掘进过程中,尤其是在纵坡较大情况下,管片所受推力向上的分力或盾构机蛇形运动形成的向上分力与管片所受浮力之和大于管片自重、地层约束力与盾构机自重之和。

(3)泥水盾构需要足够的泥水压力与切口处的水土压力保持平衡。在地层透水性较高、超挖较大或者转弯半径曲率小的情况下,泥浆很容易流窜至盾尾后方,对盾尾和管片产生较大的泥浆浮力。

(4)管片上浮会带动盾尾跟随上浮,对盾尾形成牵扯作用,导致盾构机姿态控制困难。由此形成管片上浮→盾构姿态差→管片更易上浮的恶性循环。

通过分析以往工程经验可知,管片上浮现象多发生于覆土深度小于 1.5D(D 为隧道直径)的浅埋段,特别是在盾构区间埋深不足 1D 的情况下,上浮现象会表现得更加显著,需采取针对性措施来控制上浮量。

8.2.2 强富水地层超浅覆土大直径盾构径向注浆技术

当盾构机在超浅覆土、强富水、软弱地层中掘进时,为了确保盾构施工过程中管片的稳定,对盾构隧道外边缘(上半圆)进行 2m 的洞内径向注浆加固。径向注浆加固区域采用多孔管片,加固范围为上部 180°,如图 8-1 所示。

注浆采用水泥-水玻璃双液浆,注浆量应根据监控量测数据和施工需要及时调整。注浆作业要求在管片脱出盾尾 5 环开始并在管片脱出盾尾 7 环内完成。

径向注浆材料配比见表 8-1。径向注浆参数为水泥浆:水玻璃=1:1(体积比),水泥浆水灰比 $W:C=1:1$,设计注浆压力 0.5~1.0MPa,根据现场试验确定最佳注浆压力为 0.7MPa。

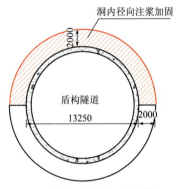

图 8-1 洞内径向注浆断面(尺寸单位:mm)

径向注浆材料配合比($1m^3$,单位:kg)　　表 8-1

材料	水泥	水玻璃	水
用量	330	367	294

在洞内径向注浆实施过程中,最初按照设计的注浆量进行施工。然而,在实际操作过程中发现虽然注浆量达到了设计量,但注浆压力仍未达到设计值。经过仔细调查和分析,根本原因在于隧道上部的地质条件为粉砂地质,且位于承压水层,透水性强。最终,研究决定继续注浆直至注浆压力达到设计要求,现场实施效果良好。

8.2.3 盾构掘进施工控制技术

(1)加强盾构姿态管控

通过盾构机自动导向系统实时测量盾构姿态,辅以人工定期校核,确保盾构机按照隧道设计轴线精确掘进;通过对盾构机的推进液压缸进行分区操作和精细调控,以适应上坡、下坡、转弯和直线段的特定需求,实现对盾构掘进方向的精确控制。关于盾构姿态监测、姿态调整及纠偏操作的详细内容,请参见 6.4.4 节相关内容。

(2)严格控制管片上浮量

通过严格控制同步注浆质量、注浆量和初凝时间,确保管片与土层之间的间隙能够被优质、充分填充,稳定管片位置;通过在盾构机中部注入克泥效,形成屏障,阻止浆液窜至开挖仓,保障浆液有效填充间隙;通过自动监测系统,及时、准确掌握管片位置和上浮量,为及时发现并应对潜在问题提供可靠数据支持;通过二次注浆技术,对管片上浮进行及时控制,进一步稳定管片位置。关于管片上浮控制的详细内容,请参见 6.4.5 节相关内容。

(3)严格控制管片拼装质量

通过加强管片拼装前的质量检查、存放管理和清理工作,避免管片拼装前的破损,为保证管片拼装精度、隧道整体质量和防水性能奠定基础;通过遵守既定的拼装顺序与流程,并精确控制盾构千斤顶的压力与伸缩量,确保盾构姿态的稳定性,避免对管片造成挤压或损坏;通过严格执行螺栓复拧程序,调整螺栓的预紧力,使螺栓受力均匀,提升管片连接质量和整体成型质量。关于管片拼装质量的详细内容,请参见 6.4.6 节相关内容。

8.3 大直径盾构穿越山塘河控制技术

8.3.1 超浅覆土河床加固技术

在大直径盾构以浅覆土穿越人工景观河流山塘河地段时,应首先对河床进行加固处理。通过采取在河道两侧坡面设置纤维袋注浆锚杆、防渗土工布、混凝土封底、土工格栅、混凝土台阶、可调试砂箱等一系列措施,提高河床的稳定性,增强盾构穿越时上部防护体系的抗浮承载力。相应的加固技术原理如图 8-2 所示。

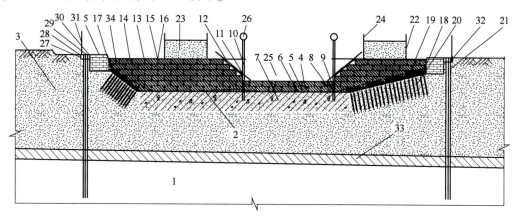

图 8-2 超浅覆土河床加固施工工艺原理示意图

1-盾构隧道;2-河底轮廓线;3-河床;4-防渗土工布;5-土工格栅;6-混凝土封底;7-河底注浆加固区;8-围栏预埋段;9-螺纹套筒;10-围栏后接段;11-连接铰;12-支撑斜杆;13-砂袋追源器;14-砂袋;15-支撑横杆;16-支撑系杆;17-驳岸;18-块石;19-混凝土台阶;20-纤维袋注浆锚杆;21-袖阀钢管桩;22-可调式砂箱;23-砂石;24-砂箱伸缩杆;25-航道;26-警示灯;27-护栏预埋段;28-护栏套筒;29-冠梁;30-植筋;31-后接护栏;32-冠梁主筋;33-隧道注浆加固区;34-自适应砂袋

(1)驳岸加固

当盾构从驳岸向河底方向推进时,覆土厚度快速减少,如果切口压力降低不及时,容易导致冒顶现象。相反,当盾构从河底向驳岸方向推进时,覆土厚度快速增大,如果切口压力增加不及时,容易导致驳岸发生沉降。为确保安全,在盾构下穿山塘河前应对驳岸进行加固处理。

在隧道开挖区域的河道两侧施作双壁钢管桩围堰,并抽水形成施工面。在驳岸两侧施工范围内开挖冠梁槽,并在槽内施工袖阀钢管桩。在隧道开挖区两端及中间位置施作水泥搅拌桩。同时在驳岸外侧设置植筋,植筋弯折形成环箍,箍于冠梁主筋外侧。冠梁主筋上焊接护栏预埋段,并在护栏预埋段上安装护栏套筒,对护栏套筒做好防护。随后浇筑混凝土,混凝土终凝后在护栏套筒上安装后接护栏,同时安装后接护栏间的系杆。在施工过程中,先固定土工格栅,再设置植筋和绑扎钢筋。驳岸加固示意如图8-3所示。

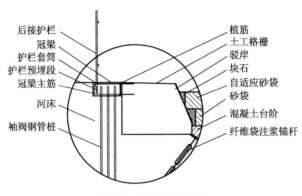

图8-3 驳岸加固示意图

(2) 河道防护

整平河底轮廓线,在河道两侧施作纤维袋注浆锚杆。对河床进行注浆加固,形成河底注浆加固区。加固施工时在相应位置安装围栏预埋段,在预埋段上安装螺纹套筒,并做好螺纹套筒防护。随后,在河床上铺设防渗土工布,在防渗土工布上及河道两侧浇筑混凝土封底。在混凝土初凝之前,将土工格栅铺设在混凝土封底上,且使土工格栅两端跨过驳岸埋入冠梁开挖槽内,如图8-4所示。

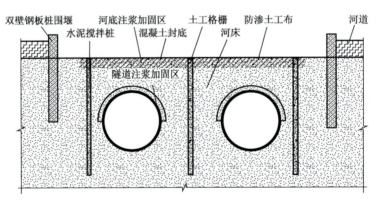

图8-4 河道防护示意图

(3) 砂袋回填

在河道坡上根据砂袋尺寸施作混凝土台阶,并在混凝土台阶上放置首层砂袋。拆除双壁钢管桩围堰,在围栏后接段顶部安装警示灯。之后进行砂袋抛填,通过砂袋上的砂袋追踪器调整砂袋的抛填位置。当砂袋与驳岸空隙较小时,在空隙内填入块石;当空隙较大时,填入自适应砂袋。砂袋抛填平面图和剖面图分别如图8-5和图8-6所示。

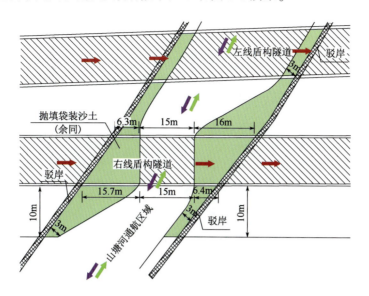

图8-5 砂袋抛填平面图

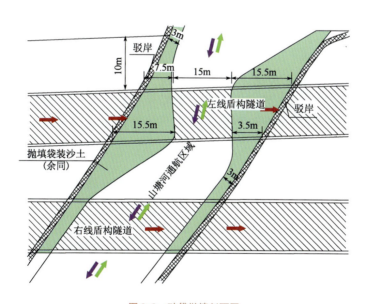

图8-6 砂袋抛填剖面图

拆除螺纹套筒上的防护装置,在螺纹套筒上安装围栏后接段。将围栏后接段上的支撑斜杆通过连接铰旋转至砂袋堆叠而成的斜坡上,使其压紧固定。随后,在围栏后接段和支撑斜杆之间设置支撑横杆,并在支撑横杆上安装支撑系杆,如图8-7所示。

将可调式砂箱通过砂箱底板底部的砂箱扣槽置于支撑横杆上,调节砂箱伸缩段的长度。之后灌入砂石,随即恢复航道。

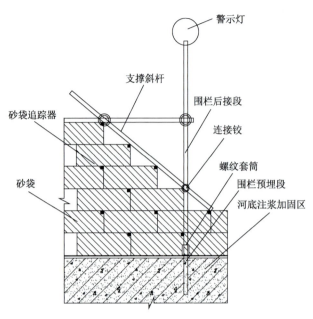

图 8-7 砂袋支撑结构示意图

8.3.2 盾构掘进施工控制技术

(1)精确控制盾构姿态

根据线路的分段轴线拟合控制计划和地层情况,以导向系统的盾构姿态信息为依据,通过分区操作盾构机的推进液压缸,实施掘进方向的精确控制。由于浅覆土可能导致"上浮"风险,为抵消上浮的影响,盾构掘进时将盾构中心的偏差控制在 -30mm,平面偏差控制在 ±30mm 之内。

(2)严格控制盾构的推进速度

推进时速度应控制在 1~2cm/min,以避免因推力过大导致侧向压力增大,同时减小盾构推进施工对周围土体的扰动。

(3)严格控制盾构切口压力

切口压力波动值控制在 0.02MPa 以内,保持盾构切口处地层有微小的隆起量(0.5~1mm),以抵消盾构背土产生的地层沉降量。同时必须严格控制与切口压力有关的施工参数,如出土量、推进速度、总推力,以及实际压力围绕设定压力波动的差值等。

(4)多方位注浆,严格控制注浆质量

采用推进和注浆联动作业方式,通过同步注浆系统及盾尾注浆管,使浆液在盾尾空隙形成的同时将其充填密实,为周围岩体提供及时支撑,有效预防岩体坍陷,控制地表沉降。同步注浆材料采用非惰性浆液。在此基础上,下穿段管片增设注浆孔,增加二次注浆量,减小地面沉降塌陷。二次注浆在管片脱出盾尾且同步注浆 3d 后进行。二次注浆材料采用固结率高、稳定性好、充盈系数高的水泥+水玻璃双液浆。此外,为切断河流与盾构穿越地层之间的水力联系,离盾尾 5~10 环处,采用洞内径向注浆技术,加固隧道与河床间的土体。纵向注浆范围为盾构开挖面距河道、驳岸前后各一倍洞径范围。注浆过程中,应确保浆液的配比符合质量标准、浆液均匀合理压注和每环注浆总量满足要求。若注浆未达到要求时,暂停盾构推进。根据地层变形监测数据,实时调整注浆参数,有效地控制轴线。径向注浆平面、剖面示意分别如图8-8和图8-9所示。

图8-8 径向注浆平面图

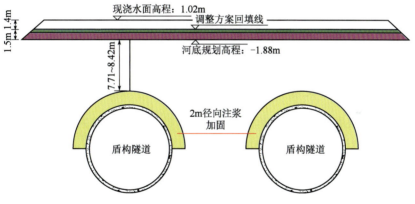

图8-9 径向注浆剖面示意图

(5)加强管片设计和拼装控制

强化管片配筋和提高管片预制精度。为保证管片连接质量,在管片的内弧面布设纵向和环向连接预埋件(图8-10)。在管片拼装完成后,用钢板将环向和纵向预埋件焊接牢固,并在管片端面安装剪力销。每完成一环管片推进,需拧紧当前环的连接螺栓,并在下一环推进时复拧一次,以克服顶推力产生的垂直分力,减少成环隧道浮动。每完成3环掘进,都需对10环以内的管片连接螺栓复拧一次。在管片拼装推进过程中,时刻关注盾尾与管片之间的间隙。一旦发现单侧的间隙过小,应及时进行调整,以确保四周的间隙基本相等。

(6)安全监测

为确保盾构穿越安全,在穿越过程中,监测河道、驳岸、地表及周边既有房屋建筑的沉降变形。同时,监测盾构隧道管片结构竖向位移和净空收敛。根据检测结果及时调整掘进参数,以满足河道、驳岸沉降差控制值15mm,以及顶部水平位移控制值10mm等要求。

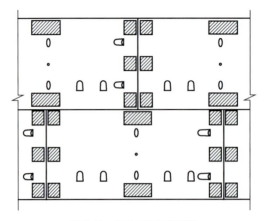

图 8-10 管片预埋件布置图

(7) 施工面恢复

盾构隧道穿越施工完成后,根据设计要求进行河道及驳岸的恢复工作。利用水陆挖机及运砂船将砂袋清出河道区域,拆除后接护栏、护栏套筒和围栏后接段,清除驳岸上的土工格栅。按原河道地貌清理、平整、恢复自检合格后,协同有关行政主管部门共同进行验收。

8.4 盾构下穿报恩禅寺和陶贞孝祠文物建筑保护技术

8.4.1 盾构施工对文物建筑的影响预测

盾构隧道与敕建报恩禅寺、陶贞孝祠等控保建筑的空间位置关系见 2.2.3 节内容。采用 Peck 经验公式,结合隧道下穿既有文物情况,考虑地层损失率为 0.5% 的情况,分析得到盾构穿越敕建报恩禅寺、陶贞孝祠等建筑时的地表沉降槽曲线,如图 8-11 所示。图中原点为左、右线线间距的中心位置。

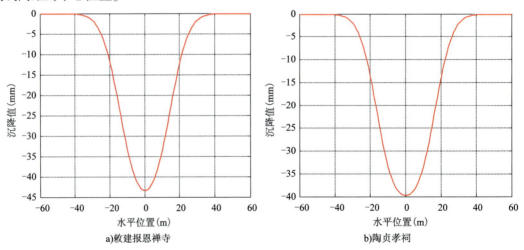

a) 敕建报恩禅寺   b) 陶贞孝祠

图 8-11 盾构穿越区段地面沉降曲线

敕建报恩禅寺距离盾构隧道最近处(距离盾构右线结构外边缘10.03m,距离左右线线间距中心31.03m)的沉降值约为3.33mm。陶贞孝祠距离盾构隧道最近处(距离盾构左线结构外边缘20.01m,距离左右线线间距中心49.88m)的沉降值约为0.03mm。可见,盾构穿越施工对距离较近的报恩禅寺的影响较小,对较远的陶贞孝祠基本没有影响。

8.4.2 预加固措施

为确保安全,将盾构隧道施工对既有控制性保护建筑的影响降低至最低程度,在盾构隧道穿越敕建报恩禅寺影响区段(即K1+270~K1+300)内,设计采用预埋袖阀管进行注浆加固。预埋袖阀管间距为1m×1m,管底位于盾构上方0.5m,其布置示意图如图8-12所示。加固施工必须在盾构下穿该区段前的一个月内完成。

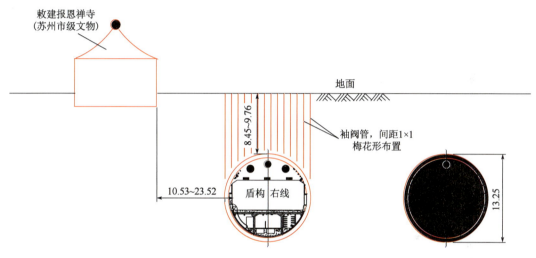

图8-12 预埋袖阀管示意图(尺寸单位:m)

8.4.3 盾构掘进施工控制技术

(1)盾构推进速度

与下穿超浅覆土山塘河地段一样,盾构掘进速度控制在1~2cm/min,尽量保持推进速度稳定,确保盾构均衡、匀速地穿越。

(2)管片加强措施

与下穿超浅覆土山塘河地段一样,加强管片配筋,并通过在管片上布设预埋钢板和安装剪力销来增强管片环与环之间的连接,具体细节参见8.3.2相关内容。此外,在每块管片内弧面增设2个注浆孔。

(3)同步注浆和二次注浆措施

注浆压力保持在0.2~0.3MPa。同步注浆量一般为建筑空隙的150%~200%。即每推进一环同步注浆量控制在25~33m³。二次注浆时机结合盾构掘进参数、周边地质环境、施工监测等情况确定,但必须在同步注浆3d后进行。二次注浆压力根据地层条件确定,以0.3MPa左右为宜。

(4）加强监控量测

加强盾构推进过程中的监控量测,对既有文物结构进行高精度水准控制量测。根据变形值和变形速率指导盾构施工,确保盾构施工安全和文物结构的安全。

(5）制定施工应急预案

在盾构隧道穿越施工前,制定完备的应急机制和详细的应急预案,确保应急人员、措施、物资准备充分,以便在出现任何紧急情况时,能第一时间采取有效行动,确保文物建筑的安全。

第 9 章

大直径盾构隧道下穿高铁桥梁工程全过程风险管理机制

9.1 引言

大直径盾构隧道下穿运营高铁桥梁工程属于大型、高风险的基础设施建设工程,具有投资规模大、建设周期长、施工难度大、技术复杂等特点,在建设过程中面临诸多不确定性影响因素。由于同时涉及新建隧道的施工安全和既有铁路的正常运营,社会影响面大,因此对风险管理和控制的要求极高。而且,涉铁下穿工程的风险管控牵涉单位较多,需要建设单位、勘察设计单位、施工单位、监理单位和铁路运营部门等众多相关单位之间密切协作。由于工程风险因素贯穿于工程实施的各个阶段,分布于各个环节,因此,必须构建一套覆盖工程项目全周期的全方位风险管理体系,以确保工程的顺利推进和目标达成。

本章将全面介绍大直径盾构隧道下穿高铁桥梁工程的全过程风险管理体系,涵盖体系的核心理念、组织机构、风险管理制度以及实施流程等;梳理项目建设管理难点,并明确安全质量管理的目标;归纳总结建设单位、勘察设计单位、施工单位、监理单位等参建方在全过程风险管理中各自的职责、具体管理办法以及应急响应管理机制等;探讨运营管理模式,包括运营管理组织机构、运营风险管理体系、运营安全评价方法等。

9.2 全过程风险管理体系

9.2.1 全过程风险管理的理念

全过程风险管理的核心理念在于运用系统、动态的方法对建设项目全过程潜在的风险进行全方位的梳理、分析和管理。它贯穿于项目的全寿命周期,涵盖勘察、设计、施工、运营维护等各个阶段,并涉及所有参与方,包括建设单位、设计单位、施工单位、监理单位等,覆盖了各个工序环节,如加固、开挖、出渣、支护、注浆等。全过程风险管理不仅注重风险的动态发展,还强调提前预防,致力于完善应急工作机制,提高快速反应能力,以防止次生事故的发生,并迅速有序地开展应急抢救工作,旨在将事故损失降至最低程度。这是一种强调动态循环、持续改进的管理模式。

全过程风险管理工作需要建设单位、设计单位、施工单位、设备制造单位、监理单位、监测单位、铁路局建管和施工安全管理部门等多方协同合作,共同组建一个跨专业领域的联合团队。团队中各方根据各自领域的专业知识、协定的工作内容和工作职责,共同开展全程风险防控的专项研究,针对潜在风险制定具体的管理、实施方案。

9.2.2 全过程风险管理阶段划分

工程项目全过程风险管理是按阶段对工程项目的风险进行识别、评估和控制。根据项目的进度,全过程大体划分为勘察、设计、施工、运营四个阶段,如图9-1所示。

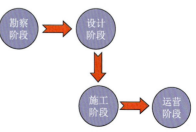

图9-1 工程项目的全过程阶段

在勘察、设计阶段,主要是依据设计技术条件、设计方案以及各阶段的批复文件等资料,从地质情况、工程技术特点、设计质量、进度规划等方面进行风险识别、分析和评估工作。由于这两个阶段对工程项目的实际信息掌握较少,可能会增加工程后续实施环节的风险。

在施工阶段,主要是从施工建设的角度,检视勘察和设计阶段存在的风险。具体而言,根据施工组织、施工方案、施工工艺等信息,从施工技术、材料、环境、人员及机具设备等方面进行风险识别、分析和评估工作。

在运营阶段,主要是从工程运营和维护的角度,检视勘察、设计和施工建设阶段存在的风险,从工程的可靠性、缺陷类型及缺陷影响程度等方面进行风险识别、分析和评估工作。

9.2.3 全过程风险管理体系

9.2.3.1 风险管理组织机构

风险管理组织机构是为实现风险管理目标,确保风险控制措施落实执行而专门设立的管理部门。风险管理组织机构的设置有利于提升风险管理在工程项目管理中的地位,以及明确各单位、人员在风险管理中的职责和义务,提高全体人员的风险意识。

工程项目参建方均为风险管理的参与方,参与各方分工协作、共同推进、共同实施。本工程全过程风险管理组织机构包括以下各方单位:

(1)建设单位

建设单位负责项目的建设管理。在全过程风险管理过程中,负责组织和协调各参与单位进行风险防控专项研究,监督和推进研究工作的实施等,并配合政府主管单位对重要风险防控活动进行同步监督管理。

(2)设计单位

设计单位负责项目的勘察与设计工作。在全过程风险管理过程中,负责牵头设计阶段和运营阶段的风险防控专项研究工作,参与施工阶段的风险防控专项研究。此外,设计单位还需负责或协助施工阶段的设计方案优化、相关设计的分析计算、低净空灌注桩的设计与实施,以及施工风险的分析、评估和控制等。

(3)涉铁工程管理单位

涉铁工程管理单位以涉铁段工程管理的角色,参与勘察设计阶段、施工建设阶段和运营阶段的涉铁段风险防控专项研究。在全过程风险管理过程中,负责指导涉铁工程的风险防控工作,监督涉铁工程风险防控措施的落实情况,并协助制定涉铁段风险应急预案。

(4)监理单位

监理单位承担工程监理的职责,参与勘察设计阶段、施工建设阶段和运营阶段的风险防控研究。在全过程风险管理过程中,负责协助制定风险防控措施和风险应急处置预案,监督防控措施的落实,以及风险的判识等。

(5)施工单位

施工单位作为工程施工的责任主体,在全过程风险管理过程中,参与勘察设计阶段、运营阶段的风险防控专项研究,并负责牵头施工阶段的风险防控专项研究工作。在施工过程中,施工单位承担风险的判识、施工风险防控措施和应急处置预案的制定与落实等责任。具体包括:

①辨识和评估施工中的风险。

②将风险防控报告制成正式文件发送给工程建设各方,并经风险交流后形成现场风险防控实施文件记录。

③分析施工对邻近建(构)筑物的影响风险。

④动态跟踪、管理施工风险。

⑤预警、预报施工风险。

⑥发布施工风险通告。

⑦当现场发生重大事故时,及时上报并采取适当的处置措施。

(6)装备制造单位

设备制造单位以设备制造和应用的专业视角,参与施工阶段的风险防控专项研究。在全过程风险管理过程中,协助制定与设备应用相关的施工过程风险防控措施和应急处置预案等。

(7)监测单位

监测单位以第三方监测角色,参与施工阶段的风险防控专项研究。在全过程风险管理过程中,负责制定第三方监测数据在风险防控管理中的应用策略和预警机制等。

为使风险管理有效实施并形成制度化,全过程风险管理需围绕风险管理目标,由上述各参与方共同组建风险管理职能部门。全过程风险管理组织机构的各职能部门及职能分工如下:

①项目经理:全面负责项目的施工风险管理工作,包括及时采取有效措施规避和预防各种施工风险,主持召开施工风险分析会,并制定相应的应对方案,尽可能降低施工风险。

②项目总工程师:主持日常的风险管理领导工作,对风险管理负直接领导责任。

③风险分析组:负责收集各种施工风险的资料,包括施工进度、地质预测预报和监控量测结果;结合工程施工情况分析监测数据,编制风险预警报告。

④风险对策组:依据风险分析结果,及时制定相应的施工风险预防措施和紧急救援预案,规避各种施工风险。

⑤风险管理组:负责各项风险措施及紧急救援预案的实施执行。

⑥风险监测组:负责地质预测预报和监控量测工作,包括数据采集、分析和处理,并及时将结果报告给风险分析组。

⑦紧急救援组:负责发生施工风险后的紧急救援工作,各小组分别做好各自的紧急救援工作。

9.2.3.2 风险管理制度

明确各管理岗位的职责,建立科学的风险管理制度,便于及时获取和共享工程风险信息,实现高效的风险管理,包括完善并切实贯彻风险管理责任制、风险管理教育制度、风险工程会审制度、带班生产制度以及危大工程专项施工方案专家评审制度等。

风险管理责任制:基于项目经理负总责、项目总工程师负专责、各级管理人员负相应责任的原则,建立并实行风险管理责任制和逐级负责制。风险管理责任目标层层分解,横向到各职能部门,纵向涵盖各级领导和每位职工,并逐级签订风险管理责任状,建立一级保一级、层层抓落实的风险管理责任保障体系。

风险管理教育制度:加强全员的风险管理教育,促使员工树立风险意识,消除麻痹思想。通过系统性、针对性组织培训学习,使员工了解风险管理的相关规章制度和知识,确保员工在思想上高度重视风险,在生产上严格遵守操作规程。

风险工程会审制度:根据风险工程分级,在施工前组织各部门仔细、全面地熟悉施工设计图纸,核对图纸与实际情况是否一致,核实工程结构与工程环境安全设计在技术上的合理性和可实施性。如发现与现场实际情况不符,应立即联系设计单位解决疑问。通过对设计文件、地质踏勘、环境核查的学习与分析,制定详尽的施工安全技术交底,编制安全专项施工方案,预测施工风险。

带班生产制度:强化建筑工程现场的企业负责人和项目负责人的带班制度,以提高建筑工程的安全管理。根据住房和城乡建设部的相关规定,项目经理、项目副经理和项目总工程师必须在施工现场带班,负责指挥和监督安全生产工作,并与施工人员一同上下工作,以确保项目质量和安全管理。项目负责人是工程项目质量安全管理的第一责任人,应对带班生产制度负责。

危大工程专项施工方案专家评审制度:依据《建设工程安全生产管理条例》国务院第393号令和《危险性较大工程安全专项施工方案编制及专家论证审查办法》(建质〔2004〕213号)等相关文件规定,对于达到一定规模、危险性较大的工程工序,应编制安全专项施工方案,邀请专家进行评审,并在按照专家评审意见修改、完善后,将其提交给监理和业主进行审批。

9.2.3.3 风险处理原则

风险等级标准、接收标准和控制原则详见第2.5节相关内容。在进行风险处理时,按照消除、降低、控制的层次进行:优先考虑消除风险的措施,其次考虑降低风险的措施(如改进施工工艺,采取隔离加固技术等),再次考虑控制风险的措施(如提升标准化作业、加强安全监测管理等)。风险处理原则如下:

(1)风险处理应遵循合法合规、专业化、有针对性的原则

工程项目的所有参建单位(建设单位、勘察设计单位、施工单位、监理单位等)必须全面熟悉、掌握与隧道工程建设全过程(包括勘察、设计、施工、验收、监理等分项作业流程)相关的法律法规、行业标准及专业技术要求等。

(2)风险处理应基于现有经验和标准操作流程的原则

风险处理要符合风险防控基本流程,对过程作业节点的把控做到重点不缺不漏、细节精益求精。此外,还要符合风险管理的基本原理,从风险识别、风险陈述、风险分析、风险跟踪、风险预警、风险检测,以及风险控制与应急应对处置等各个环节,牢抓风险防控的工作重点,积极主动进行观察、识别、分析、预防与控制。

(3)风险处理遵循责任制与科学化管理的原则

业主建设单位和其他主要责任单位的组织架构、职责分工、义务和权利应科学合理分配,确保各方职责和职权明晰。此外,各方安全生产管理制度的建立与落实要科学化、明确化。各方针对项目不同阶段风险点制定的防控方案应有科学依据。风险分析与估测要有科学依据,防控方案应经过论证、评审等流程验证其合理性和科学性。

(4)风险处理遵循时效性原则

在主要责任单位管理下,风险处理的管控具有较强的时效性。风险的预防侧重于在风险实际发生之前进行预测和积极干预,而风险的控制则着眼于在风险实际发生时能采取必要的措施进行应对和控制。风险分析和管控任务在风险发生前、发生时和发生后均有所不同。因此,风险处理的管理与控制应当遵循各阶段任务提前计划和按时落实的原则。

9.2.3.4 实施流程

全过程风险管理的实施流程如图 9-2 所示。

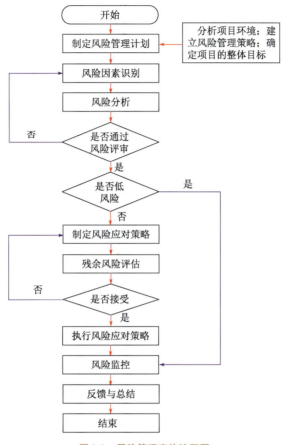

图 9-2 风险管理实施流程图

9.3 建设单位管理

9.3.1 项目建设关键节点管理

在苏州市区路桥工程建设指挥部、市交通运输局、交投建设管理有限公司、市交通工程质量监督站等单位,以及各参建单位的共同努力下,以盾构隧道工程为主的桐泾北路工程建设任务圆满完成。项目建设主要节点见表 9-1。

项目建设主要节点　　　　表 9-1

序号	项目主要进展内容	时间节点
1	取得项目建议书批复	2017 年 7 月
2	取得项目工可批复	2018 年 6 月

续上表

序号	项目主要进展内容	时间节点
3	取得项目初步设计批复	2018年7月
4	取得项目先导段施工图批复	2018年8月
5	项目先导段开工建设	2018年8月
6	取得主体标施工图设计批复	2018年10月
7	取得项目主体标施工许可	2019年5月
8	项目主体标开工建设	2019年5月
9	左线盾构隧道始发掘进	2020年10月
10	左线盾构隧道贯通	2021年2月
11	右线盾构隧道始发掘进	2021年5月
12	右线盾构隧道贯通	2021年8月
13	项目明挖段开始建设	2022年2月
14	项目明挖段隧道主体完成	2022年12月
15	桐泾路南段(北环西路—虎丘路段)地面道路开放交通	2023年3月(比预期提前3个月)
16	路面沥青铺设完成	2023年5月
17	机电、监控、照明等附属工程专项验收	2023年6月
18	项目交工验收、实现通过	2023年6月

9.3.2 项目建设管理难点

桐泾北路隧道工程给建设管理带来多方面挑战,主要包括交叉协调工作量巨大、紧急避险与风险管理难度大、景区保护与进度管理平衡难、居民搬离协调难、管线迁改管理复杂、交通导改异常困难、公众预期管理压力大。

交叉协调工作量巨大:从项目起点到清塘路交叉口,在短短的308m范围,涉及6个不同标段工区的交叉施工。平面上需要与桐泾北路延伸段项目、虎东路改造、虎阜路西延衔接,立体上与桐泾北路管廊、轨道6号线清塘路站点交叉,沟通和协调工作量巨大。

紧急避险与风险管理难度大:面对桐泾北路隧道工程中大直径盾构、超浅覆土、高风险源集中穿越等技术难点,特别是国内首次大直径盾构下穿运营高铁,几乎要求达到"零沉降",这对项目管理团队在风险评估、风险管理与预控能力上提出了前所未有的挑战,要求采取创新的施工技术和管理措施来应对。例如,项目团队邀请了业内专家进行现场"把脉",采用了砂袋反压等新工法,并创造性地提出钢筋混凝土格栅反压防护。同时,项目管理团队还需具备快速的应急响应能力和危机管理能力,以便有效应对各种预警、报警或突发情况,并及时采取紧急避险措施。

景区保护与进度管理平衡难:山塘街和山塘河作为4A级景区,施工过程中不仅要保证工程进度和安全,还要考虑到景区的保护和游客的通行。如何在保护历史文化遗产和自然环境的同时进行现代化基础设施建设,是项目管理者难于平衡的问题。

居民搬离协调难:隧道需要下穿山塘街沿岸部分居民用房,该区域大部分房屋年代较久,基础多为砖石浅基础,甚至部分房屋没有基础。因此,在盾构穿越时存在房屋开裂甚至倒塌的风险。为保障盾构隧道上方老城区居民的人身财产安全,在盾构掘进前采取紧急避险措施,项目管理者联合有关部门,挨家挨户进行居民劝离安置,共撤离疏散居民91人。

管线迁改管理复杂：项目区域内的既有地下管线错综复杂，涵盖电力、燃气、自来水、弱电四大类，管线的迁改任务涉及多个单位和部门。而且，由于部分管线因年代久远，相关资料缺失，不仅导致迁改工作难度加大，也增加了项目的不确定性和管理的复杂性。特别是虎阗线220kV 电力管线的迁改方案受到了河道、规划等因素的影响，经多次讨论研究方才确定了迁改方案，最终得以开工建设。

交通导改异常困难：桐泾北路作为古城区的南北向主干道，周边商住密集、通行需求极大，可利用的空间十分狭小。为更好地平衡施工和通行需求，邀请交通管理部门现场踏勘20 余次，召开协调会30 余次。在建设过程中，涉及的交通导改工作异常困难，其中仅玻纤路路口的交通导改就达7 次，清塘路节点也经历了多次交通导改。

公众预期管理压力大：桐泾北路隧道工程作为苏州市的一项重大基础设施项目，直接关乎民生，因此备受市民关注。项目建设管理过程中的任何疏忽都可能引发一系列环境问题，如噪声、扬尘、断水、断电、断气、交通拥堵等，影响周边居民的生活质量和景区的环境，甚至可能导致地面沉降、房屋开裂等，危及居民安全，引起公众不满，触发社会舆论。项目管理团队需要有效地关注公众期望，及时发布项目进展，处理可能出现的社会影响和舆论压力。

9.3.3 建设管理办法

建设单位是建设工程项目安全生产的第一责任者，对建设工程项目的安全生产负主体责任。作为工程项目的投资建设管理者，在项目建设中，建设单位面临诸多安全风险。建设单位的风险管理实质上是领导协同各参建单位，以共同排除潜在风险，最大限度地降低安全事故发生的可能性。

(1)建立健全安全生产责任体系，设立项目安全管理组织机构，明确各岗位职责。建立公司的安全管理组织机构，同时建立涵盖项目办、总监办、项目部的三级安全管理网络，做到"安全生产、人人有责"，按照"横向到边、纵向到底"的管理原则，层层签订安全生产责任书，定期开展责任制考核。

(2)建立健全安全生产管理制度，规范各项流程。以公司管理办法为抓手，结合工程现场实际，针对性地制定《安全管理制度》，实现全过程安全管理制度化。按照平安工地建设考评标准对工程各参建单位开展开工前安全交底，要求所有参建单位在工程项目开工前上报安全生产条件核查表，做到"安全生产条件审查不过关严禁动工"。

(3)组织环境调查、移交、交底等工作，开展工程总体安全风险评估。委托第三方编制《工程总体风险评估报告》，针对Ⅲ级以上风险，督促施工单位开展专项风险评估及专项方案审查。同时，认真组织施工环境的调查工作，对不明确的地下设施进行必要的勘察和监测，获得准确资料。对施工单位开展安全技术交底，向施工单位详细告知项目的特殊风险。

(4)规范工程安全经费的使用与管理。依据招标文件规定的各分部分项工程安全措施费费率，合理提取安全生产经费，严格规范安全经费申报流程，要求项目部提交、总监办审查、建设单位审批，确保安全投入专款专用、科学规范。

(5)组织开展安全生产检查工作。为了规范化、制度化施工管理，及时消除事故隐患，排除施工中的不安全因素，纠正违章作业，监督安全技术措施的执行，定期组织开展安全生产检查工作，包括安全大检查、专项检查以及项目专业管理人员间月度互查，提出详细的、针对性强的建议,提高检查的全面性、系统性。

(6)信息化安全管理。借助安全隐患排查治理系统,对现场隐患进行跟踪和动态管理。通过手机 App 实时上传安全隐患,确保隐患排查、发现、整改的闭环管理。以"视频监控"为平台,高清摄像头全面覆盖施工区域,监控重点施工环节,实现无论在何时何地都可以对施工现场进行监控。对于发现的安全隐患及时采取措施制止,减少"三违作业"。要求项目部定期以无人机航拍的形式全面掌控施工动态,分析抓住关键环节。

9.3.4 安全质量管理

建设单位遵循以"精细化管理为基础、设计管理为核心、进度管理为主线、合同管理为手段、信息管理为载体"的原则,在土建主体标、监理标等招标文件中,明确江苏省省级"平安工程"示范工程和"省级平安百年品质工程"建设目标要求,并建立相应的考核机制。

9.3.4.1 安全管理

(1)严抓安全管理体系建设

在现场管理过程中,注重抓各参建单位安全管理体系的建设,持续督促现场主要负责人及安全管理人员履职尽责,确保安全管理的全面落实。督促相关人员在安全检查和隐患排查后,及时分析总结,查找自身安全管理体系方面的不足,包括分析施工单位、监理单位安全管理人员未能发现安全问题或隐患的原因等,并采取针对性措施,加强安全监督管理。

(2)坚持安全检查和例会制度

设立专门的安全组,坚持月度安全检查和日常安全检查相结合,定期在月底进行月度综合检查,检查结束后及时发布通报并督促整改。

每月坚持召开月度安全工作会议,分析总结安全问题并制定安排,内容包括上月安全问题落实情况、本月安全工作开展情况、安全隐患系统排查使用情况、下月安全工作重点以及需要协调解决的事项。

当现场发生险情或较大安全隐患等特殊情况时,及时召开安全专题会议,对各项安全问题背后的原因进行深入剖析,并举一反三,以督促各参建单位提高安全意识。

(3)严抓安全警示教育管理

持续开展安全事故警示教育,强化参建人员的安全防范意识。每当其他项目或工地发生安全事故时,通过微信将事故情况和分析结果推送给相关人员,以图文并茂的方式开展安全警示教育。

持续督促参建的施工、监理单位,不断丰富安全教育培训的形式,以提高安全教育效果,引导一线作业人员从"要我安全"到"我要安全"的观念转变。同时,注重对临时用工、临时设备操作人员的安全管控,以堵塞安全管理中的漏洞。

(4)加强重大施工风险预控

高度重视安全风险评估工作,全面识别和梳理项目施工中的潜在风险,并致力于做好风险预控工作。针对大直径盾构下穿高铁桥梁的关键节点,积极组织施工风险评价和应对方案的评审工作,邀请多名业内学者和专家进行实地考察和专业指导工作,对隧道安全穿越高风险源进行现场"把脉",为项目顺利推进提供重要的技术支持。

在各参建方共同努力下,本项目 2019—2021 年连续三年被评为江苏省公路水运工程省级

"平安工地"示范工程。

9.3.4.2 质量管理

（1）调研学习组织

在项目开工前，先后组织建设管理人员前往济南穿黄隧道、南京长江五桥夹江隧道等大盾构隧道项目以及太仓港四期项目进行现场调研学习，为本项目的高点定位找准目标，提升了建设管理人员对建设高标准工程的实际认知。

（2）标准化建设管理

项目严格执行《苏州交建公司关于印发临建标准化工作要求（试行）》及《苏州交建公司关于印发首件工程认可制实施办法》，着力推进工程管理的标准化和规范化。具体而言，主要包括两方面：

一是驻地标准化建设。项目部驻地选址遵循"靠近主线、交通便利"的原则，驻地材质、尺寸、内部陈设、用电布设、消防设施配备均需通过标准化验收后方可使用。

二是施工过程控制标准化。盾构机线下验收、盾构始发、接收及深基坑施工等关键工序必须严格按照规定程序实施，确保事前有方案、有计划，事中有监管、有控制，事后有总结、有提升。

（3）质量通病防治

注重质量通病的防治与治理工作，严格执行公司颁布的《路基及路面工程质量通病防治手册》《明挖隧道工程质量通病防治手册》《桥涵工程质量通病防治手册》等管理规定。同时，结合项目特点，专门编制《盾构隧道质量通病防治手册》（试用版）。通过组织质量通病防治专题会、质量培训、技能竞赛、质量通病专项分析等手段，有针对性地解决本项目可能存在的质量通病问题。

（4）品质工程建设管理

项目持续深化品质工程建设的创建工作，以"品质引领、匠心智造"为导向，实现科研创新与突破，努力形成一批可复制、可推广的成功经验。在品质工程创建过程中，省内外各级相关单位[江苏省交通运输厅、无锡市公共工程建设中心、拉萨市交通运输局、海口市住房和城乡建设局、咸宁城市发展（集团）有限责任公司、佛山市交通投资集团有限公司等]多批次到本项目进行调研交流，为项目注入了新的动力。

鉴于出色的管理，本项目获评为2021年度江苏省级平安百年品质工程创建示范项目。

9.3.5 绿色工地建设管理

（1）建筑废料利用

将房屋拆迁产生的建筑废料，集中运输至再生资源中心。再生资源中心对这些建筑废料进行分拣、加工、集中处理等一体化操作，生产出成品砖，并将成品砖重新用于工程临时设施建设工程中。

（2）浆处理泥水分离

引进泥水分离设备，对钻孔桩产生的泥浆采用物理处理方式（不添加化学试剂），将泥浆分离为泥饼和清水。分离出的水须符合国家二级排放标准，从源头控制泥浆的污染问题。

（3）自密实水泥土应用

采用自密实水泥土代替常规的混凝土。以盾构掘进弃土为主要材料，掺加水泥和固化剂等形成自密实水泥土,替代混凝土进行盾构后续段回填,降低工程造价,实现弃渣再生利用。

(4)钢渣沥青混凝土应用

响应节能减排和绿色环保理念,将钢渣(炼钢过程中排除的熔渣)应用于部分沥青路面,对缓解路面优质石料资源紧张、发展城市循环经济、推动节约型和环保型城市建设具有重要意义。

9.3.6 其他管理

(1)进度管理

自确定项目2023年6月建成通车计划后,建设管理公司主要领导亲自带队,坚持倒排施工计划,全面实行挂图作战,第一时间协调处理现场出现的各种问题,直至项目通车。充分考虑施工涉及的管线迁改、交通导改、涉河道施工等前置工作,提前协调,紧控工期,为盾构隧道工程按计划建设扫清障碍。

(2)涉铁施工管理

鉴于铁路部门对中铁、铁建系统企业信用履约考核威慑力较大,可为本项目涉铁施工安全管理奠定基础。本项目涉铁施工委托东华地方铁路公司完成,并委托华东铁路监理监管。低净空全套管灌注桩及大直径盾构施工主要由中铁第五勘察设计院集团有限公司和中铁十四局集团有限公司完成。

(3)党建联建管理

推进"党建+"工作模式,通过与各参建方联合组建党员先锋队、青年突击队,开展"党建+安全""党建+科研"等工作,激励广大党员亮身份、当先锋、做表率,充分展示参建人员的昂扬斗志和精神风貌,全力打造安全优质工程、廉洁阳光工程。

在各方共同努力下,"盾构施工"行动支部被市局评为优秀行动支部,"旗扬姑苏、助盾前行"党建联建项目被评为优秀书记项目。

9.4 勘察设计单位管理

9.4.1 勘察设计管理目标

工程设计是工程建设实施的前提和依据。在工程建设过程中,勘察设计是工程质量控制的关键环节。勘察设计方案是否安全合理、切实可行,从根本上决定了工程是否安全可靠、便于施工。工程设计的质量不仅直接关系到工程项目的施工安全,而且对工程建成后的运营安全、稳定性也将产生十分重要的影响。

(1)质量管理要求

在贯彻《质量管理体系 基础和术语》(GB/T 19000—2016)及ISO 9001质量管理的过程中,形成如下的质量观念:

①质量是设计出来的而不是检查出来的。

②质量概念应建立在事先预防的基础上。

③尽量减少目标偏差,以达到最好的质量要求。

④设计应考虑对不可控环境因素的抵御能力。

(2)质量方针与目标
①质量方针:以人为本的精心设计和创新的技术造就安全舒适、经济适用的市政交通工程。
②质量目标:设计产品合格率100%。
③创优目标:经业主组织专家评审为优良设计。
项目的质量和创优目标将被分解到各专业,制定奖惩办法,并严格执行。

9.4.2 勘察设计管理体系

为实现工程项目预定的质量目标,结合桐泾北路盾构隧道工程的具体情况,建立了一套设计质量管理控制体系。该体系旨在提高工程设计管理效率,降低风险,确保项目从勘察设计到实施各个阶段能够高效、有序地进行。在设计管理过程中,每个环节都必须严格遵循规定的质量控制程序,确保设计全过程处于受控状态,从而更好地控制项目的质量、成本和进度。建立的设计质量管理控制体系工作流程如图9-3所示。

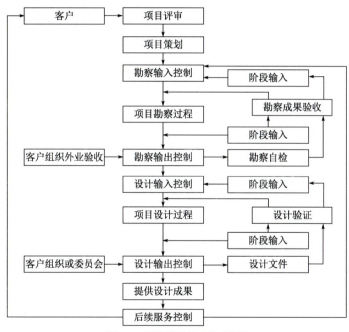

图9-3 设计质量管理体系流程

9.4.3 人员配备与职责

(1)人员组织措施
①建立设计项目组
建立完善的设计项目管理组,保证优质的设计服务,同时选派业务骨干参与到设计和设计管理工作中,实现管理的同步与资源共享,并保持人员组成的稳定性。
②成立工程设计专家顾问组
聘请资深专家组成专家团队,全过程、全范围跟踪本项目设计工作,对设计进行指导和把关。
③建立项目质量管理职责体系
把质量目标和责任具体落实到项目总体、专业负责人、具体设计人员身上。

(2) 人员职责分配

①项目负责人

项目负责人的主要职责包括：对项目设计的进度、成本、质量及施工配合中的技术问题全面负责；组织编制并负责整理、汇总本工程的设计输入文件；组织各阶段设计，确保设计文件符合国家政策，以及符合批准的设计任务书和各项审批文件的要求，满足功能使用要求，积极采用先进技术；负责项目人力、进度、技术、质量、成本等工作的管理与过程控制；负责项目内、外部接口的管理与协调；负责组织项目有关人员准备评审资料、参加评审并根据评审意见进行修改；组织有关专业研究和确定工程重要技术方案，特别是综合性技术方案，以及节能、环保、安全卫生和各专业的设计条件衔接等；组织处理与设计有关的项目变更和各专业设计总结等。

②专业负责人

专业负责人的主要职责包括：负责组织填写本专业的设计输入文件；搜集、分析设计资料，并根据设计任务书及有关标准、法规和技术规定的要求，组织本专业的人员开展设计工作，并对设计的质量、深度和进度负责；负责与其他专业互提资料，组织本专业人员参加对图、会签；负责专业施工技术交底、施工配合、工程验收；协助项目负责人组织本专业人员进行设计更改的实施。

③设计人员

设计人员的职责主要包括：承担具体的项目设计任务，并负责承担的设计任务的质量和进度；参与工程投资和设计费用的控制；认真贯彻执行相关法律法规、技术标准和规范，按设计质量要求编制技术文件；认真做好文件的自校、修改和签署工作；与有关专业的设计人员密切配合，及时提供设计资料；参加施工交底和施工配合，及时处理施工中发生的各种技术问题；负责设计文件、设计资料的整理和归档。

④校核人员

校核人员的职责主要包括：对设计人员完成的设计图纸、计算书等设计文件进行全面校核和验算，并对所校核设计文件的质量负责；认真执行设计质量管理体系文件，按程序要求填写和签署校核单；对校核发现的问题，提交给相应的设计人员，并与之讨论研究，确认其修改后签字。

⑤审核人员

审核人员的职责主要包括：参加项目设计评审、主要技术问题研讨、设计验证等活动；指导和帮助设计人员和校核人员解决疑难技术问题；审查专业接口是否协调统一，构造做法是否正确，图面索引是否标注正确；审核项目方案设计、初步设计和施工图设计，检查质量状况，评定质量等级；对主要技术问题和技术方案的正确性和合理性负主要责任；认真填写校审单，并提交设计人员处理，确认其修改后签字。

⑥审定人员

审定人员的主要职责包括：审定工程设计方案是否合理、设计评审的结论是否实施；认真填写校审单；对设计评审的验证情况签署意见并签字，对专业质量评分表进行审定签字。

9.4.4 勘察设计质量管理办法

(1) 设计例会制度

建立设计例会制度，定期召集设计、管理人员召开工作例会，对可能影响到设计质量的内容进行详细汇报、认真分析讨论，并形成决议。

(2)设计内部审查、评审、质量抽查制度

项目启动初期,由质量保障部门或项目负责人制定审查计划,组建专业审查小组,对设计方案的合理性、技术参数准确性、图纸规范性等进行全面内审,并编制内审报告。设计团队根据内审报告及时进行问题整改,并将整改结果反馈至质保部门。项目负责人邀请专家和客户代表等,组织召开评审会议,重点评估方案的创新性、实用性、经济性,形成评审结论。依据项目特性,制定并实施质量抽查计划,重点抽查关键工序、重要环节和易出现问题的地方。

(3)设计图纸报出审查、印制和交付管理制度

批准设计图纸交付印制前,应检查设计过程的所有质量记录,只有合格的设计图纸才能交付印制和报出。

(4)设计交底、施工配合登记制度

开展设计交底、施工配合工作时应记录过程中的信息。

(5)应用标准化设计成果

将长年积累下来的标准化成果应用到本项目的设计工作中,提高设计文件的质量和设计进度,并在设计过程中不断加强设计标准化工作。

(6)质量计划阶段细分和过程跟踪的方法

制定本项目的质量计划,质量计划要细化到每个设计阶段,建立反馈、改进机制,对各设计阶段的每一个设计过程进行跟踪控制。

9.4.5 勘察设计进度保障措施

对于项目设计进度,主要考虑从人员组织保证、制度体系保证、设备技术保证、设置奖惩措施这4个方面采取针对性的措施,具体如图9-4所示。

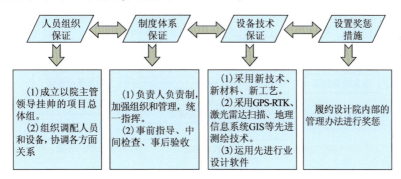

图9-4 进度保障措施

9.5 施工单位管理

9.5.1 施工管理体系

施工单位是工程项目的承建方,必须在人力、物力等各方满足工程项目安全施工的需求,并由城市公路、地下工程施工经验丰富的技术人员和管理人员组建强有力的施工管理体系。

本盾构隧道工程的施工管理体系如图 9-5 所示。

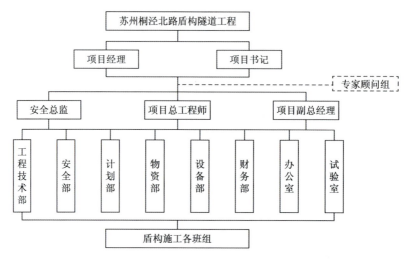

图 9-5 盾构施工管理体系

9.5.2 施工组织管理

(1) 施工工序

根据本工程的具体情况,工程总体施工计划以前期工程、盾构工作井和盾构隧道为主线,以道路工程、机电设备安装工程及其他工程为次线进行施工组织。计划采用一台泥水平衡盾构机进行施工,盾构机从北侧始发井左线始发,掘进到达南侧接收井接收后,进行盾构机拆解,拆解完吊出工作井,从地面既有道路转场倒运至北侧右线始发井进行二次始发,再至南侧接收,盾构机拆解后撤场。具体施工工序组织安排如图 9-6 所示。

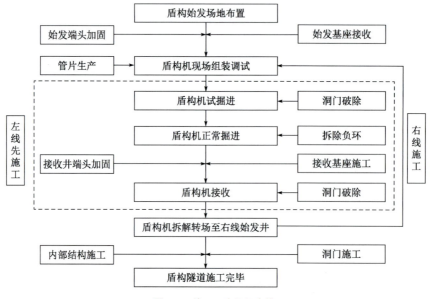

图 9-6 施工工序组织安排

(2)盾构施工进度安排

盾构施工进度安排考虑的时间因素包括：

①盾构机制造和运输至工地所需时间。

②盾构机拼装、调试、试推进及盾构机拆卸时间。

③采用一台盾构机从左线转到右线重新始发所需时间。

④既有线加固所需时间。

本盾构隧道工程总工期计划为 26 个月，具体时间计划如下：

①盾构改造及运输、安装工期按 8 个月考虑。

②盾构接收、拆卸、重组工期按 2 个月考虑。

③盾构推进工期按 2 个月考虑。

④既有线加固工期按 5 个月考虑。

⑤设备安装及铺架工期按 9 个月考虑。

其中，下穿铁路工期安排如下：

左线盾构隧道，在里程 K1+491.4 ~ K1+623.6 范围内，连续穿越沪宁高铁和京沪铁路，下穿铁路影响范围为 132.2m，管片拼装为 66 环，对应区间管片拼装位置为 142 ~ 206 环。计划下穿铁路影响范围掘进速度为 3 环/d，下穿工期共计 23d，详细施工安排见表 9-2。

区间左线下穿铁路施工计划　　　　　　　　　　　　表 9-2

序号	下穿影响范围	开始时间	结束时间	掘进速度
1	下穿沪宁高铁前 30m	2020 年 12 月 15 日	2020 年 12 月 19 日	3 环/d
2	下穿沪宁高铁	2020 年 12 月 20 日	2020 年 12 月 21 日	3 环/d
3	下穿沪铁路与京沪铁路中间段	2020 年 12 月 22 日	2020 年 12 月 27 日	3 环/d
4	下穿京沪铁路	2020 年 12 月 28 日	2020 年 12 月 29 日	3 环/d
5	盾尾脱出京沪铁路 30m	2020 年 12 月 30 日	2021 年 1 月 5 日	3 环/d

右线盾构隧道，在 K1+505.14 ~ 624.6 范围内，连续穿越沪宁高铁和京沪铁路，下穿铁路影响范围为 133.2m，管片拼装为 67 环，对应区间管片拼装位置为 142 ~ 207 环。计划下穿铁路影响范围掘进速度为 3 环/d，下穿工期共计 23d，详细进度安排见表 9-3。

区间右线下穿铁路施工计划　　　　　　　　　　　　表 9-3

序号	下穿影响范围	开始时间	结束时间	掘进速度
1	下穿沪宁高铁前 30m	2021 年 6 月 1 日	2021 年 6 月 5 日	3 环/d
2	下穿沪宁高铁	2021 年 6 月 6 日	2021 年 6 月 7 日	3 环/d
3	下穿京沪铁路与京沪铁路中间段	2021 年 6 月 8 日	2021 年 6 月 13 日	3 环/d
4	下穿京沪铁路	2021 年 6 月 14 日	2021 年 6 月 15 日	3 环/d
5	盾尾脱出京沪铁路 30m	2021 年 6 月 16 日	2021 年 6 月 23 日	3 环/d

9.5.3　施工安全管理

(1)施工安全管理组织机构

针对盾构下穿铁路工程建立了专门的安全管理组织机构。从项目经理、项目技术负责人、安全总监到项目组织专职安全人员及相关人员,包括班组和工人,自下而上层层签约,建立安全生产责任制,明确各自的职责和权限如图 9-7 所示。

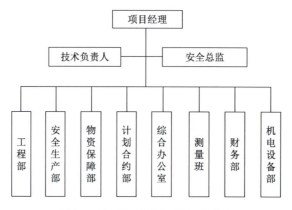

图 9-7 施工单位安全管理组织机构图

(2)安全保证措施

①掘进前充分与铁道部门沟通,建立联合预警体系,保证预警电话 24h 开通。项目部配备专人与铁路部门沟通,随时做好一切应急准备。一旦发现轨道出现异常情况,立刻启动应急预案,做好人员疏散工作。

②下穿铁路期间,项目部安排现场经理与监理人员在施工现场负责施工安全的控制。

③加强地面巡视工作,在盾构穿越铁路桥期间必须不间断地进行全天候 24h 地面巡视。一旦发现地面冒浆等异常情况,立刻通知调度中心,由调度中心统一指挥处理。

④加强洞内管片姿态的监测,控制好盾构机姿态,避免因管片位移过大或隧道超限导致停机。

⑤加强对盾尾、铰接和管片接缝等位置漏水、漏浆情况的监测。一旦发现问题,及时处理,不得因此导致地下水、泥沙流失。

⑥每个施工班组必须配备现场安全监督员,并要求积极履行职责。一旦发现问题应及时整改。如现场不能解决,应立即向项目部报告。

⑦做好现场的文明施工,物品摆放整齐有序。泥浆、污水等必须按技术交底处理,严禁随意排放污染环境。

⑧盾构下穿铁路期间,建立工程进度沟通群,并由监理组织召开每日碰头会,参会人员包括业主、施工、监测及其他相关参建单位,共同分析当日的盾构施工和监测情况。

⑨在盾构下穿铁路期间,项目总工程师应参加涉铁施工的相关会议。

9.5.4 施工质量管理

(1)质量目标

确保工程全部达到工程质量验收标准,工程合格率达到 100%。

(2)文件和资料的控制

①所有技术文件,如设计图、规范、规程、验收标准、作业指导书等,必须是有效版本,无效

和作废的文件与有效文件隔离存放。

②专人管理技术文件,分门别类建立台账和收发文登记册。

③技术文件的管理,如发放、借阅、存档、销毁等符合企业标准要求。

（3）物资材料的控制

①工程部向物资设备部提供主要物资的规格型号、数量、质量要求和时限要求。

②对主要材料供应商进行调查并评定。根据评定结果确定合格供应商,并造册登记。

③购进的原材料必须附有生产合格证、检验试验单,并进行清点验收。由物资部通知试验人员对购进的主要材料进行复验,经复验合格后方能使用。对不合格的物资应按不合格品的规定进行处理,严禁发放不合格物资。

④物资部对复验合格的主要物资进行管理和标识。在物资发放时,应登记物资的流向,包括工程部位、规格、数量、作业班组等信息。领料班组负责人要签字,以便追溯。

⑤对业主提供的产品和材料进行认真验收与记录,使其有可追溯性。

⑥在管片运达施工现场后,施工方的技术人员应对管片质量进行复检验和验收。

（4）质量保证措施

①加强管片运输过程保护

运输前制定切实可行的方案和各种预备工作,采用专用运输车运输,确保管片在运输和吊运途中不受损或毁坏。

②加强盾构机掘进控制

注意调整盾尾间隙,控制推进液压缸的伸缩和同步注浆压力,拼装精度控制在设计要求之内,提高盾构推进质量,防止管片移位、错台。

③正确进行管片选型

在作业前,应根据实际情况制定详尽的管片选型作业指导书,记录每块管片的编号信息(包括生产日期、材质、规格、批次等)和预定拼装位置,确保每块管片可追溯性管理和正确使用。

④规范管片安装操作

拼装时应先底部就位,然后自下而上错缝拼装,每环相邻管片均布摆匀,并控制环面平整度和封口尺寸,最后插入封顶管片。

⑤严格进行管片螺栓复紧

连接螺栓逐步初步拧紧,脱出盾尾后复紧。当后续盾构掘进至每环管片拼装前,对相邻已成环的3环范围内管片螺栓进行全面检查并复紧。

⑥合理选取同步注浆参数

注浆前进行配合比试验,选出最佳配合比,并根据不同地质情况,适时调整配合比,严格控制砂浆的搅拌质量,搅拌应均匀,时间要充分,同步注浆速度应与掘进速度相匹配。

⑦正确安装管片防水材料

粘接剂应涂刷均匀饱满,防水橡胶条和泡沫衬垫粘贴平整牢固,腻子片嵌贴严密稳固,位置准确,不得有起鼓、超长和缺口现象;螺栓衬垫应严密,不得有裂隙,使用前检查,发现损坏立即更换,不得使用;嵌缝之前将槽内清理干净,无杂质碎屑,嵌缝材料的种类、规格和质量符合设计和规范要求,并通过监理检验后方可实施。

9.6 监理单位管理

9.6.1 施工控制监理重点

(1)变形沉降:督促施工单位制定和实施具体可行的变形沉降控制措施及应急预案。

(2)管片拼装:监理人员每日对拼装成环的管片进行检查,对纵缝、环缝、环高差等检查要做好记录,对存在的质量问题,提出整改意见。

(3)螺栓紧固:督促施工单位做好螺栓复紧,在推进下一环时,复紧纵向斜螺栓。成环推出车架的管片,纵环向螺栓二次复紧。

(4)隧道直径检查:衬砌拼装成环后的直径变形允许偏差须小于 $0.3\%D$(D 为隧道洞径)。

(5)100 环验收:当盾构推进 100 环时,参加隧道隐蔽工程验收。验收项目包括:检查 100 环隧道的质量资料、施工小结和监理评估报告;管片拼装成环的允许偏差,必须符合设计要求和规范规定;现场查看管片碎裂、渗漏情况。对下一步盾构推进,给出指导性意见。

9.6.2 监理管理办法

(1)事故报告:一旦突发事故或事件,监理应督促和协助事故单位现场负责人在第一时间内(一般事故 6h 内,重大事故不得超过 0.5h,特大、特殊情况立即报告)向建设方现场项目经理报告;如遇重大事故直接向项目公司主要领导报告,后按程序逐级报告。

(2)事故处理:如发生重伤、死亡事故,现场必须做好抢救人员和保护好现场工作,以防事故进一步扩大。若发生触电事故应首先切断电源,若发生卫生防疫事故、食物中毒事故应立即送医院进行抢救或现场设立留观室,不可蛮干以免事故进一步扩大,等待有关部门调查。同时督促事故单位组织抢险,防止事故进一步扩大。

(3)事故抢险:监理应督促和协助事故单位制定事故抢险方案。方案获得事故单位总工程师批准和上级单位同意后,提交技术专家组审核。经审核同意后,应严格按方案实施,如需调整必须由专家组再次审核、确认。

(4)事故调查:监理应参与事故调查,并按照"四不放过"原则,配合主管部门对事故进行调查取证工作。

9.7 监控量测管理

9.7.1 施工风险监测重点

(1)大直径盾构隧道施工风险监测

在强富水、超浅覆土条件下,大直径盾构隧道施工的主要风险包括盾构始发进洞与接收出洞时的失稳风险和盾构掘进施工对周边环境、既有建筑的影响。在盾构进、出洞时,盾构姿态难以控制,支持平衡不易及时形成,端头地层处理或施工操作不当可能引发突水、失稳、坍塌等。在掘进过程中,泥水平衡式盾构的开挖面泥膜处于动态变化,不确定的地质因素可能引起地层大变形,甚至冒顶,影响区内的建筑物因此可能发生沉降、倾斜、开裂等现象。此阶段,盾构机状态、隧道结构变形和周边环境(地表和既有建筑物)应是监测重点。

(2)下穿运营高铁桥梁段施工风险监测

苏州桐泾北路盾构隧道下穿高铁桥梁加固段面临的主要风险包括低净空全套管隔离桩施工、MJS桩施工及盾构隧道下穿对沪宁高铁桥梁的影响。此阶段,隧道安全和高铁运营安全是监测的重点,监测内容包括盾构机状态、隧道结构变形、隔离防护体系状态、土体介质位移、高铁桥梁变形等。现场监测挑战大,主要体现在监测任务繁重、监测环境复杂、测点布设难度大,以及测量精度和数据准确性的要求极高。

9.7.2 监测管理办法

(1)在整个监测期间,安排专人巡视,确保人力及仪器的配备满足现场安全监测和安全巡视工作。

(2)现场巡视人员必须是监测经验丰富的技术人员,配备的监测仪器设备应先进、高效,并为现场巡视人员配备专用的交通工具,以确保巡视任务能有效地履行。

(3)建立严格的现场监测和安全巡视管理制度,使监测工作全面、有序、高效地展开。

(4)加强对第三方监测工作的管理,委派具有管理能力强、技术经验丰富、责任心强的技术干部负责第三方监测工作。

(5)在下穿沪宁高铁施工过程中,要重点监测、提高监测频率,并增强巡视工作力度,必要时增加监测点数量。

(6)改良钻机钻孔,减短钻杆与每根测管的长度,以适应低净空条件下监测孔成孔与监测管的埋设。

9.8 应急管理

为确保下穿施工过程中铁路线路的安全,最重要的应对措施是采用合理的掘进模式和掘进参数,通过控制盾构机的姿态来控制结构和地层的变形。应急保护措施是仅在万不得已、非常紧急的情况下才采取的应对手段。

9.8.1 应急组织机构

鉴于工程的重要程度和风险等级,在施工现场项目部设立联合办公室应急组织机构。该机构由建设单位负责人担任主任,铁路部门、设计单位、监理单位、施工单位的项目负责人担任副主任,各单位其他相关人员为机构成员。项目部各部门负责人严格执行落实联合办公室发出的各项指令。应急组织机构如图9-8所示。

组织机构主要人员的具体职责如下:

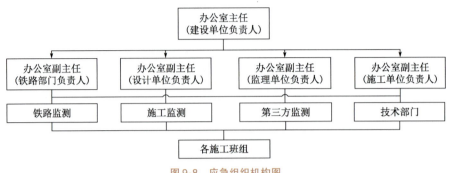

图 9-8　应急组织机构图

（1）建设单位负责人

全面负责施工期间的各项协调工作，并代表联合办公室应急组织机构签发各项指令。

（2）铁路部门负责人

以工务段为主，参与制定各项应急措施，并负责与铁路相关部门联系，互通信息，协调铁路相关部门进行线路维护及应急抢险。

（3）设计单位负责人

审核施工单位根据检测数据分析结果提出的施工技术参数，并及时提供设计意见。

（4）监理单位负责人

全程参与各项技术方案的制定及参数的修订，旁站监督施工单位各项措施落实到位。

9.8.2　应急组织管理办法

联合办公室组织机构负责指挥、协调和组织事故的应急救援工作，包括解决事故救援、事故调查处理以及检查应急救援预案的落实情况，并在需要时做出相应的决策。

（1）工作内容

①发布启动和解除重大安全事故应急救援预案的命令。

②按照程序的规定，组织、协调、指挥重大事故应急救援预案的实施，尽全力减少人员伤亡和财产损失。

③根据事故发生状态，统一部署应急预案的实施工作，指挥各部门有条不紊地开展抢险救灾工作。

④在救灾过程中随时掌握现场情况，并对现场出现的问题采取适当的处理措施。

⑤在负责区域内为事故现场紧急调用各类物资、设备、人员、防火用具，并提供场地，抢险救灾结束后要负责督促事故单位及时归还或给予补偿。

⑥事故发生后，应急救援小组要及时向上级有关部门汇报。对于超出自身处理能力的事故，要及时请示。

（2）管理办法

①施工前，对施工单位上报的盾构下穿沪宁高铁等各项施工参数及措施组织审核，并给出反馈。

②施工过程中，及时分析监测数据，并签发根据监测数据下达的调整施工参数的指令。

③若根据监测结果达到报警水平，立即启动应急方案，并指示施工单位、工务段按照应急

预案执行应急措施。

④在发生险情时,由组长组织实施抢险行动,组员全力配合,抢险人员按要求执行抢险预案。

⑤当组长不在场时,按照顺序顶岗。若抢险需要长时间持续时,按顺序进行轮流值班。

⑥对于在重大事故应急救援、抢险救灾工作中成绩卓著的部门和个人,应急小组应给予其适当的表彰和奖励。对不履行救援职责的、延误隐瞒安全事故的,依照有关规定给予处罚。构成安全事故责任罪的,移交司法机关追究刑事责任。

应急启动及人员到位情况见表9-4。

应急启动及人员到位情况　　　　　　　　　　　　　　表9-4

启动应急救援指挥部	应急启动条件	人员到位情况
	高铁线路位移	
一级	当日隆起≥0.3mm 当日沉降≥0.3mm 累计沉降≥2.0mm	苏州交投建设管理有限公司董事长、中铁十四局集团大盾构公司董事长到场主持工作
二级	当日隆起≥0.2mm 当日沉降≥0.2mm 累计沉降≥1.0mm	苏州交投建设管理有限公司总经理、中铁十四局集团大盾构公司总经理到场主持工作

9.8.3　信息报告及处理

(1)报告程序

安全事故信息的接受与上报应遵循"快捷、准确、直报、续报"的原则。当发生事故或突发紧急事件时,事故第一发现人或其他现场相关人员必须立即向现场负责人报告。现场负责人接到报告后,立即将事故情况报告给项目经理(即项目部应急救援中心指挥长)。项目经理要在30min内向监理单位、建设单位及相关部门单位上报事故情况,并在1h内形成书面资料上报相关单位。在上报后12h内进行第一次续报。一般事故、较大事故每日至少续报1次,重大事故、特别重大事故每日至少续报2次,当出现紧急情况时可越级上报。

事故信息报告传递流程如图9-9所示。

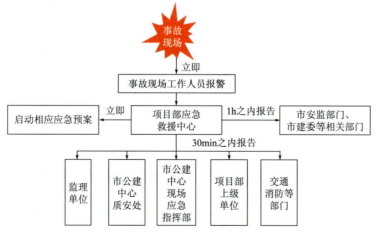

图9-9　事故上报程序及信息传递流程图

（2）事故报告主要内容
①事故发生的时间、地点、位置和事故类型。
②伤亡情况及事故直接经济损失的初步评估。
③事故的初步原因判断。
④事故发展趋势以及可能影响的范围。
⑤采取的应急抢救措施。
⑥需要有关部门和单位协助救援抢险事宜。
（3）信息发布
事故现场对外信息发言人由本工程生产安全事故项目部应急指挥部总指挥指定。项目部书记负责外部媒体的接待工作，媒体接待组负责收集现场伤亡情况、事故原因及其他基础资料，配合项目部应急指挥部对外发布信息。未经生产安全事故项目部应急指挥部总指挥授权，项目部不得随意接受媒体采访或擅自发布信息。

9.8.4　应急响应机制

（1）应急响应分级
①若发生事故（险情）造成《生产安全事故报告和调查处理条例》或者《铁路交通事故应急救援和调查处理条例》规定的较大事故，为Ⅰ级应急响应。在此情况下，应及时报请集团公司和项目部应急救援指挥中心，启动应急预案实施救援。
②若发生事故（险情）造成人员伤亡为Ⅱ级应急响应。由公司负责Ⅱ级应急响应，组织实施事故抢险救援，并和项目部应急救援指挥中心保持沟通或请求援助，同时向集团公司和相关部门报告救援工作进展情况。
③若发生事故（险情）只造成一定范围内的经济损失，但无人员伤亡或严重舆论后果的，为Ⅲ级应急响应。由项目部负责Ⅲ级应急响应，实施事故抢险救援，同时向上级有关部门报告救援工作进展情况。

（2）应急响应程序
①应急响应级别确定
接到事故报警后，按照工作程序，对警情做出评估和判断，确定事故应急响应级别。
②应急救援启动
根据确定的响应级别启动相应的应急程序。应急小组办公室迅速通知各应急救援小组成员到位，确保联系电话畅通，调配救援所需的应急资源。
③救援行动
各应急救援小组人员到达现场后，迅速开展事故侦测、设立警戒、应急避险、组织疏散、进行隔离、人员救助、工程抢险等应急救援工作。专家组为救援决策提供建议和技术支持。如果险情超出响应级别，应及时报请上级和应急救援指挥中心，启动更高级别的应急响应实施救援。如果出现急剧恶化的特殊险情，无法有效控制时，应立即组织应急避险，确保人员安全。
④应急恢复
救援行动结束后，可进入临时应急恢复阶段。包括现场清理、人员清点、安全撤离、警戒解除、善后处理和事故调查等。

⑤扩大应急

当预测事故发展势态可能会进一步扩大且仅凭借项目部的应急预案无法控制局面时,应立即向当地政府、集团公司等上级部门汇报,请求启动高一级的应急响应预案。

(3)应急响应升级与降级

当事故随时间进一步发展加重,有蔓延扩大的趋势时,应向上级应急指挥机构报告,及时提高预警和响应级别。必要时,按上级应急指挥机构指令,转入扩大应急状态。如果事故危害已逐步减轻或消除,应向上级应急指挥机构报告,相应降低应急响应级别。

(4)应急终止

当符合下列条件时,可宣布应急终止。

①事故现场得到控制,事故和隐患应急消除,环境符合有关标准。
②所有遇险人员已获救或部分失踪人员已经全力搜救、确认无生还希望。
③事故所造成的危害和影响已经消除,无继发可能。

应急终止程序:

①经项目部应急救援指挥中心确认,按照"谁启动,谁终止"的原则,报请启动机构批准结束应急处置工作,并宣布终止应急状态。
②由项目部应急救援指挥中心向各应急救援队伍下达应急终止命令。
③应急结束后,项目部应急救援指挥中心应将事故发生的详细经过、事故发生地的地形地貌、工程概况、施工工艺等相关资料逐级上报,编制事故救援工作总结报告。

9.8.5 应急救援资源配置

应急救援资源包括应急救援队伍和应急救援物资、器材设备两个方面。应急救援队伍由训练有素的专业救援队伍和培训合格的人员组成。应急救援物资、器材设备等应提前足量储备,而且单独储存保管,不得挪用。器材机械设备需要经常维护和保养,确保器材设备始终处于完好、无故障状态。救援指挥车辆、救援工程车辆和医疗卫生车应始终保持良好状态,以满足应急救援工作的需求。主要应急救援物资、设备储备情况见表9-5。

主要应急物资设备储备明细表　　　　　表9-5

序号	类别	设备或物质名称	规格型号	单位	数量	状态
1	注浆设备及材料	注浆机		套	1	
2		普通水泥(P42.5)		t	5	
3		堵漏灵25		t	1	
4		水玻璃		t	5	
5		水溶性聚氨酯		kg	400	
6	电源	发电机	100kW以上	台套	1	良好
7	排水设施	污水泵组件	流量100m^3以上扬程25m以上	台套	6	良好
8	物资器材	4mm钢板		m^2	20	
9		20mm钢板		m^2	20	
10		DG50钢管		m	500	

续上表

序号	类别	设备或物质名称	规格型号	单位	数量	状态
11	物资器材	钢管扣件	各种规格	个	1000	完好
12		麻袋/编织袋		只	2000	
13		篷布		个	20	
14		棉纱、木楔等			若干	
15		棉被		床	20	
16		走道板		块	20	
17		碎石		m³	30	
18	其他工具	千斤顶	50t 以上	台	6	良好
19		手拉葫芦	5t	台	5	良好
20		手推车		辆	2	良好
21		铁锹		把	40	
22		管钳		把	2	
23		手持照明	充电式	台	5	良好
24		多用途灭火器		个	10	
25	辅助设施	急救药箱		个	2	良好
26		担架		付	2	良好
27		个人防护(雨衣、鞋、防护口罩等)		套	20	
28		电子警示标识		个	10	
29		锥形警示桶		个	20	
30		警戒带		m	500	
31		导向标志		个	10	
32	通信设备	对讲机		部	10	
33		固定电话		部	2	

9.8.6 突发事故应急措施

(1)铁路变形过大应急措施

①针对隧道内的应急措施:立即停止盾构掘进,并适当增大土仓压力和注浆量以有效控制地表继续沉降,密切联系地面监测情况,及时做出参数的调整。在地表沉降未得到控制、原因尚未明确或沉降控制措施尚未到位时,严禁继续盾构掘进。

②针对已拼装成形的盾构隧道,在沉降区内进行管片背后补注浆。同时,增加监测频率,及时绘制变形曲线图,加强与上级单位、铁路有关部门沟通,以便根据变形发展情况采取相应措施。

③针对铁路轨道的应急措施,当发现铁路轨道偏差超出允许偏差值时,立即通知铁路工务段的现场负责人,由工务部门尽快进行线路整治和维护。一旦铁路轨道变形量超过警戒值时,立刻通知相关部门中断线路运营,以防更严重事故发生。在施工前准备充足的抢险物资及设备,如发泡聚氨酯、盾尾油脂等,并成立高效的应急机构,必要时进行应急演练。

④保持通畅有序的信息沟通渠道和命令发布途径,确保在变形沉降报警时能在第一时间联系铁路相关部门,并将监测和处理情况及时报告给业主、监理和设计单位等相关部门。

(2)隧道突水涌泥应急措施

①隧道内所有人员应立即停止作业,撤出涌水发生区域,在安全地带等待进一步命令。盾构司机应第一时间关闭刀盘开口、隔板上的防水门,以及前、后仓室的其他所有闸门或通道。在等待解决方案下达的期间,盾构司机应时刻密切观察现场状况及盾构测量系统所显示的各项参数。一旦发现异常情况应及时通知技术负责人。

②减小泥水泵的转速,适当提高千斤顶推力,防止涌水造成塌方事故。

③若水涌入隧道内,要及时关闭输送泥水密封仓,并用现场配备的抽水机及时将水排出。

④如果采取以上措施仍有塌方、涌水、涌泥现象,应在隧道上方打设超前小导管进行超前预注浆,将前面土体稳定。

(3)盾尾密封失效应急措施

盾尾密封刷一旦损坏,将发生漏浆现象。如果漏浆严重,盾尾注浆量不足将会引起地表沉降等。当盾尾密封刷失效时,可采取以下应急措施:

①盾尾密封刷损坏,发生漏浆后,当班班长要及时上报给盾构技术部门,由技术部门组织研究应对措施。

②如果漏浆不严重,可采用海绵条来防止漏浆。

③如果漏浆比较严重,在条件允许的前提下,可选择更换盾尾密封刷。更换盾尾密封刷时,要提前选择盾构机停放的位置,做好土体加固。密封刷只能更换前两道,第三道密封刷不可更换。土体加固后,盾构机运行到选择好的地点后再进行更换。

④在更换过程中,需要将更换密封刷的位置用盾构机的千斤顶将整环管片向前拉,以便露出盾构机盾尾处的密封刷。

(4)刀盘损坏应急措施

在盾构机长距离掘进施工过程中,刀盘损坏是常见的工程问题,主要表现为刀具磨损、开裂和刀座损坏等。刀具的严重磨损不仅影响掘进效率,而且可能加剧刀盘支撑的磨损,导致掌子面失稳。为避免刀盘过度磨损带来的工程风险,盾构施工应集成刀具状态智能诊断技术和刀盘刀具磨损监测技术,实时监控刀具的磨损状态,评估换刀的必要性。一旦发现刀具磨损严重,需要更换时,应选择地质稳定的地点作为换刀位置,并对换刀位置的土体进行加固处理,确保盾构机安全到达预定加固位置后开始换刀作业。换刀操作应严格遵循既定的规范流程和技术标准。在换刀过程中,人行闸出口处应有专人值守,同时现场应成立紧急抢救小组,配备必要的紧急抢救工具和医疗设备,并与作业人员保持实时沟通,确保紧急情况下的快速响应。

若作业人员在换刀过程中发生紧急事故,应立即启动以下应急措施。

①紧急抢救小组迅速实施救援,优先保障作业人员的生命安全。

②救援成功后,立即通过医护专车将作业人员送往医院救治。

③遇到现场坍塌、涌水等紧急情况时,应迅速评估并采取有效措施,最大限度地控制和减轻事故影响。

(5) 掘进时遇不明坚硬物应急措施

掘进过程中,存在许多不可预知性。当前方遇到不明坚硬物时,盾构机推进扭矩过大,推进速度过慢,设备在推进过程中有颠簸现象。出现这类情况时应采取的以下应急措施:

①盾构司机应该立即做出明确判断,停止掘进,并及时上报到技术部。

②技术部接到报告后应立即与项目技术负责人成立研究小组,共同讨论解决方案。

③现场施工人员做好注浆管清理工作,防止堵管,并时刻观察盾构机的姿态及各参数情况,若发生异常要立即与技术部联系。

④在方案处理时,应谨慎选择经过人舱来排除故障。若必须选择时,应严格遵守人舱的使用方式及规章制度。

(6) 接触网应急措施

接触网支柱是接触网的支撑构件,用来承受接触悬挂与支持设备的负荷,区间隧道施工,可能引起地层中支柱基础移动,从而导致接触网上部结构发生位移,影响电力机车正常行车。出现类似情况时应采取以下应急处理:

①技术部接到事故报告后应立即与铁路方、建设方、监理方等单位成立研究小组,共同讨论解决方案。

②加强对接触网参数的监测,掌握设备技术状态,发现问题及时处理。主要对影响弓网取流的接触网参数进行测量,如线岔、锚段关节、分段、分相、中心锚结、接触线参数等。综合分析测量参数,以发现和解决缺陷。

(7) 地表过大沉降应急措施

盾构下穿铁路掘进过程中,扰动地层,出土不平衡,造成地表沉降。另外,掌子面切口压力不足也可能造成地表沉降。当地表沉降过大时应采取以下应急措施:

①严格控制盾构机掘进总推力、推进速度、排泥量等参数,减少泥水压力波动,采用均匀掘进,避免对土体产生大的扰动,加强泥浆管理和出土量监控,防止超挖和欠挖。

②加强壁后同步注浆控制。同步注浆是防止地层沉降的重要措施,应控制好同步注浆压力和注浆量。注浆量控制在130% ~ 180%。为防止注浆压力过大而顶破覆土层,在注浆机的控制系统中设置压力限位阀。

③加强监控量测,严格控制沉降。根据监测系统提供的测试数据,及时对施工参数进行调整与控制。必要时采取管片壁后补注浆等有效措施,并结合地面跟踪监测,以降低盾构施工对地面的影响

(8) 停电应急管理

①加强对本标段供电设施的检查和保护,不得因为施工造成停电事故;同时对老化的电线线路及时更换,确保不因施工线路问题导致停电。

②在工地上配置备用一台325kW·A发电机,一旦由于不可抗力导致停电,可立即启动发电机临时供电。

③密切注视各种媒体发布的停电信息,做好自发电准备,避免停电影响工程正常施工。

④与当地供电部门密切联系,掌握本项目所在电力线路的停电、检修情况。

⑤下穿铁路前,与当地电力部门充分沟通,选择确认无停电计划的黄金时间进行下穿铁路

施工,确保盾构的安全、顺利通过。

9.8.7 应急救援流程

应急救援流程是指在突发事件发生后,立即组织人员、调配物资,采取有效措施进行紧急救援的一系列步骤和程序。本工程的应急救援流程如图 9-10 所示。

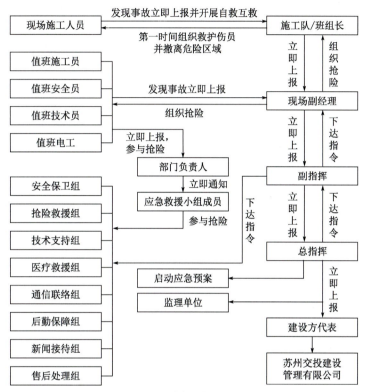

图 9-10 应急救援流程图

9.9 运营管理

9.9.1 运营管理模式

隧道工程的建设投资成本大,资金回收周期长。科学有效的隧道运营管理可以减少事故发生的概率,提高通行效率,降低维护成本,同时也有助于促进经济发展和交通运输系统的健康发展。隧道运营管理模式因建设单位性质、隧道类型、地方政策、风险偏好等因素不同而各异。

通过对国内外隧道运营管理模式的调研分析,结合苏州桐泾北路隧道工程的用途、特点及所处地理位置等多方面因素,本隧道拟采用以下运营管理模式:

(1)首先,成立专门的工程建设管理有限公司或工程建设指挥部,负责隧道工程的投融资、设计施工的招投标以及工程的建设管理等职能,确保工程项目资金筹措和有序推进。

(2)在隧道工程建成后,招聘专业和优质技术人才,组建隧道运营管理公司,负责隧道日常运营和维护管理,确保隧道运营期的安全。

(3)隧道运营管理公司应与当地交通管理部门建立紧密的协作关系,协助进行交通管理和交通事故处理等,以提高隧道内交通流畅度和安全性。

(4)与消防部门建立紧密联系,并配置必要的消防救援车辆和消防救援人员,以确保紧急情况下的快速响应和安全救援。

为满足隧道运营管理的法规要求和保障足够的人力资源,本隧道运营管理公司员工总人数约为60人。运营管理的组织机构如图9-11所示。

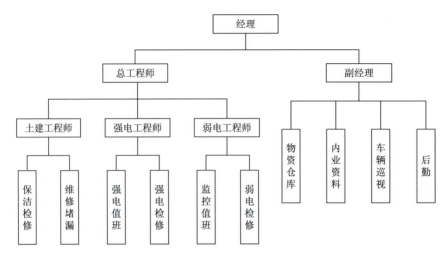

图9-11 隧道运营管理组织机构

9.9.2 运营风险管理体系

隧道运营风险管理体系是一个复杂的框架,旨在最大限度地降低风险,确保隧道运营的安全、高效和可持续。隧道运营风险管理体系内容主要包括组织机构、制度规程和规程制定原则三大部分。

(1)风险管理组织机构

针对隧道运营风险管理体系,首要任务是建立一个具备组织管理职责与监督义务的组织机构。该组织机构应当设立"安全及风险运营管理委员会"作为最高决策机构,负责制定隧道运营的整体策略和政策。视人力资源和社会资源等实际情况和需求,可考虑设立若干附属组织。附属组织可以包括专家内审小组、综合运营安全管理小组、科研课题小组等。这些附属组织的角色在于提供专业意见、协调所有安全管理活动,以及研究、推进新技术等方面的功能与服务。组织机构各部门具体职责如下:

①安全及风险运营管理委员会

依据国家相关法律法规、行业内已有典范性规范及具有参考意义的案例项目安全与风险运营管理制度文本,通过会议讲演投票等合法形式,成立安全及风险运营管理委员会管理层人员小组与附属组织机构,并直接监督、审查、管理下属组织机构的常务工作。相关法律法规包括但不限于国家法律、行政法规和部门规章等。

②专家内审小组

负责对运营管理阶段各类安全风险分析评估报告进行审核评价,对提出的措施制定风险防控、应急方案进行审查。

③综合运营安管小组

负责编制运营管理阶段各类别的安全风险分析评估报告,对风险把控、应急方案进行编制整理。

④科研课题小组

负责对运营风险的分析过程及科学论证过程中遇到的重大风险源及未进行彻底摸底的风险问题进行立项研究。

(2)制度规程

制度规程是隧道运营风险管理体系的核心。这些规程不仅应当包括约束性的条款,而且要明确运营的各方面要求,包括但不限于风险管理、应急响应等。制度规程的制定需要综合考虑国内相关法律法规、行业内的最佳管理实践、国际上已有的安全运营管理案例以及工程项目自身特点。在深度上,注重制度细节,应明确每个风险点的预防措施、监控方法、应急响应程序和后续改进措施,保证运营风险管理制度的先进性、全面性、有效性和严谨性。在广度上,拓展制度视野,将大数据分析、人工智能(AI)等前沿技术融入风险管理体系,提升运营风险管理的智能化水平,追赶并借鉴先进的管理制度,提出适合桐泾北路隧道运营管理的新策略或新技术。在底线上,坚持零事故的安全原则,确保桐泾北路隧道的运营风险管理体系达到高标准:运营连续、稳定,服务不中断;资源优化配置,运营高效运转;环境友好,用户体验感好。通常制度规程包括以下内容。

①风险管理规程:明确隧道内潜在风险的识别、评估和控制方法,以减少事故发生的概率。

②应急响应规程:规定应对紧急情况和灾难的启动程序,如疏散计划、通信协议和资源调配等。

③安全管理规程:制定安全政策、培训计划、安全检查和事故调查制度等。

④质量管理规程:定义质量管理标准和管理措施。

(3)制度规程原则

制度规程的制定应遵循以下关键原则。

①风险最小化原则:以安全管理风险最小化为核心目标,通过制定包含总则要求、行为规范、组织机构各单位职责、履行职责方法及工作成果等明文条款的方式实现。

②学习和创新原则:规程应该不断改进和创新,保持学习和吸收国内外先进的安全运营管理案例经验。

③科学性、严谨性的原则:规程应基于科学和可行的方法,确保规程是建立在可靠的数据和分析之上。

④可实施性原则:规则必须是实际可行的,能够在实践中有效执行。

⑤高标准、高要求、高效率的原则:规程应强调高标准的要求,确保隧道运营在各方面达到最高水平和高效率。

隧道运营风险管理体系的主要流程如图9-12所示。

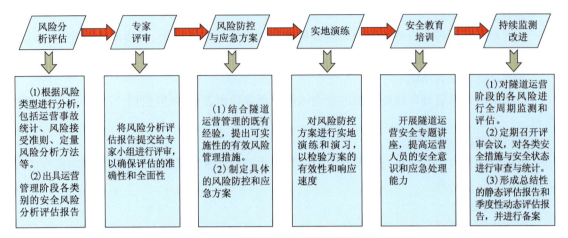

图 9-12 运营管理风险体系流程示意图

9.9.3 运营安全评价

借鉴欧盟有关城市隧道运营安全评价方法,并结合本隧道工程实际情况,对风险参数和安全参数进行分析,提出了一套适用于本工程的运营期安全评价方法。

运营安全评价流程主要包括风险因素评估、安全因素评估、计算分级百分比、确定隧道安全等级这四个阶段。具体过程如下:

(1)风险因素评估:这一阶段侧重评估可能影响隧道行车安全的因素。这些因素包括隧道的实体状态、管控方式和曝光量。实体状态主要是指隧道几何形状,如单孔或双孔、长度、坡度、车道数量、断面大小、是否存在车道汇入或交叉等。如果隧道实体状态不佳,需要采取适当的管控措施,否则可能对行车安全造成影响。管控方式主要是指行车方式、重车管制、流量管制、行车间距管制等。管制越严格,运营安全越高,但行车效率会有所降低。曝光量即车辆使用隧道时,实际暴露于隧道中的潜在危险能量,其计量方式一般有车流量、交通绩效以及重车比或重车交通绩效等。曝光量愈大,隧道发生意外的概率愈高。

(2)安全因素评估:此阶段对用于预防或降低隧道事故的隧道安全设施进行评估。这些设施包括通风系统、照明、电力供应、消防设备、交通监控,以及应急与安全逃生设施等。隧道的安全设施愈完善,提供的安全保障率越高,但相应付出的成本更高。

(3)计算分级百分比:在此阶段,对隧道的风险和安全因素进行评分,然后计算分级百分比,以确定隧道的安全等级。这一百分比反映了隧道在不同方面的安全表现,有助于综合评价隧道的整体安全情况。

(4)确定隧道安全等级:根据计算出的分级百分比,确定隧道的安全等级。这个等级反映了隧道的整体安全性,有助于决定是否需要进一步改进和加强隧道的安全措施。

9.9.3.1 风险因素评估

实体状态、管控方式和曝光量与隧道的行车风险有着密切的关系,是风险因素评分的主要依据。在风险因素中,包括了 7 项关键风险参数,分别为交通绩效、重车交通绩效、交通形态、交通量、危险物品运送、纵向坡度及其他。

各项风险参数说明见表9-6。

风险参数说明表　　　　　　　　　　　　　　　　　　　　　表9-6

风险参数	说明	最高风险分数值(分)	影响
交通绩效	每年使用隧道的总车公里数	0~8	肇事概率
重车交通绩效	总车绩效占总绩效的百分比	0~8	肇事概率、肇事严重程度
交通形态	单车或双向通行	1或8	肇事概率
交通量	每日每车道的标准小客车数	0~5	肇事概率
危险物品运送	允许或禁止	0或5	肇事概率、肇事严重程度
纵向坡度	纵向最大坡度	0~3	肇事概率
其他	车道汇入、交叉路口、长路段大坡度	0~3	肇事概率

各项风险参数的计算方式、单位和对应的评分方式如下：

(1)交通绩效风险

交通绩效风险说明见表9-7。

交通绩效风险说明表　　　　　　　　　　　　　　　　　　　表9-7

风险分数	交通绩效(百万车公里/年)	风险分数	交通绩效(百万车公里/年)
0	0~1.0	5	20.01~40.0
1	1.01~2.0	6	40.01~70.0
2	2.01~5.0	7	70.01~100.0
3	5.01~10.0	8	>100
4	10.01~20.0		

注：1.计算方式：单向每日交通量×365×隧道长。
　　2.单位：百万辆标准小客车 1d×d×km。
　　3.以百万车公里来进行评分。
　　4.风险分数范围：0~8分。

(2)重车交通绩效风险

重车交通绩效风险说明见表9-8。

重车交通绩效风险说明表　　　　　　　　　　　　　　　　　表9-8

风险分数	重车交通绩效(百万车公里/年)	风险分数	重车交通绩效(车辆×公里/d×365)
0	0	5	4001~8000
1	1~500	6	8001~20000
2	501~1000	7	20001~40000
3	1001~2000	8	>40000
4	2001~4000		

注：1.计算方式：折合成的当量标准小客车的年平均日交通量。
　　2.单位：百万辆标准小客车 1d×d×km。
　　3.以百万车公里来进行评分。
　　4.风险分数范围：0~8分。

(3) 交通形态风险

交通形态风险分数说明见表 9-9。

交通型态风险分数说明表　　　　　　　　　　　　　表 9-9

风险分数	交通形态	风险分数	交通形态
1	单孔单向	8	单孔双向

注：1. 此类型主要是区分单孔隧道内的行车方向是单向还是双向。
　　2. 风险分数范围：1 或 8 分。

(4) 交通量风险

交通量风险分数说明见表 9-10。

交通量风险分数说明表　　　　　　　　　　　　　表 9-10

风险分数	交通量(辆标准小客车/d) 或交通量(pcu/d)	风险分数	交通量(车辆/d×车道)
0	0~2000	3	8001~15000
1	2001~4000	4	15001~25000
2	4001~8000	5	>25000

注：1. 计算方式：一条车道标准小客车日交通量×车道数。
　　2. 单位：辆标准小客车/d/车道×车道。
　　3. 风险分数范围：0~5 分。

(5) 危险物品运送

危险物品运输风险分数说明见表 9-11。

危险物品运输风险分数说明表　　　　　　　　　　　表 9-11

风险分数	危险物品运送	风险分数	危险物品运送
0	禁止	5	允许

(6) 纵向坡度

隧道纵坡坡度风险分数说明见表 9-12。

隧道纵坡坡度风险分数说明表　　　　　　　　　　　表 9-12

风险分数	纵坡坡度(%)	风险分数	纵向坡度(单位:%)
0	<0.5	2	1.5~3.5
1	0.5~1.5	3	>3.5

注：坡度为纵向最大坡度。

(7) 其他

其他风险分数说明见表 9-13。

其他风险分数说明表　　　　　　　　　　　　　　表 9-13

风险分数	情况说明	风险分数	情况说明
0		2	隧道内有交叉路口
1	隧道内有车道合并	3	隧道内有陡坡度区段

9.9.3.2　风险分级

按照上述风险因素评估计算方法，隧道风险分数的区间范围为 1 分到 40 分，其中 1 分代表最低风险,40分代表最高风险。可将计算出来的风险分数转换成为风险比率因子,用于风险评级。

风险分数与风险比率因子之间的换算公式如下:

$$RRF = \begin{cases} \dfrac{1}{70} \times RP + \dfrac{41}{70} & (RP \leqslant 29) \\ 1 & (RP > 29) \end{cases} \qquad (9\text{-}1)$$

式中:RRF——风险比率因子,为介于0.6~1.0的无单位系数;
　　　RP——风险分数。

根据风险比率因子,风险等级可划分为极高、高、中、低、极低5个风险区间,具体风险分级见表9-14。

风险分级表　　　　　　　　　　　　　　　　　　　　表9-14

风险比率因子	风险分级	风险比率因子	风险分级
1.0	极高	0.7	低
0.9	高	0.6	极低
0.8	中		

由式(9-1)和表9-14,可得风险分数、风险比率因子和风险分级之间的对照关系,见表9-15。

风险分数、风险比率因子、风险分级对照表　　　　　　表9-15

风险比率因子	风险分数	风险分级
1.0	≥29	极高
0.9	28~22	高
0.8	21~15	中
0.7	14~10	低
0.6	1~9	极低

9.9.3.3　安全因素评估

安全因素评估的主要依据为安全设施。安全因素评估是通过将获得的安全分数除以所有最高安全分数来确定的,以百分比形式表示。其主要目的是确定所有安全项目的得分,隧道能够获得的安全评分以及其相对安全百分比。

安全因素主要可分为8大类,各类因素包含的项目内容见表9-16。

安全因素及项目内容　　　　　　　　　　　　　　　表9-16

序号	安全因素	项目内容
1	隧道系统	隧道孔数
		单孔内的行车方向
		紧急车道与紧急停车带的布设
		隧道内的车道宽
2	照明与电力	照明
		区域断电时维持电源供应

续上表

序号	安全因素	项目内容
3	交通与交通控制	最大交通量
		对于危险物品的运送的限制与自动侦测
		重车特殊侦测方式
		速度限制
		交通管制
		自动壅塞侦测系统
		具备行车控制中心
		关闭隧道的机械式路障
		标志
4	通信	隧道内扩音器
		隧道内广播频道信息
		紧急电话
		闭路电视
		与行车控制中心的紧急联络频道
5	逃生与救援路径	清楚标明逃生路径
		紧急照明
		防烟与防火的紧急逃生门
		救援人员的救援通道
6	火灾防护	火警设备
		灭火器
		自动与手动的警报系统
		全隧道充足的加压供水系统
		消防队抵达的时间与距离
		消防队的训练
		危险液体的下水道排放系统
		防火电缆
7	通风系统	火灾通风策略
		控制器与抽风、送风
8	紧急事件管理	紧急应变计划
		定期紧急演习
		安全设备定期检查
		自动启动火灾通风
		自动警告转换紧急应变并关闭隧道

各项安全因素的最高安全分数和权重见表9-17。

各项安全因素最大安全分数权重说明表　　表9-17

安全因素	最高安全分数	权重(%)
隧道系统	230	14.4
照明与电力	125	7.8
交通与交通控制	260	16.3
通信	170	10.7
逃生与救援路径	220	13.8
火灾防护	300	18.8
通风系统	180	11.3
紧急事件管理	110	6.9
总分	1595	100

8大类安全因素涉及172项安全参数,每项安全参数有各自不同的分配权重和最高安全分数。表9-18提供了部分安全参数的最高安全分数。

部分安全参数的最高安全分数说明表　　表9-18

安全参数	最高安全分数(分)
经济出口的布设间距	60
(1)车道宽; (2)停车带布设间距; (3)通风区段—长度/排烟时的排风量	40
(1)局部故障时确保电源的供应; (2)提供隧道监控中心; (3)隧道全线无线电交通广播; (4)紧急电话设置间距/灭火器布设间距; (5)通风设备具有抗高温能力	20
其余相关参数	10

安全参数评估方式主要分为设备状态有无评估与物理性参数评估两大类。

(1)设备状态有无评估

设备状态有无评估方法是以形态作为区分。符合情况的安全参数将获得所有的安全分数。反之,不符合情况的安全参数则不获得任何安全分数,即安全分数为0。如下几项都属于设备状态有无评估参数:

①路面良好状况。

②备用的电源供应。

③封闭隧道的路障。

设备状态有无评估参数的数量约占所有安全参数的88%,属于较为直观的评分项目,如果隧道拥有此项目参数,加上其评分即可。

(2)物理性参数估计

物理性参数为可数量化的参数,如长度、距离、宽度、时间、流量等。评分方式为对物理性参数的安全分数设定的上、下限值,超过上限值的物理性参数则获得所有安全分数;低于下限值的物理性参数则得不到安全分数,安全分数为0;介于上下限值间的物理性参数,则依照等比插值法来确定其安全分数。

9.9.3.4 安全分级

安全因素评估是用安全防护达成度来表征的,在数值上等于隧道获得的总的安全分数与总的最高安全分数的比值,以百分比形式表示。相应的计算公式如下:

$$SF = \frac{TSP}{TMSP} \times 100\% \tag{9-2}$$

式中:SF——安全防护达成度;

TSP——获得的总安全分数;

TMSP——总的最高安全分数。

定义隧道的分级百分比为安全防护达成度与风险比率因子之比,具体计算如下式:

$$GP = \frac{SF}{RRF} \times 100\% \tag{9-3}$$

式中:GP——分级百分比。

将隧道的运营期安全分为优、良、可、差与极差5个等级,基于既有相关研究成果,并结合本工程实际情况,制定出隧道运营期安全等级与风险分级百分比之间的对应关系,见表9-19。根据隧道实际获得安全分数、风险分数,代入式(9-1)~式(9-3)得到分级百分比,参照表9-19即可评估隧道的安全程度。

风险分级百分比与隧道安全等级对照说明表　　　　　表9-19

分级百分比	隧道安全等级	分级百分比	隧道安全等级
≥90%	优	60%~70%	差
80%~90%	良	<60%	极差
70%~80%	可		

第 10 章

总结与展望

10.1 总结

大直径盾构下穿高铁桥梁安全控制是交通强国建设背景之下迫切需要研究解决的重要技术问题。随着盾构隧道开挖面尺寸的增加，土体自稳性能下降，尤其在地层不均、浅覆土、强富水等复杂条件，不可预见风险增加，为大直径盾构下穿高铁桥梁的设计、施工带来了巨大的困难和安全风险。

桐泾北路隧道工程是苏州市城市路网的主骨架之一，也是"十三五"期间计划重点打通的中心城区南北向断头路。该工程的关键控制节点是大直径盾构下穿沪宁高铁。在此节点，无砟轨道桥墩的变形控制要求极为严格(2mm 以内)，同时，盾构穿越区域的地质条件复杂，而且桥下施工净空高度受限(仅 3.6m)。在此之前，由于尚未有效解决大直径盾构下穿高铁桥梁的安全控制和低净空钻孔桩施工设备研发等技术难题，桐泾北路隧道工程一直未能启动实施。

目前，国内地铁盾构隧道成功下穿高铁的案例主要以小直径(6m 以下)为主，鲜见 10m 以上量级的大直径盾构成功穿越运营高铁的工程实践。本研究以苏州桐泾北路盾构工程(外径 13.25m)穿越运营沪宁高铁桥梁为例，针对大直径盾构下穿高铁工程中存在的高铁运营风险高、施工设备高度受限、施工附加应力对既有线结构变形影响大、施工精准化控制要求高等技术难题，从理论分析、设备研发、施工工艺精细化研究、变形监控及预警等方面展开全方位、全过程科研攻关。通过建立静力分析及预测模型，剖析了关键因素对高铁桥梁变形的影响，揭示了大直径盾构下穿运营高铁桥梁的变形规律，确定了合理的整体加固方案；构建列车-轨道-桥梁-土层-盾构隧道五要素一体化空间耦合动力分析模型，提出了一种系统空间耦合动力分析方法，评价了盾构下穿施工过程中列车运行的安全性和舒适性；研制出具有自主知识产权的低净空全套管灌注桩机，解决了净空受限条件下套管桩可实施性难题；提出了复杂工况条件下大直径盾构施工精准控制技术，实现了盾构掘进参数的及时动态优化调整。大直径盾构左、右线两次成功穿越运营高铁，证明了本研究成果具有良好的成效，能够为类似地层条件下大直径盾构穿越高铁桥梁提供参考和借鉴，具有推广应用价值。依托本工程取得的主要成果如下：

(1) 揭示了大直径盾构下穿施工对桥墩变形的影响机理和工程风险。本工程地质条件差，为减少盾构对桥墩变形的影响，需严格控制地层损失。从工程地质、盾构断面、线路特点、周边环境等方面，剖析工程重难点；建立桥梁-土层-隧道三维有限元分析模型，模拟盾构隧道在无加固措施条件下穿越高铁桥梁的施工全过程，预测分析了大直径盾构隧道下穿施工引起的桥梁变形；运用风险分析的方法，从盾构隧道自身、高铁桥梁服役状态、盾构隧道与高铁桥梁相互作用、工程地质与周边环境和施工组织管理等因素，识别和评估了大直径盾构隧道下穿高铁桥梁的工程风险。

(2) 研发了大直径盾构下穿运营高铁的隔离桩+地表纵横梁+MJS 工法桩整体加固结构体系及技术。针对本工程下穿高铁桥墩处地层情况恶劣(主要为粉砂层，地下水位高，处于饱和状态，容易发生流砂)及施工净空低等实际情况，提出一种全套管隔离桩+地表纵横梁+

MJS工法桩的整体加固系统。通过数值分析从变形控制效果的角度,合理确定了全套管隔离桩桩长、桩径等主要设计参数。隔离桩可以起到挡土和隔断的作用,限制盾构掘进时土体沉降及桥桩的水平位移,减少注浆作业对桥桩的影响。纵横梁加固体系可以提高隔离桩整体刚度,进一步限制盾构掘进过程中隔离桩的位移。MJS工法注浆加固,可以大幅度减少施工对周边环境的扰动,进行任意角度的高压喷射注浆施工,并且桩径大、成桩质量好、强度指标高。现场监测结果表明,该整体加固结构体系具有良好的加固效果,保证了大直径盾构下穿高铁桥梁施工中,桥梁墩台的沉降变形均不超过2mm的控制要求,实现了在运营高铁桥梁下大直径盾构的顺利穿越。

(3)构建了高速列车-轨道-桥梁-土层-盾构隧道五要素一体化空间耦合分析模型,提出了一种系统空间耦合动力的分析方法。目前,高速列车-轨道-桥梁-土层-盾构隧道系统的空间耦合振动研究几乎为空白。本书分别建立了高速列车子模型、轨道-桥梁子模型、土层-盾构隧道等子模型,并通过轮轨接触关系、梁轨连接关系、桩土相互作用关系等,实现各子系统计算数据的实时交互,以此构建了高速列车-轨道-桥梁-土体-盾构隧道的耦合振动分析模型。采用预测-校正显式积分方法,提出了一种适用于复杂耦合系统数值求解的新的积分算法,该算法通过两个预测子步和一个校正子步不仅提升了计算效率,而且使得动力仿真计算结果更为准确。利用建立的耦合振动分析模型和新算法,对整体加固体系下盾构隧道下穿运营高铁桥梁时的列车运行安全性进行了分析评估,论证了整体加固体系处置措施的可靠性和有效性。

(4)研发了低净空、微扰动施工装备及成套技术。针对桥下3.6m施工净空高度、工程地质条件复杂的不利情况,以解决全回转成桩工艺的施工空间受限、施工安全、变形控制等问题为导向,创新钻进、取土方式,降低了整机高度和施工净空高度,研制了适用范围广、场地应用灵活、施工扰动小的低净空全套管灌注桩机装备。该装备主要由主机机架及走行系统、旋转钻进系统、取土器三部分构成。针对低净空工况下,频繁接管、垂直度反复校核等关键环节,以及施工期满足高铁桥梁严格变形标准的要求,研发了以低净空套管快速贯入技术、多源套管垂直度控制技术、隔离桩施工扰动控制技术等为核心的低净空全套管灌注桩高精度微扰动施工控制技术。该研究成果实现了3.6m施工净空高度下全套管灌注桩成桩作业,填补了国内外同类设备的空白。

(5)提出了大直径盾构掘进施工精准控制技术。盾构下穿施工期间的精准控制技术,是实现高铁运营、盾构低扰动施工的安全保证。在盾构下穿铁路前,设置100m试验段,系统分析了仓压、推进速度、出土量、注浆量和注浆压力等参数与地面沉降关系,掌握了盾构推进土体沉降变化规律,精准调整盾构掘进参数,确保了盾构施工参数最优。技术措施有:精准控制切口压力,严格控制盾构机推力及刀盘扭矩;保证循环泥浆的质量,形成较好的渗透带和泥膜;做好主驱动密封及盾尾刷等的保护;盾构匀速、连续穿越高铁段,减小对周边土体的破坏和二次扰动;通过分析在千斤顶推力、管片间的摩擦力和挤压力、注浆压力等作用下,管片的应力和位移分布规律,及时采取姿态控制和纠偏等措施;合理确定同步注浆和二次注浆的注入量及压力,最大限度地发挥其对地层损失的补偿作用,减少地层损失,控制地层变形。通过采取以上科学合理的措施,实现了高铁桥梁1mm以下的变形控制。

(6)构建了大直径盾构下穿高铁变形监测监控及预警信息化系统平台。大直径盾构下穿运营高铁施工期间,采用智能监测系统,对土体、桥梁、盾构的变形及内力变化等进行系统监测,将数据及时上传信息化平台进行分析,通过对比理论和实测数据,实时调整盾构机掘进参数,减少盾构机推力和注浆压力对土体、高铁桥梁等的不利影响,并同步反分析计算,优化设计参数和施工控制,实现了施工预测和施工控制的信息化、智能化。项目信息化管理平台涵盖远程视频监控系统、安全预警监测系统、涉铁自动化监测云平台,以及盾构施工过程监测系统、盾构施工大数据平台及高清视频监控中心等多方位信息化管控系统。在大直径盾构穿越运营高铁桥梁施工过程中,通过智能监测系统及全过程风险管理,成功实现了双线隧道的顺利贯通。在此过程中,高铁桥梁变形符合控制要求,左、右线先后两次下穿沪宁高铁的累计沉降均控制在1.0mm以内,没有对运行高铁造成任何影响,充分说明了本项目采取的加固措施、施工控制技术以及监测系统的有效性和可靠性。建立的智能监测系统,技术先进、智能化程度高,对施工指导效果明显,成果可应用于类似工程中,有较高的推广价值。

10.2 经济社会效益

10.2.1 经济效益

依托苏州桐泾北路盾构工程开展的研究,攻克了大直径盾构穿越运营高铁桥梁的关键技术,解决了大直径盾构隧道穿越高铁桥梁面临的设计、施工、设备研发、智能监测等一系列技术难题,保证了既有高铁的正常运营安全。技术成果为苏州桐泾北路盾构工程实施提供了关键的技术支撑,尤其是针对低净空下穿高铁的卡脖子问题,提出了创新性解决方案,消除了项目数年来的最大障碍,成功打通了被搁置了十三年之久的"超级断头路",极大地推动了苏州市的经济发展。

此外,自主研发的低净空全套管灌注桩施工装备,在钻孔深度、回转扭矩和自重等主要技术指标上均优于市场上同类型产品,并且显著降低了成本。市场上常规液压全套管钻机设备价格高昂,一般购置费高达千万以上,而自主研发的整机造价仅为400万元左右,性价比极高,大大节省了工程投资。本书的研究成果不仅有助于建设、设计、施工等单位在类似的特殊工程领域拓展业务,而且具有示范性、推广性,对于今后类似工程具有借鉴和指导意义,预期将产生重大的间接经济效益。

10.2.2 社会效益

研究成果成功地解决了大直径盾构隧道穿越高铁桥梁所带来的设计、施工等一系列难题,填补了大直径盾构隧道下穿施工对高铁桥梁影响的动力耦合精细化分析的理论空白,首次提出了13.25m大直径隧道穿越运营高铁桥梁的沉降变形控制、施工安全控制等成套技术,具有示范性、推广性。

自主研发的低净空条件下全套管灌注桩的新型施工装备和技术被成功应用于苏州桐泾北路隧道工程项目下穿沪宁城际和南沿江铁路引入既有江宁站桩板结构工程等江苏省内重点项目的控制性节点工程中。其中,桐泾路盾构工程受到了央视财经频道《经济半小时》栏目的关注和报道,用长达12min的镜头聚焦和细致笔触,详细解读了该工程的技术方案和自主研发的

"低净空桩机"成套技术,展示了城市隧道施工史上的这一"世界级穿越",为"低净空全套管灌注桩成套设备和施工工法"的成果推广应用奠定了坚实的社会基础,取得了显著的社会效益。

针对低净空、窄施工面、高水位、软弱地层形成的成套技术成果,特别适用于施工空间有限的路网交通瓶颈地段,可解决工程实施和项目批复的难题,为区域路网打通、铁路路网建设提供了有力的支撑。与此同时,技术成果对改善交通状况,减少碳排放,打造宜居城市环境和提高人民生活水平都产生了积极作用,为社会可持续发展做出了突出贡献。

10.3 展望

随着城市群交通网络的一体化发展和铁路与城市交通的深度融合,公路、市政道路与高速铁路立交工程日益增多,苏州桐泾北路盾构隧道下穿沪宁高铁桥梁工程即是在这一背景下应运而生的。盾构技术以其安全、高效、环保等优势,已成为城市扩容和城市综合承载能力提升的重要手段。特别是大直径盾构隧道,因其能够承载更大交通量和更多功能的需求,正成为城市基础设施建设的新趋势。

可以预见的是,由于城市交通量和市政基础设施容量需求的持续增长,未来不仅大直径盾构隧道的规模不断扩大,而且盾构隧道将向更大直径发展。15m级超大直径的盾构隧道将成为常态,18m级及以上超大直径的盾构隧道也将成为现实。这一发展趋势对地下空间的开发提出了更高要求,尤其是在路网密集和空间受限的城市环境中,超大直径盾构下穿运营高铁桥梁或其他敏感建筑物将成为可能。

这无疑给工程建设者们造成新的挑战。挑战不单是盾构直径增大带来了开挖难度的上升。而且,工程建设环境的复杂性、地质条件多变性、穿越距离极小化以及被穿结构对变形的高敏性等各种不利因素的叠加,这些可能导致施工控制难度和工程风险成指数级增长。因此,需要开发更先进的施工控制技术、更精确的风险预测方法、更完善的风控系统和更高效的全过程管理机制。

以苏州桐泾北路盾构隧道下穿运营高铁桥区段为例,桥下施工净空受限仅为3.6m。而在更多受限受控条件下,未来下穿工程可能会遇到更低施工净空的艰难情况,这就要求我们研发新的工装设备和与之配套的施工技术。

本研究成果在一体化空间耦合动力分析方法、整体加固结构体系设计、低净空微扰动施工装备研发以及大直径盾构下穿施工风险防控技术等方面提供了创新思路和技术储备。然而,面对新挑战,我们仍需要开发新技术、新材料和新工装,以适应不断变化的工程建设需求。

在信息化的重大战略背景下,融合大数据技术、深度学习以及数字孪生等前沿信息技术,是攻克未来超大直径盾构下穿运营高铁桥梁或其他敏感建筑物等艰险工程难题的有效策略。大数据技术通过实时存储、处理、分析海量的多源施工数据(包括工程地质参数、施工参数、监测数据和设备性能指标等),揭示各数据之间的关联和发展趋势,可实现施工过程的全方位动态监测和风险识别、预警。

深度学习,作为人工智能的重要分支,利用多层神经网络模拟人脑处理复杂数据模式,能够自动提取数据特征并进行强化学习,实现对输入数据的智能分类、回归和检测,从而提升施工过程的智能化监控、预警和决策能力。例如,基于深度学习的图像识别技术能够实时监测、反馈围岩条件,施工环境和设备状态,提升风险评估和管控的自动化水平。

数字孪生技术则通过创建高保真的虚拟模型,精准映射现实物理实体,实现深入分析和理解,具备诊断、评估和预测能力。开发隧道数字孪生施工智能管控系统,将实现对施工过程中结构和环境动态变化的精准把控,形成闭环的施工动态迭代与优化控制,主动预警施工质量风险,优化施工方案。

新材料的研发在未来超大直径盾构下穿工程建设中也是至关重要的。随着服役环境的复杂化,超大断面盾构管片需要依赖更高性能的材料来增强其承载能力、抗变形能力和耐久性。此外,具备自我修复能力的新型建筑材料可极大提升结构的耐久性,优化维护效率,并降低长期维护成本,在超大直径下穿工程中将被广泛需求。同时,新材料的研发和应用还将进一步推动盾构机刀具和配套设备的创新,提升隧道施工的效率和安全性。

未来,大直径盾构下穿工程所面临的复杂性和技术难度将不断挑战工程领域的极限。这些挑战也是行业发展的催化剂,每一次挑战都是对现有技术的一次突破和超越。新型材料、先进技术、智能装备的集成与赋能正推动施工建造向高效、安全、智能和精准的方向发展,这是不可逆转的行业趋势。在这条不断突破技术极限的征途上,建设者们始终秉持着"雄关漫道真如铁,而今迈步从头越"的决心,不断攀登技术新高峰。过去如此,现在如此,未来也将如此。

参 考 文 献

[1] LOGANATHAN N,POULOS H G,XU K J. Ground and pile-group responses due to tunnelling[J]. Soils and Foundations,2001,41(1):57-67.

[2] 周顺华.地铁盾构法隧道下穿工程[M].北京:科学出版社,2017.

[3] 周文波,吴惠明.大直径盾构法技术[M].北京:人民交通出版社股份有限公司,2020.

[4] 王春河,江华,樊祥喜.大直径盾构隧道设计与施工技术[M].北京:清华大学出版社,2021.

[5] 陈俊林,万小飞,孙雅飞,等.地铁盾构区间下穿高铁桥梁变形控制优化研究[J].水利水电技术,2023,54(s1):137-143.

[6] 李早,黄茂松.隧道开挖对群桩竖向位移和内力影响分析[J].岩土工程学报,2007,29(3):398-402.

[7] 黄茂松,李早,杨超.隧道开挖条件下被动群桩遮拦效应分析[J].土木工程学报,2007(6):69-74.

[8] HUANG M,ZHANG C,LI Z. A simplified analysis method for the influence of tunneling on grouped piles[J]. Tunnelling and Underground Space Technology,2009,24(4):410-422.

[9] MU L,HUANG M,FINNO R J. Tunnelling effects on lateral behavior of pile rafts in layered soil[J]. Tunnelling and Underground Space Technology,2012,28:192-201.

[10] 周锦强,王树英,阳军生,等.基于Mindlin解分析隧道开挖对近邻桩基的影响[J].岩土力学,2017,38(4):1075-1081.

[11] 张治国,徐晨,宫剑飞.隧道开挖对邻近桩基变形及承载能力影响的弹塑性解答[J].岩石力学与工程学报,2017,36(1):208-222.

[12] 张治国,鲁明浩,徐晨,等.基于Kerr地基模型的隧道开挖诱发桩基变形简化方法[J].现代隧道技术,2016,53(6):55-66.

[13] 程康,俞帆,梁荣柱,等.考虑桩基剪切效应的盾构开挖对邻近桩基水平向变形分析[J].岩土工程学报,2018,40(S2):178-182.

[14] CHENG C Y,DASARI G R,CHOW Y K,et al. Finite element analysis of tunnel-soil-pile interaction using displacement controlled model[J]. Tunnelling and Underground Space Technology,2007,22(4):450-466.

[15] 韩进宝,熊巨华,孙庆,等.邻近桩基受隧道开挖影响的多因素三维有限元分析[J].岩土工程学报,2011,33(S2):339-344.

[16] XU Q W,ZHU H H,MA X F,et al. A case history of shield tunnel crossing through group pile foundation of a road bridge with pile underpinning technologies in Shanghai[J]. Tunnelling and Underground Space Technology,2015,45:20-33.

[17] HUA F,TARTAKOVSKY D,SUN D W. Effect of deformation of the CFG (cement fly-ash

gravel) pile group on the adjacent metro tunnel based on the equivalent material[J]. Journal of the Balkan Tribological Association,2016,22(1):507-515.

[18] SOOMRO M A,NG C W W,MEMON N A,et al. Lateral behaviour of a pile group due to side-by-side twin tunnelling in dry sand:3D centrifuge tests and numerical modelling[J]. Computers and Geotechnics,2018,101:48-64.

[19] SOOMRO M A,SAMO S R,SAAND A,et al. Numerical parametric study of settlement and load transfer mechanism of pile group due to twin stacked tunnelling with different construction sequences[J]. European Journal of Environmental and Civil Engineering,2022,26(3):1064-1096.

[20] NEMATOLLAHI M,DIAS D. Three-dimensional numerical simulation of pile-twin tunnels interaction-Case of the Shiraz subway line[J]. Tunnelling and Underground Space Technology,2019,86:75-88.

[21] MARSHALL A M,FRANZA A. Discussion of ldquo observation of ground movement with existing pile groups due to tunneling in sand using centrifuge modellingrdquo by ittichai boonsiri and jiro takemura[J]. Geotechnical and Geological Engineering,2017,35(1):535-539。

[22] WILLIAMSON M G,ELSHAFIE M,MAIR R J,et al. Open-face tunnelling effects on non-displacement piles inclay-part 1: centrifuge modelling techniques[J]. Géotechnique,2017,67(11):983-1000.

[23] WILLIAMSON M G,MAIR R J,DEVRIENDT M D,et al. Open-face tunnelling effects on non-displacement piles in clay-part 2: tunnelling beneath loaded piles and analytical modelling[J]. Géotechnique,2017,67(11):1001-1019.

[24] SOOMRO M A,MANGI N,XIONG H,et al. Centrifuge and numerical modelling of stress transfer mechanisms and settlement of pile group due to twin stacked tunnelling with different construction sequences[J]. Computers and Geotechnics,2020,121:103449.

[25] MORTON J D,KING K H. Effect of tunneling on the bearing capacity and settlement of piled foundation[C]// Proc Tunneling79. London:IMM,1979:57-68.

[26] 安建永,项彦勇,贾永州. 既有桩基荷载对邻近浅埋隧道开挖效应及支护内力影响的研究[J]. 岩土力学,2014,35(4):926-932,942.

[27] 黄全中,杜文举. 浅谈盾构下穿铁路地基加固的设计与施工[J]. 山西建筑,2007(18):308-309.

[28] 张舵. 地铁盾构区间穿越既有铁路技术措施研究[J/OL]. 铁道标准设计,2013(2):81-84. DOI:10.13238/j.issn.1004-2954.2013.02.029.

[29] 徐干成,李成学,王后裕,等. 地铁盾构隧道下穿京津城际高速铁路影响分析[J/OL]. 岩土力学,2009,30(S2):269-272,276. DOI:10.16285/j.rsm.2009.s2.023.

[30] 冯超,高志刚. 地铁盾构隧道下穿宁启铁路的变形影响规律及控制技术[J]. 隧道建设,2015,35(10):1015-1021.

[31] 高志刚,冯超. 地铁隧道下穿既有铁路施工时的地基加固分析[J/OL]. 城市轨道交通研究,2015,18(6):105-108,125. DOI:10.16037/j.1007-869x.2015.06.023.

[32] 邓飞.盾构隧道下穿既有铁路路基的加固措施[J/OL].科技与创新,2022(16):136-138,142.DOI:10.15913/j.cnki.kjycx.2022.16.042.

[33] 刘勇,周怡晟.盾构下穿高铁路基变形规律模型试验研究[J/OL].岩土力学,2023,44(4):941-951.DOI:10.16285/j.rsm.2022.0721.

[34] JIAO N,SUN S,LIU J,et al. Analysis of existing railway deformation caused by double shield tunnel construction in soil-rock composite stratum[J/OL]. Energy Reports,2023(9):159-165. DOI:10.1016/j.egyr.2022.11.160.

[35] 庞振勇.宁天城际盾构下穿国铁地基加固设计方案[J].都市快轨交通,2017,30(1):87-93.

[36] 李军,雷明锋,林大涌.城市地铁盾构隧道下穿运营铁路施工控制技术研究[J/OL].现代隧道技术,2018,55(2):174-179.DOI:10.13807/j.cnki.mtt.2018.02.025.

[37] XU Y G,JI C,ZHOU S H,et al. Influence of strata pre-reinforcement on the tunnel and the surrounding strata while shield tunnel crosses beneath intercity high-speed rail[J/OL]. Applied Mechanics and Materials,2013,303-306:2859-2865. DOI:10.4028/www.scientific.net/AMM.303-306.2859.

[38] 王庆国,孙玉永.旋喷桩加固对控制盾构下穿铁路变形数值分析[J].地下空间与工程学报,2008(5):860-864.

[39] 霍军帅,王炳龙,周顺华.地铁盾构隧道下穿城际铁路地基加固方案安全性分析[J].中国铁道科学,2011,32(5):71-77.

[40] 陈海丰,袁大军,王飞,等.软弱地层地铁盾构下穿高铁的安全控制技术研究[J].土木工程学报,2015,48(S1):256-260.

[41] 孙连勇,黄永亮,王启民,等.地铁盾构隧道下穿既有铁路变形控制研究[J/OL].现代隧道技术,2018,55(5):140-145,173.DOI:10.13807/j.cnki.mtt.2018.05.017.

[42] WU B,ZHANG Z,HUANG W. Comparison and selection of reinforcement schemes for shield tunnelling close crossing high-speed railway viaduct group[J/OL]. IOP Conference Series:Earth and Environmental Science,2019,267(4):042119. DOI:10.1088/1755-1315/267/4/042119.

[43] 齐勇.盾构下穿既有铁路股道地基沉降控制与加固研究[J].地下空间与工程学报,2018,14(3):819-827.

[44] PECK R B. Deep excavations and tunneling in soft ground[C]//State of the Art Report. Proceeding of the 7th International Conference on Soil Mechanics and Foundation Engineering,Mexico City,State of the Art Volume,1969:225-290.

[45] ATTEWELL,P B. Engineering contract,site investigation and surface movements in tunnelling works[C]//In Soft-Ground Tunneling,Failures and Displacement. Panamerican Conference on Soil Mechanics and Foundation Engineering. Rotterdam:A. A. Balkema,1981,1:5-12.

[46] 马可栓.盾构施工引起地基移动与近邻建筑保护研究[D].武汉:华中科技大学,2008.

[47] 魏纲.盾构隧道施工引起的土体损失率取值及分布研究[J].岩土工程学报,2010,32(9):1354-1361.

- [48] 纪梅,谢雄耀.大直径土压平衡盾构掘进引起的地表沉降分析[J].地下空间与工程学报,2012,8(1):161-166.
- [49] 吴韬.超大直径土压平衡盾构穿越铁路沉降分析[J].低温建筑技术,2013(7):124-127.
- [50] 郑立用.城际铁路大直径压平衡盾构掘进地层位移控制措施研究[J].长沙铁道学院学报(社会科学版),2013,14(2):203-204.
- [51] 肖龙鸽,王超峰,赵运臣.大直径泥水盾构施工引起的地表沉降分析和对策[J].现代隧道技术,2008(5):50-53,58.
- [52] 金典琦,李德行,黎莉,等.超大直径盾构隧道正交下穿对既有地铁隧道影响分析[J].建筑结构,2023,53(S1):2952-2959.
- [53] 张海超.大直径盾构下穿运营地铁隧道施工变形控制技术[J].现代隧道技术,2022,59(S1):934-940.
- [54] 廖少明,杨宇恒.盾构上下夹穿运营地铁的变形控制与实测分析[J].岩土工程学报,2012,34(5):812-818.
- [55] 吴亚东.大直径盾构下穿运营地铁变形控制研究[J].建筑技术开发,2022,49(9):113-116.
- [56] 陈袁东.大直径盾构隧道下穿铁路线群沉降控制技术研究[J].铁道运营技术,2021,27(3):11-13.
- [57] 马云新.克泥效抑制沉降工法在盾构近距离下穿地铁既有线工程中的应用[J].施工技术,2015,44(1):94-98.
- [58] 王文谦,刘方,金张澜,等.大直径盾构隧道下穿高铁无砟轨道路基预加固方案研究[J].铁道标准设计,2021,65(12):96-102.
- [59] 钱超,邓木生,李虎雄,等.公路隧道环境感知系统的设计与实现[J].隧道建设(中英文),2021,41(9):1502-1508.
- [60] 任高峰,张卅卅,胡仲春,等.近接既有地铁线施工防护实时智能监测系统的应用研究[J].昆明理工大学学报(自然科学版),2014,39(5):30-34,53.
- [61] 玄龙德.富水砂层盾构下穿西宝高铁道岔涵洞施工技术研究[D].西安:西安建筑科技大学,2018.
- [62] SUN S Q,LI S C,LI L P,et al. Design of a displacement monitoring system based on optical grating and numerical verification in geomechanical model test of water leakage of tunnel[J]. Geotechnical and Geological Engineering,2018,36(4):2097-2108.
- [63] 刘胜春,张顶立,黄俊,等.大型盾构隧道结构健康监测系统设计研究[J].地下空间与工程学报,2011,7(4):741-748.
- [64] 张斌.膨胀土地层大直径盾构隧道健康监测与分析研究[J].铁道建筑技术,2018(7):60-64.
- [65] MOHAMAD H,BENNETT P J,SOGA K,et al. Monitoring tunnel deformation induced by close-proximity bored tunneling using distributed optical fiber strain measurements[C]//17th FMGM 2007:Field Measurements in Geomechanics,2007:1-13.
- [66] FARAHANI B V,BARROS F,SOUSA P J,et al. A coupled 3D laser scanning and digital im-

age correlation system for geometry acquisition and deformation monitoring of a railway tunnel[J]. Tunnelling and Underground Space Technology,2019(9):102995.1-102995.13.

[67] 刘绍堂,潘洁晨.一种隧道整体收敛变形的表达方法[J].现代隧道技术,2013,50(5):34-37,44.

[68] 陈明安.地铁盾构隧道激光扫描海量数据处理及应用研究[D].北京:北京交通大学,2016.

[69] HANEBERG W C. Using close range terrestrial digital photo grammetry for 3-D rock slope modeling and discontinuity mapping in the United States[J]. Bulletin of Engineering Geology and the Environment,2008,67(4):457-469.

[70] 刘大刚,王明年.数码摄像技术在隧道位移信息采集中的应用[J].地下空间,2004(3):336-338,345-423.

[71] 李云聪,李云峰.基于物联网的隧道智能监测系统[J].设备管理与维修,2020(18):135-137.

[72] 张美莲,宋晨星.隧道智能监测系统的数据采集、提取与分发研究[J].公路,2023,68(5):407-411.

[73] BENNETT P J,SOGA K,WASSELL L,et al. Wireless sensor networks for underground railway applications:case studies in Prague and London[J]. Smart Structures and Systems,2010,6(5-6):619-639.

[74] 丁玮.基于无线 Zig Bee 网络的隧道监测系统设计[D].西安:长安大学,2014.

[75] 潘国荣,范伟.Zig Bee 技术在地下线型隧道工程自动导向中的应用[J].测绘通报,2018(S1):172-175.

[76] 朱合华,李晓军,林晓东.基础设施智慧服务系统(iS3)及其应用[J].土木工程学报,2018,51(1):1-12.

[77] 张亚洲,王善高,闵凡路.大直径泥水盾构下穿民房建筑群沉降分析及控制[J/OL].防灾减灾工程学报,2016,36(6):959-964.DOI:10.13409/j.cnki.jdpme.2016.06.016.

[78] 钱王苹,漆泰岳,乐弋舟,等.盾构隧道下穿高速铁路的安全因素分析及应用[J/OL].铁道科学与工程学报,2017,14(11):2282-2289.DOI:10.19713/j.cnki.43-1423/u.2017.11.003.

[79] 卢裕杰.盾构隧道穿越火车站股道风险分析及对策[J].地下空间与工程学报,2013,9(6):1412-1418.

[80] LEI M F,SHI Y B,TANG Q L,et al. Construction control technology of a four-hole shield tunnel passing through pile foundations of an existing bridge:A case study[J/OL]. Jaurnal of Central South University,2023,30(7):2360-2373. https://link.springer.com/article/10.1007/s11771-023-5368-7.

[81] LV F,REN F,ZHANG L. Study on deformation influence of shield tunnel passing through existing railway bridge piles[J/OL]. IOP Conference Series:Earth and Environmental Science,2018,189(2):022088.DOI:10.1088/1755-1315/189/2/022088.

[82] 周松,荣建,陈立生,等.大直径泥水盾构下穿机场的施工控制[J].岩石力学与工程学

报,2012,31(4):806-813.
- [83] 曲强,于鹤然.盾构隧道下穿城铁地面线施工风险分析及对策研究[J/OL].铁道标准设计,2013(6):88-91.DOI:10.13238/j.issn.1004-2954.2013.06.036.
- [84] 郑余朝,周贤舜,李俊松.盾构隧道下穿高速铁路站场安全风险评估管理方法[J].地下空间与工程学报,2018,14(2):523-529,557.
- [85] 李晓亮,孙梓栗,李谷阳,等.盾构下穿既有车站风道的施工风险评估及控制研究[J/OL].交通运输研究,2018,4(3):64-72.DOI:10.16503/j.cnki.2095-9931.2018.03.010.
- [86] 田世文,杜新飞,张柏.北京地铁10号线盾构下穿既有建筑物的控制措施[J/OL].铁道标准设计,2008(12):148-151.DOI:10.13238/j.issn.1004-2954.2008.12.081.
- [87] 夏金春.地铁盾构正交下穿隧道施工风险控制措施[J].隧道建设,2017,37(S1):111-115.
- [88] 温克兵,梁玉钊,刘宸岩.盾构超近距离下穿既有地铁风险分析及控制措施[J].现代城市轨道交通,2017(12):35-38.
- [89] 刘智勇.盾构近距离下穿既有地铁施工风险综合控制技术[J/OL].广东土木与建筑,2021,28(11):52-56.DOI:10.19731/j.gdtmyjz.2021.11.014.
- [90] 石舒.盾构隧道下穿铁路工程风险及对策[J/OL].现代隧道技术,2012,49(1):138-142,147.DOI:10.13807/j.cnki.mtt.2012.01.025.
- [91] CAO R,PENG L,ZHAO Y. Control of strata deformation in subway interval tunnels crossing a high-speed rail shield tunnel at a short distance[J/OL]. Arabian Journal for Science and Engineering,2021,46(5):5013-5022.DOI:10.1007/s13369-020-05225-8.